中国式现代化的河南实践
系列丛书

"BUYING AND SELLING GLOBALLY"

THE HENAN PRACTICE OF

DEVELOPING CROSS-BORDER E-COMMERCE

"买全球卖全球"跨境电商发展的河南实践

郜永军　马子占　唐晓旺 ◎ 主 编

社会科学文献出版社
SOCIAL SCIENCES ACADEMIC PRESS (CHINA)

前　言

　　河南作为经济大省、人口大省、粮食大省、文化大省，在中国式现代化进程中具有举足轻重的地位。党的十八大以来，习近平总书记先后5次到河南视察，发表与作出了一系列重要讲话和重要指示，寄予河南"奋勇争先、更加出彩"的殷切期望，擘画了中国式现代化建设的河南蓝图，为现代化河南建设提供了总纲领、总遵循、总指引。全省上下坚持以习近平新时代中国特色社会主义思想为指导，砥砺奋进、实干笃行，奋力推进中国式现代化河南实践迈出坚实步伐，中国式现代化在中原大地展现光明图景。

　　"中国式现代化的河南实践系列丛书"由河南省社会科学院研创。该丛书从理论与实践相结合的视角出发，生动、翔实、立体地总结河南省委、省政府在现代化建设中谋划的战略布局、实施的有力举措、推动的实践创新、取得的亮点成效，既是向中华人民共和国成立七十五周年献礼，也是为高质量推进中国式现代化建设提供服务和智力支持。

　　"中国式现代化的河南实践系列丛书"包括《黄河流域生态保护协同治理的河南实践》《法治守护黄河"母亲河"的河南实践》《传承弘扬焦裕禄精神的河南实践》《传承弘扬大别山精神的河南实践》《以人为核心推进新型城镇化的河南实践》《"买全球卖全球"跨境电商发展的河南实践》6部。该系列丛书围绕深刻领会习近平总书记关于中国式现代化的重要论述和对河南工作的重要讲话重要指示精神，结合党的二十届三中全会对进一步全面深化改革、推进中国式现代化作出的总体部署和战略安排的最新精神，同时系统梳理和展示河南在落实新时代推动中部地区崛起、黄河流域生态保护和高质量发展等重大国家战略中的生动实践，旨在不断总结新经验，探索新路径，实现新突破，进一步全面深化改革，高质量推进中国式现代化建设河南实践，谱写新时代新征程中原更加出彩的绚丽篇章。

目　录

第一章 "买全球卖全球"跨境
电商发展的时代背景

当前,世界百年未有之大变局加速演进,经济全球化遇到波折,国际经贸格局加速重构,新一轮科技革命深入发展,世界经济增长动能不足、增长基础不牢固、发展不平衡加剧等问题日益显现。中国积极承担大国责任、展现大国担当,习近平总书记对我国扩大高水平对外开放做出了一系列战略部署和重要指示,推动我国形成了全方位、多层次、宽领域的全面开放新格局。习近平总书记在视察河南时提出"买全球卖全球"的目标要求,推动开创发展新机遇,谋求发展新动力,拓展发展新空间,为世界经济发展注入新动能,推动构建人类命运共同体。

第一节 开创新时代高水平对外开放新局面

面对国内国外两个大局的新变化、新特点、新趋势,以习近平同志为核心的党中央团结带领全国各族人民推进中国特色社会主义经济建设的伟大实践,推进中国特色社会主义对外开放,不断深化对社会主义建设规律、对外开放发展规律的认识,形成了新发展理念,引领我国开创高水平对外开放新局面,推动形成更有活力、更有韧性、更加均衡、更可持续的发展。

一 坚定实施对外开放基本国策

党的十八大以来,以习近平同志为核心的党中央借鉴历史经验,直面新的世界大势和时代潮流,统筹国内国际两个大局,坚持对外开放基本国策,实行高水平的贸易和投资自由化便利化政策,加快建设开放型经济新体制,推动我国经济社会发展取得了新的辉煌成就,也为世界经济的发展做出了积极贡献。习近平总书记在国内会议和国际场合反复强调开放的重要性，指出中国开放的大门不会关上，经济全球化和区域经济一体化乃大势所趋，中国顺应了这样一个时代潮流，坚定不移对外开放为中国经济发展提供了重要的推动力，中国将以更加开放包容的姿态，加强同世界各国的互容、互鉴、互通，不断把对外开放提高到新的水平。在以习近平同志为核心的党中央的领导下，我国在激发市场主体活力、促进经济发展方式转变、完善市场体系等方面出台了一系列改革举措，不断创造对外开放的有利条件和环境，提升对外开放的广度和深度，对外开放进一步扩大。党的二十大报告强调，"中国坚持对外开放的基本国策，坚定奉行互利共赢的开放战略"。① 党的二十届三中全会强调 "开放是中国式现代化的鲜明标识"，"必须坚持对外开放基本国策"。②

中国的发展离不开世界，世界的发展更需要中国，中国的一系列对外开放举措不仅促进国内经济实现高质量发展，也为全球大市场带来了共同的发展机遇。2013 年 1 月 28 日，习近平总书记在主持十八届中共中央政治局第三次集体学习时强调，世界繁荣稳定是中国的机遇，中国发展也是世界的机遇。我们要树立世界眼光，更好把国内发展与对外开放统一起来，把中国发展与世界发展联系起来，把中国人民利益同各国人民共同利益结合起来，不断扩大同各国的互利合作，以更加积极的姿态参与国际事务，共同应对全球性挑战，努力为全球发展做出贡献。③ 中国将坚定不移实施对外开放基本国策，持续扩大高水平对外开放，实施更加积极主动的开放战略，不断为经济发展注入新动力、增添新活力、拓展新空间，以高质量发展全面推进中国式现代化，以中国式现代化为推动实现世界各国的现代化提供新机遇。

二 建设更高水平开放性经济新体制

在新的历史时期，面对世界百年未有之大变局和构建新发展格局的重

---

① 习近平：高举中国特色社会主义伟大旗帜 为全面建设社会主义现代化国家而团结奋斗——在中国共产党第二十次全国代表大会上的报告 [R/OL].（2022-10-25）[2024-9-3]. https：//www.gov.cn/xinwen/2022-10/25/content_5721685.htm.

② 中共中央关于进一步全面深化改革 推进中国式现代化的决定 [EB/OL].（2024-7-21）[2024-9-3]. https：//www.gov.cn/zhengce/202407/content_6963770.htm? sid_for_share = 80113_2.

③ 习近平：更好统筹国内国际两个大局 夯实走和平发展道路的基础 [EB/OL].（2013-1-30）[2024-9-3]. http：//cpc.people.com.cn/n/2013/0130/c64094-20368861.html.

要任务，习近平总书记提出，要科学认识国内大循环和国内国际双循环的关系，主动作为、善于作为，建设更高水平开放型经济新体制，实施更大范围、更宽领域、更深层次的对外开放。① 建设更高水平开放型经济新体制是对外开放的重大战略举措，也是推动我国经济实现提质增量发展的内在要求。习近平总书记强调，建设更高水平开放型经济新体制是我们主动作为以开放促改革、促发展的战略举措，要围绕服务构建新发展格局，以制度型开放为重点，聚焦投资、贸易、金融、创新等对外交流合作的重点领域，深化体制机制改革，完善配套政策措施，积极主动把我国对外开放提高到新水平。② 这为我国建设更高水平开放型经济新体制、进一步扩大开放指明了前进方向和发展路径。党的二十大报告明确提出，将"推进高水平对外开放"作为"加快构建新发展格局，着力推动高质量发展"的重要内容，未来五年要实现"更高水平开放型经济新体制基本形成"的目标。③ 当前，我国经济已由高速增长阶段转向高质量发展阶段，制度优势显著，物质基础雄厚，空间市场广阔，为建设更高水平开放型经济新体制积累了诸多有利条件，习近平总书记在党的二十大报告中指出，要推动货物贸易优化升级，创新服务贸易发展机制，发展数字贸易，加快建设贸易强国。④ 在深圳经济特区建立 40 周年庆祝大会上，习近平总书记发表讲话，指出要优化升级生产、分配、流通、消费体系，深化对内经济联系、增加经济纵深，增强畅通国内大循环和联通国内国际双循环的功能，加快推进规则标准等制度型开放，率先建设更高水平开放型经济新体制。⑤ 习近平主席在第三届中国国际进口博览会开幕式的主旨演讲提到，中国将有效发挥自由贸易试

---

① 习近平：新发展阶段贯彻新发展理念必然要求构建新发展格局 [EB/OL]．（2022-8-31）[2024-9-3]．http：//www. xinhuanet. com/politics/leaders/2022-08/31/c_1128946679. htm.

② 建设更高水平开放型经济新体制 [EB/OL]．（2023-8-11）[2024-9-3]．http：//www. xinhuanet. com/politics/20230811/4531a4bcc4914d4c90d6577f4c93a8f7/c. html.

③ 习近平：高举中国特色社会主义伟大旗帜 为全面建设社会主义现代化国家而团结奋斗——在中国共产党第二十次全国代表大会上的报告 [R/OL]．（2022-10-25）[2024-9-3]．https：//www. gov. cn/xinwen/2022-10/25/content_5721685. htm.

④ 习近平：高举中国特色社会主义伟大旗帜 为全面建设社会主义现代化国家而团结奋斗——在中国共产党第二十次全国代表大会上的报告 [R/OL]．（2022-10-25）[2024-9-3]．https：//www. gov. cn/xinwen/2022-10/25/content_5721685. htm.

⑤ 习近平：在深圳经济特区建立 40 周年庆祝大会上的讲话 [EB/OL]．（2020-10-14）[2024-9-3]．http：//www. xinhuanet. com/politics/leaders/2020-10/14/c_1126611290. htm.

验区、自由贸易港引领作用，出台跨境服务贸易负面清单，在数字经济、互联网等领域持续扩大开放，深入开展贸易和投资自由化便利化改革创新，推动建设更高水平开放型经济新体制。^①习近平总书记还指出，越开放越要重视安全，越要统筹好发展和安全，着力增强自身竞争能力、开放监管能力、风险防控能力，练就金刚不坏之身。^②通过推进贸易高质量发展，稳步扩大规则、规制、管理、标准等制度型开放，加快自由贸易试验区、自由贸易港等对外开放高地建设，增强开放监管能力和风险防控能力，进而增强对外贸易综合竞争力，实现高质量引进来和高水平走出去，更好利用全球资源和市场，更大力度拓展国际经济技术交流与合作，推动我国经济转型升级，建成更高水平开放型经济新体制，更好完成高质量发展这一全面建设社会主义现代化国家的首要任务。

三　推动共建"一带一路"高质量发展

2013年秋，习近平主席在出访中亚和东南亚期间，先后提出共建"丝绸之路经济带"和"21世纪海上丝绸之路"，两者共同构成了"一带一路"重大倡议，构建起"新常态"下全方位对外开放的全新格局。共建"一带一路"倡议以政策沟通、设施联通、贸易畅通、资金融通和民心相通为主要内容，坚持共商、共建、共享的原则，为全球发展开辟新空间，为国际经济合作打造新平台，为推动全球治理体系变革和经济全球化做出中国贡献。随着高质量共建"一带一路"深入推进，我国正加快形成陆海内外联动、东西双向互济的全面开放格局，尤其是沿边地区由原来的开放"边缘"变成开放"前沿"，内陆地区也在积极推进开放高地建设，为我国从更大范围、更广领域统筹资源和市场开拓了新空间，开放型经济新优势加快塑造。2023年，习近平主席在第三届"一带一路"国际合作高峰论坛开幕式上强调，中方愿同各方深化"一带一路"合作伙伴关系，推动共建"一带一路"进入高质量发展的新阶段，为实现世界各国的现代化做出不懈努力。同时，宣布了中国支持高质量共建"一带一路"的八项行动：构建"一带一路"

---

① 让中国市场成为世界的市场、共享的市场、大家的市场——习近平主席在第三届中国国际进口博览会开幕式上主旨演讲引发社会各界热烈反响 [EB/OL]. (2020-11-7) [2024-9-3]. https: //www.gov.cn/xinwen/2020-11/07/content_5558543.htm.
② 正确认识和把握中长期经济社会发展重大问题 [J]. 求是, 2021 (2): 4-10.

立体互联互通网络、支持建设开放型世界经济、开展务实合作、促进绿色发展、推动科技创新、支持民间交往、建设廉洁之路、完善"一带一路"国际合作机制。① 八项行动聚焦发展需要和民生福祉，为高质量共建"一带一路"注入了新动力，为各国实现现代化提供了新机遇，为开启共建"一带一路"下一个金色十年指明了前进方向。

共建"一带一路"站在了历史正确一边，符合时代进步的逻辑。习近平总书记指出，共建"一带一路"跨越不同文明、文化、社会制度、发展阶段差异，开辟了各国交往的新路径，搭建起国际合作的新框架，汇集着人类共同发展的最大公约数，要深化"一带一路"国际合作，增进各国教育、科学、文化、体育、旅游等多领域人文交往，迎接共建"一带一路"更高质量、更高水平的新发展，推动实现世界各国的现代化，建设一个开放包容、互联互通、共同发展的世界。②

四 推动建设开放型世界经济

2013 年 9 月，习近平主席在二十国集团领导人第八次峰会发表重要讲话强调，要努力塑造各国发展创新、增长联动、利益融合的世界经济，坚定维护和发展开放型世界经济，建设更加紧密的经济伙伴关系，肩负起应有的责任。③ 之后，习近平总书记在多个场合强调这一重要主张，在主持二十届中共中央政治局第八次集体学习时强调，反对将经贸问题政治化、武器化、泛安全化，推动建设开放型世界经济。④ 在党的二十大报告中指出，推动建设开放型世界经济，更好惠及各国人民。⑤ 习近平总书记一贯强调

---

① 习近平出席第三届"一带一路"国际合作高峰论坛开幕式并发表主旨演讲［EB/OL］.（2023-10-18）［2024-9-3］. http://www.xinhuanet.com/world/2023-10/18/c_1129923294.htm.

② 《习近平谈"一带一路"（2023 年版）》主要篇目介绍［N］. 人民日报（海外版），2023-12-25（2）.

③ 习近平主席出席二十国集团领导人第八次峰会纪实［EB/OL］.（2013-9-7）［2024-9-4］. http://www.xinhuanet.com/politics/2013-09/07/c_117266984.htm.

④ 习近平在中共中央政治局第八次集体学习时强调 积极参与世界贸易组织改革 提高驾驭高水平对外开放能力.（2023-9-27）［2024-9-4］. http://www.xinhuanet.com/2023-09/27/c_1129889418.htm.

⑤ 习近平：高举中国特色社会主义伟大旗帜 为全面建设社会主义现代化国家而团结奋斗——在中国共产党第二十次全国代表大会上的报告［R/OL］.（2022-10-25）［2024-9-3］. https://www.gov.cn/xinwen/2022-10/25/content_5721685.htm.

"坚持胸怀天下"，提出要以更大的开放拥抱发展机遇，以更好的合作谋求互利共赢，引导经济全球化朝正确方向发展，坚定奉行互利共赢的开放战略，共同培育全球发展新动能，维护以世界贸易组织为核心的多边贸易体制，消除贸易、投资、技术壁垒，推动构建开放型世界经济。^①

中国顺应经济全球化的历史大势和正确发展方向，不断以自身新发展为世界提供新机遇，推动建设开放型世界经济，完善多双边和区域合作机制，扩大面向全球的高标准自由贸易区网络，稳步扩大高水平对外开放，推进投资贸易自由化、便利化，加强国际经贸合作，促进国际宏观经济政策协调，共同营造有利于发展的国际环境，共同培育全球发展新动能，共同推动全球治理朝着更加公正合理的方向发展。中国坚决反对保护主义，反对筑墙设垒、脱钩断链，反对单边制裁、极限施压。习近平总书记在党的二十大报告中指出，中国愿加大对全球发展合作的资源投入，致力于缩小南北差距，坚定支持和帮助广大发展中国家加快发展。^②

五　推动人类命运共同体构建

新中国成立以来，坚定奉行独立自主的和平外交政策，坚持在和平共处五项原则基础上同各国发展友好合作关系，改革开放后，我国坚持结伴不结盟的外交方针，实行对外开放，增进国际间经贸、科技合作，着力改善和发展同周边国家和发展中国家的关系。习近平总书记强调，各国命运紧密相连，人类是同舟共济的命运共同体。^③ 中国始终坚持维护世界和平、促进共同发展、打造伙伴关系、支持多边主义，致力于推动构建人类命运共同体。习近平主席2017年1月18日在联合国日内瓦总部的演讲中提出构建人类命运共同体的重要理念，认为国际社会要从伙伴关系、安全格局、经济发展、文明交流、生态建设等方面做出努力，要坚持对话协商、坚持共建共享、坚持合作共赢、坚持交流互鉴、坚持绿色低碳，推动建设持久

---

① 王文涛. 以党的二十大精神为指引 推进高水平对外开放 [J]. 求是，2023（2）：31-36.
② 习近平：高举中国特色社会主义伟大旗帜 为全面建设社会主义现代化国家而团结奋斗——在中国共产党第二十次全国代表大会上的报告 [R/OL].（2022-10-25）[2024-9-4]. https://www.gov.cn/xinwen/2022-10/25/content_5721685.htm.
③ "开拓造福各国、惠及世界的'幸福路'"——习近平总书记谋划推动共建"一带一路"纪实 [EB/OL].（2023-10-15）[2024-9-4]. http://www.xinhuanet.com/world/2023-10/15/c_1129917660.htm.

和平、普遍安全、共同繁荣、开放包容、清洁美丽的世界。^①

构建人类命运共同体是世界各国人民前途所在。万物并育而不相害，道并行而不相悖，只有各国行天下之大道，和睦相处、合作共赢，繁荣才能持久，安全才有保障。中国始终坚持维护世界和平、促进共同发展的外交政策宗旨，践行共商共建共享的全球治理观，推动构建新型国际关系，深化拓展平等、开放、合作的全球伙伴关系，共同推动建设更加美好的世界。中国要同国际社会一道努力扎实推进"一带一路"倡议、全球发展倡议、全球安全倡议落实，为全球经济发展持续注入新动能，以开放纾全球发展之困、以开放汇各国合作之力、以开放聚世界创新之势、以开放谋天下共享之福，致力于推动构建人类命运共同体。

第二节 "买全球卖全球"跨境 电商发展战略目标

2014 年 5 月 10 日，习近平总书记在郑州考察河南保税物流中心时首次提出"买全球卖全球"的目标要求，对内陆地区扩大对外开放，推动构建新发展格局，促进我国外贸新业态平稳发展和推动中外友好合作及世界经济发展具有重要意义。

一 "买全球卖全球"跨境电商发展的时代背景

（一）互联网及数字技术飞速发展

2014 年，在全球信息化进入全面渗透、跨界融合、加速创新、引领发展新阶段的大背景下，移动互联网、大数据、云计算等技术的创新与广泛应用，推动了国内市场的深度变革，催生了外贸新业态，为外贸领域注入了新的活力，促进了外贸的稳定与发展。中国数字经济得到长足发展，成为创新经济增长方式的强大动能和中国发展的新引擎，并不断为全球经济复苏和社会进步积累经验，数字化正在促进全球贸易活动迭代升级，2012～

---

① 习近平主席在联合国日内瓦总部的演讲（全文）［EB/OL］.（2017-1-19）［2024-9-4］. http://www.xinhuanet.com/politics/2017-01/19/c_1120340081.htm.

2014年，我国数字经济规模从11万亿元增长到16.2万亿元，跨境电商作为数字经济的重要组成部分，呈快速上升态势。

我国互联网发展、普及和应用持续加快。一是网民数量持续增加，截至2014年6月，中国网民规模达6.32亿人，手机网民规模已达到5.27亿人，网民对网络的使用更为深入，互联网普及率达到46.9%。二是网络应用持续发展，新型消费潜力迸发。2014年上半年，使用手机支付、手机购物、手机银行和手机旅行预定应用的网民规模增长均超过了40%，带动商务类应用整体持续增长。2014年上半年，手机支付成为网络应用发展的最大亮点，用户规模增长了63.4%，使用率增至38.9%（2013年底为25.1%）。截至2014年6月，我国网络购物用户规模达到3.32亿人，2014年上半年增长了9.8%。与2013年12月相比，2014年6月我国网民使用网络购物的比重从48.9%提升至52.5%。① 我国互联网的发展和应用普及，降低了国际贸易成本，提高了出口效率，促进了出口扩展边际和集约边际的提升，使跨境电商新业态迅速崛起。同时，移动终端设备应用快速普及，国内电子商务的蓬勃发展，为跨境电商的发展积累了丰富的经验、创造了良好的先导条件。越来越多中小企业开始通过跨境电商平台拓展国际市场，这种新模式不仅降低了企业进入国际市场的门槛，还缩短了供应链条，提高了市场响应速度，有效促进了资源的优化配置。国内知名电商平台如阿里巴巴、京东等也纷纷加快布局跨境电商，通过构建完善的海外仓物流体系等，为中小企业提供更加便捷、高效的跨境电商服务。

（二）国际贸易新业态新模式不断涌现

数字技术不断创新并广泛应用，推动了国际贸易新业态和全球数字贸易的空前发展，2014年，全球经济虽仍处于弱势复苏阶段，但国际贸易领域却展现了前所未有的活力与变革。在这一年，随着互联网技术的飞速发展、多边贸易谈判的艰难推进以及区域贸易协定的日益活跃，国际贸易新业态、新模式如雨后春笋般不断涌现，跨境电商、市场采购贸易、外贸综合服务等新型贸易方式逐步成为外贸发展新的增长点，为全球贸易注入了

---

① 中国互联网络信息中心. 第34次中国互联网络发展状况统计报告 ［R/OL］．（2014-7-22）［2024-9-3］. https://www.cac.gov.cn/2014-07/22/c_1111724470.htm.

新的动力、带来了新的机遇。

一是跨境电商异军突起。跨境电商基于网络信息新技术、新工具快速发展，迅速成为推动国际贸易发展的新引擎。2014 年，中国跨境电商交易额同比增长超过 30%，其中出口跨境电商表现尤为突出，跨境电商打破了传统贸易的地域限制，越来越多中小企业通过跨境电商开拓国际市场。二是外贸综合服务（外综服）企业崛起。外贸综合服务企业是互联网技术与进出口环节深度融合的产物，为外贸企业尤其是中小微外贸企业提供报关报检、结算、融资、退税等进出口环节全流程专业化服务。2014 年，外贸综合服务企业在中国快速发展，相关服务降低了中小外贸企业的成本，促进了外贸转型升级，成为推动国际贸易新业态、新模式发展的重要力量。外贸综合服务企业通过提供一站式、全链条的外贸服务，有效降低了中小微外贸企业的运营成本和市场风险，促进了其出口业务的快速增长。此外，外贸综合服务企业还通过大数据分析、云计算等先进技术手段，为外贸企业提供更加精准、个性化的市场信息和策略建议，帮助其更好地开拓国际市场。三是市场采购贸易方式创新。市场采购贸易方式通过优化通关流程，实现快速通关，提高贸易效率并通常能够享受增值税免征免退的优惠政策。2014 年，浙江义乌成为全国第一批实行出口市场采购贸易模式的集聚区，并在当年实现市场采购贸易方式出口 177.8 亿美元，同比增长 33.2%。① 随后，经国务院批准，江苏海门叠石桥国际家纺城、湖北武汉汉口北国际商品交易中心、河北白沟箱包市场、浙江海宁皮革城和江苏常熟服装城等分别作为试点单位，实行市场采购贸易方式。四是设立跨境贸易电子商务服务试点和自由贸易示范区。2012 年 12 月，郑州、上海、重庆、杭州和宁波 5 个城市成为跨境贸易电子商务服务试点城市，试点城市通过先行先试，依托电子口岸建设机制和平台优势，实现外贸电子商务企业与口岸管理相关部门的业务协同与数据共享，解决制约跨境贸易电子商务发展的瓶颈问题，优化通关监管模式，提高通关管理和服务水平，是促进外贸稳定增长的重要举措，为我国外贸高质量发展提供了新抓手。2013 年 8 月，国务院正式

---

① 义乌市统计局，国家统计局义务调查队. 2014 年义乌市国民经济和社会发展统计公报［R/OL］.（2018-1-8）［2024-9-4］. https：//www. yw. gov. cn/art/2018/1/8/art_1229187192_1447296. html.

批准设立中国（上海）自由贸易试验区，通过一系列制度创新，不断扩大金融服务、航运服务、商贸服务、专业服务、文化服务、社会服务和一般制造业等领域对外开放。自贸试验区支持国际贸易、仓储物流、加工制造等基础业务转型升级和服务贸易发展，鼓励跨境电商、离岸贸易、国际大宗商品交易等新型贸易发展，有助于推动跨境电商行业抓住新一轮增长机遇。

（三）国内外跨境电商快速发展

我国紧抓数字经济发展机遇，持续加强支持跨境电商等新业态发展的力度，通过简化通关流程、降低企业成本、提高贸易便利化水平等措施，不断优化外贸政策体系和服务环境。近年来，从国家层面到各省市政府陆续发布多个文件，围绕做强跨境电商产业、优化跨境电商服务生态、推动跨境电商与其他产业融合等方面，不断推动跨境电商制度完善和模式创新，持续优化跨境电商整体营商环境。2014年，外需减弱对我国外贸的直接影响仍在持续，我国依托完备的制造业体系继续满足国际市场和消费者需求，广大外贸主体积极应对国际需求变化，出口市场更多元、产品更多样、业态更丰富，努力培育竞争新优势，商品贸易展现了较强的国际竞争力，国内企业积极走出去，拓展国际市场，更加注重将产品优势与市场需求相匹配，以稳规模为基础、优结构增后劲。为了更好地满足国际市场需求，我国持续推动跨境电商平台的广泛应用和持续发展，我国的跨境电商平台已经形成了一定规模和影响力，在市场上得到了广泛认可和信任，成为我国对外贸易的重要渠道之一，新兴数字技术在我国跨境电商平台的应用，提高了平台的效率和安全性。

2013年，我国跨境电商已形成了一定规模，据中国电子商务研究中心监测数据，在我国25.83万亿元人民币的进出口总额中，跨境电商交易额约为3.1万亿元人民币（约5057亿美元），2008~2013年复合年均增长率高达31.1%，成为我国对外贸易新的增长点。我国境内通过各类电子商务平台开展跨境电商业务的外资企业已有20多万家，跨境电商平台企业达5000多家，每年有近4亿个快递包裹通过跨境电商和物流出口，有10亿多件商品通过跨境电子商务销往世界各地，参与企业数量和规模继续增长。[①] 2013~2014 年，国务院发布了《关于实施支持跨境电子商务零售出口有关政策意见的通知》《关于支持外贸稳定增长的若干意见》，海关总署发布了《关于跨境贸易电子商务进出境货物、物品有关监管事宜公告》《关于增列海关监管方式代码的公告》等诸多政策文件，通过制度创新、管理创新和服务创新，为跨境电商企业提供更加便捷、高效的通关、税收、物流等配套服务。这些举措不仅降低了跨境电商企业的运营成本，也提升了国际贸易的便利化水平，我国的跨境电商服务成长性、市场潜力以及对全球电商的影响力已处于全球领先位置。2014 年 5 月 10 日上午，习近平总书记在郑州考察了解到，郑州市跨境贸易电子商务服务试点项目运营不到 1 年就取得直通世界 13 个城市、贸易进出口货值达 130 多亿元、为 100 余家商户提供实货测试服务的成绩，习近平同窗口工作人员一一握手，详细察看货物配货、包装、过关查验流程，勉励他们朝着"买全球卖全球"的目标迈进。[②]

二 "买全球卖全球"跨境电商发展的理论依据

（一）传统国际分工理论

第一，绝对优势理论。亚当·斯密在《国富论》中提出的绝对优势理论为国际贸易奠定了基石，对国际经贸活动有着深远的影响。他认为一国若在生产某商品上消耗的劳动成本绝对低于他国，即拥有绝对优势，则应专注于此类商品的生产并出口，同时进口自身不具备优势的产品。这种基于生产效率的绝对优势分工，促进了国际间的专业化生产与合作，降低了生产成本，提升了整体经济效率。斯密认为，通过国际分工与交换，各国能最大化利用自身资源，发展专业化生产部门，进而增强经济实力与国民福祉。因此，他主张国家应遵循比较优势原则，放弃生产成本较高的商品，出口成本最低的商品，并换取他国廉价商品，从而实现资源的最优配置与经济的互利共赢。

第二，比较优势理论。大卫·李嘉图在《政治经济学及赋税原理》一

---

① 刘禹. 我国跨境电商发展的新思考 [J]. 中国流通经济，2017, 31 (7)：39-45.

② 总书记考察郑州国际陆港，听取郑州航空港区汇报 [EB/OL]. (2014-5-12) [2024-9-4]. http://cpc. people. com. cn/pinglun/n/2014/0512/c64387-25003540. html.

书中，对亚当·斯密的绝对优势理论进行了重要修正，提出了比较优势理论。该理论指出，即便一国在所有商品生产上并不具备绝对优势，但只要其相对于其他国家在某些商品的生产上具有相对优势，便可通过国际贸易获益。李嘉图认为，由于资本与劳动力在国家间的流动受限，国际分工与贸易应基于比较成本，而非绝对成本。在两国劳动生产率存在差异的情况下，即便一国在所有产品生产中均处于绝对优势或劣势，但只要优势与劣势的程度不同，两国仍可通过专业化生产各自具有相对优势的产品，并通过贸易实现资源优化配置与经济效益最大化。这种分工合作不仅能促进资源的高效利用，还能推动各国经济快速发展，从而增进全球福利。比较优势理论成为现代国际贸易理论的核心之一，对全球经济格局产生了深远影响。

第三，资源禀赋理论。戈特哈德·贝蒂·俄林在《区域贸易与国际贸易》中提出的要素禀赋论，作为新古典国际贸易理论的典范，深入剖析了国际贸易的动因。该理论强调，各国间生产要素（如资本、劳动力等）的禀赋差异是国际贸易的基础。各国依据自身资源丰裕程度决定生产规模，即便生产效率相当，资源多寡亦导致产品成本各异，从而决定了一国应专注于出口成本低、资源充裕的产品，并进口成本高、资源稀缺的商品。这种基于要素禀赋的分工模式，不仅促进了资源的最优配置，还使各国能够发挥各自的比较优势，满足市场需求，进而在自由贸易的框架下，促进全球经济的繁荣与发展。俄林的这一理论为理解国际贸易格局及国家间经济互动提供了新的视角，对现代国际贸易理论的发展产生了深远影响。

传统国际分工理论为"买全球卖全球"提供了理论支撑，根据绝对优势理论和比较优势理论，应充分利用国际分工和贸易，在全球贸易中充分优化调整进出口产品结构，加大对优势产品的出口，提高资源利用效率，提高我国产业的全要素生产率，在全球贸易市场上获取更大的竞争力。根据要素禀赋理论，应该根据要素禀赋条件进行分工和贸易，以提高资源配置效率，促进经济繁荣发展。在"买全球卖全球"跨境电商发展中，充分考虑国际分工、资源禀赋条件和优势产业产品，以此为基础开展跨境电商活动，获取市场优势，提升经济效益，促进经济社会发展。

（二）新国际分工理论

第一，新贸易理论。20 世纪 70 年代末至 80 年代初，保罗·克鲁格曼等学者基于产业组织与市场结构理论，深入研究了自 20 世纪 50 年代以来的发达国家间贸易及产业内贸易现象，从而创立了新贸易理论。这一理论颠覆了传统观念，指出国际贸易不仅受技术和要素禀赋差异驱动，更受规模经济与不完全竞争市场结构的深刻影响。在规模经济下，企业通过国际贸易扩大市场，降低成本，满足消费者对差异化产品的需求，即便在要素禀赋、技术和消费偏好相似的情况下，也能促进产业内贸易的蓬勃发展。克鲁格曼进一步揭示了垄断竞争行业中企业数量与产品价格、成本的反向与正向变动关系，为确定市场均衡提供了理论工具。新贸易理论还强调需求结构对贸易的影响，提出重叠需求理论，并引入产品生命周期理论，从技术变化角度解析国际贸易的动态演变。

第二，国家竞争优势理论。俄林的资源禀赋理论是从静态角度来分析国际经贸问题，忽略了对各国贸易动态发展的比较。迈克尔·波特在《国家竞争优势》中提出"钻石理论"，全面深入地解析了国家产业竞争力的多维度构成。该理论指出，一国的国际竞争优势源自六个核心因素：生产要素（涵盖自然资源与人为创造资源）、需求条件（需求结构、规模、成长性与国际化程度）、相关与支持性产业、企业战略与同业竞争、机遇以及政府作用。这六大要素相互交织，形成一个动态系统，其中前四项核心要素尤为关键，它们相互影响、相互强化，共同塑造了一个激励企业成长、提升竞争力的环境。在开放型经济中，波特强调贸易产业结构的动态变化，提倡超越单一比较优势，灵活应对市场挑战。他也认识到外部环境，如科技革新、政策变动等机遇，以及政府通过制度与政策支持营造公平竞争环境的重要性。

第三，新新贸易理论。该理论由 Baldwin 于 2004 年初步构想，并由 Melitz、Antras 及 Bernard 等学者深入研究逐步成形，它标志着国际贸易研究的一次重大飞跃。该理论聚焦企业层面的异质性，通过异质企业模型与企业内生边界模型，颠覆了传统的基于不同产业的贸易分析框架，转而深入探讨同一产业内不同企业在国际贸易中的多样化选择。新新贸易理论不仅揭示了为何仅部分企业选择出口或对外直接投资，还通过融入产业组织理论与契约理论，创新性地解释了公司内贸易模式，为全球化生产组织提供了新视角。该理论的核心观点认为，企业间的异质性——包括生产率、规模、技术能力及组织形式等，深刻地影响了企业在国际市场上的竞争力与贸易策略。企业根据自身条件与市场环境，灵活选择内部贸易、市场交易或外包等资源获取方式，展现了资源配置的多样性与灵活性。异质企业贸易模型揭示了生产率对企业出口决策的决定性作用；企业内生边界模型则进一步阐释了企业在全球价值链中的组织逻辑，强调了跨国公司的核心地位与边界的动态调整，两大核心模型构成了新新贸易理论的分析框架。此外，新新贸易理论还强调需求结构、消费者偏好对国际贸易的影响，以及国际贸易在促进技术转移、产业升级方面的积极作用。

新新贸易理论通过将规模经济、不完全竞争、企业战略和结构等纳入国际贸易分析中，明确了行业、规模、需求结构等因素在对外贸易中的重要影响，深度解析了提高产业竞争力的重要因素及如何塑造国际竞争优势。新新贸易理论聚焦企业层面，分析企业在国际市场上的竞争力与贸易策略，对"买全球卖全球"跨境电商的高质量发展具有重要的参考和指导意义。

（三）马克思主义对外开放理论

马克思主义是开启改革开放的强大思想武器，对外开放是马克思主义一脉相承的理论。马克思、恩格斯提出了"世界历史""国际分工""世界市场"的思想，认为生产力是推动世界历史形成与全球化发展的根本原因，生产力的不断发展冲破封闭桎梏，催生各民族的普遍交往，形成了开放的新状态。[①] 随着生产力水平的不断提高，生产技术和生产工具不断进步，生产和贸易范围不断扩大，国际分工在国际经济中的作用也越来越突出。国际分工的产生和资本大量原始积累，促进了资本主义"大工业"产生，使世界各国相互往来贸易、联系越来越紧密，推动贸易自由化和世界市场逐步形成，打破了封闭状态下的区域性历史，"由于开拓了世界市场，使一切国家的生产和消费都成为世界性的了"。[②] 世界各民族在世界市场中更加紧密联系，各国经济的相互依赖程度也逐步加深，任何一个国家都不能关起

---

① 马克思恩格斯文集（第一卷）［M］. 北京：人民出版社，2009：538.
② 马克思恩格斯文集（第二卷）［M］. 北京：人民出版社，2009：35.

门来搞建设。列宁认为世界共同的经济关系是巨大的力量，国家需要真正的贸易关系而不能脱离世界独自发展，社会主义共和国同世界发生联系是社会主义发展的必然要求，也是发展社会主义的客观需要。[①] 列宁认为建设社会主义必须借鉴吸收资本主义国家的技术、管理等经验，利用资本主义作为提高生产力的手段、途径、方法和方式[②]，采取措施充分利用外资，积极开展对外贸易，建立同部分资本主义国家的友好关系，实施积极的"新经济政策"，推动生产力的发展。革命战争时期，毛泽东提出："应该积极发展工业农业和商品的流通。应该吸引愿意来的外地资本家到我抗日根据地开办实业。"[③] 1954 年，毛泽东就是否要同资本主义国家做生意这一问题指出："我们要跟一切愿意和平的人合作。"[④] 在党的七届二中全会的报告中，毛泽东再次强调，我们可以并且应该同外国人做生意。[⑤] 在社会主义建设期间，毛泽东主张与世界各友好国家开展经济领域的合作交流与开放发展，提出"搞经济关门是不行的，需要交换"的正确认知[⑥]，指导我国外贸开放实践并取得重要成果，促进生产力水平和经济社会水平的提升，1973年后，我国逐渐冲破西方国家的封锁与 100 多个国家建立贸易关系。邓小平在深刻认识中国现状和对新中国成立初期的实践探索进行经验总结后，得出"关起门来搞建设是不行的"的结论[⑦]，创造性地提出改革开放的新概念，第一次将开放作为基本国策指导国家发展实践。邓小平提出，"对外经济开放，这不是短期的政策"[⑧]，还主张实行全方位的对外开放，提出"开放是对世界所有国家开放"[⑨]，吸引外资，学习先进的技术、先进的科学、先进的管理来为社会主义服务[⑩]。随着对外开放的深入发展，中国逐步扩大了与外国的经贸往来。江泽民坚持改革开放基本国策，主张完善对外开放

---

① 列宁全集（第 42 卷）[M]. 第 2 版. 北京：人民出版社，1987：332.
② 列宁选集（第四卷）[M]. 北京：人民出版社，2012：510.
③ 毛泽东选集（第二卷）[M]. 北京：人民出版社，1991：768.
④ 毛泽东文集（第六卷）[M]. 北京：人民出版社，1999：332.
⑤ 毛泽东文集（第八卷）[M]. 北京：人民出版社，1999：71.
⑥ 毛泽东选集（第四卷）[M]. 北京：人民出版社，1991：1435.
⑦ 邓小平文选（第三卷）[M]. 北京：人民出版社，1993：64.
⑧ 邓小平文选（第三卷）[M]. 北京：人民出版社，1993：79.
⑨ 邓小平文选（第三卷）[M]. 北京：人民出版社，1993：237.
⑩ 邓小平文选（第二卷）[M]. 北京：人民出版社，1994：351.

机制，扩大开放领域与空间，创新提出"引进来"与"走出去"双向开放战略。① 在党的十五大中，江泽民明确了全方位、多层次、宽领域的开放格局，强调对内辐射全国、对外面向全球，开放模式多元，内容扩大至服务业、金融等多领域，通过双向开放战略提升国家经济水平与国际影响力。② 胡锦涛主张统筹国内外开放，促进对外贸易高质高效发展，打造"引进来"与"走出去"相结合的开放新格局，扩大开放层次与范围，坚持科学发展与和谐世界建设，完善开放型经济体系，同时注重独立自主与自主创新能力提升。③

党的十八大以来，习近平总书记准确把握当今世界和中国发展大势，将改革开放摆在更加突出位置，直面中国对外开放中的突出矛盾和问题，将马克思主义对外开放理论同中国改革开放的伟大实践相结合并不断创新。2014 年，习近平总书记视察指导河南，要求河南建成连通境内外、辐射东中西的物流通道枢纽，为丝绸之路经济带建设多做贡献，朝着"买全球卖全球"的目标迈进。

三 "买全球卖全球"跨境电商发展的实践价值

（一）为内陆地区扩大对外开放提供了新方案

内陆地区不沿海、不靠边，相对封闭的区位条件和较为落后的交通条件对其开放型经济的发展产生了很大的限制。人力资本、技术资本等生产要素流通不畅直接影响着内陆地区开放型经济的进一步发展。要实现"买全球卖全球"目标，需要着力发展跨境电商，充分发挥其中间环节少、信息传递效率高、运营成本及市场准入门槛低等优势，以制造业和服务业体系为支撑，促进内陆地区积极参与国际分工合作和国际经贸活动。内陆地区应按照习近平总书记的指示精神，加强培育对外贸易新业态、新模式，大力实施"走出去"和"引进来"战略，大力发展跨境电子商务、对外贸

---

① 江泽民文选（第二卷）[M]. 北京：人民出版社，2006：569.
② 高举邓小平理论伟大旗帜，把建设有中国特色社会主义事业全面推向二十一世纪——在中国共产党第十五次全国代表大会上的报告（1997 年 9 月 12 日）[J]. 求是，1997（18）：2-23.
③ 高举中国特色社会主义伟大旗帜为夺取全面建设小康社会新胜利而奋斗 [N]. 人民日报，2007-10-25（1）.

易综合服务企业和市场采购贸易等，实行高水平的贸易和投资自由化、便利化政策，进一步激发市场主体活力，更好发挥企业创新主体作用，着力培养企业全球化思维和战略眼光，以全球市场为目标，推动生产、经营和销售的全球化布局，加快对接国际标准，拓展国际市场份额，提高企业产品竞争力、全球市场竞争力、科技创新能力等综合能力，有效推动内陆地区企业与国际市场的深度融合，推动企业发挥更大作用、实现更大发展。跨境电商发展促使信息交换更加顺畅、产业链对外延伸以及区域内外要素和商品自由流动，有助于扩大内陆地区对外贸易规模、优化贸易结构、促进相关产业协同发展以及发挥外贸对内陆地区经济的整体带动效应。

（二）推动构建国内大循环、国内国际双循环的格局

中国正努力构建以国内大循环为主体、国内国际双循环相互促进的新发展格局，推进"买全球卖全球"跨境电商发展，有助于推进高水平对外开放，而高水平对外开放是构建新发展格局的必然选择。跨境电商已成为推动我国经济高质量发展的新引擎和促进高水平对外开放的重要抓手，依托我国超大规模市场优势，充分发挥内需潜力，吸引全球资源要素，更好利用国内国际两个市场、两种资源，增强两者联动效应，提升贸易投资合作质量和水平，实现更强劲、更可持续的发展。跨境电商发展将吸引高端生产要素和短缺资源、使我国深度融入国际生产分配体系、提高交易效率、增加优质商品供给等，有助于促进深层次改革、提升国内大循环的效率和水平、更好发挥开放的积极作用，促进外贸出口增长、推动国际外循环，从而促进国内国际市场联通，提升全球资源配置能力，深度参与全球产业分工和合作，促进产业链对标国际水平，更好地以开放促改革、促创新，借鉴吸收先进经验，提升我国科创能力水平，促进国内规则和国际规则的有效衔接，稳步扩大规则、规制、管理、标准等制度型开放。随着改革开放的持续深化和构建新发展格局的扎实推进，我国跨境电商将持续迎来更大更好的发展良机。充分发挥跨境电商的战略新通道作用能够进一步扩大高水平对外开放，增强国内大市场的全球吸引力，有效释放国内强大供应链的生产力，持续增强中国统筹国内国外两个市场、两种资源的能力，加快形成新发展格局。

（三）推动我国外贸新业态健康稳定发展

随着大数据、人工智能、区块链等新一代信息技术的蓬勃发展，新一轮科技革命和产业变革逐步推进，经济数字化转型是大势所趋。要实现"买全球卖全球"战略目标，需要持续推动跨境电商平台的广泛应用和持续发展，更好地满足国际市场需求。基于此，我国持续加强支持跨境电商等新业态发展，通过简化通关流程、降低企业成本、提高贸易便利化水平等措施，不断优化外贸政策体系和服务环境，从而进一步提高我国对外贸易的发展质量，提升我国对外贸易的深度和广度，推动我国外贸进出口结构升级。十年来，我国围绕做强跨境电商产业、优化跨境电商服务生态、推动跨境电商与其他产业融合等方面，不断推动跨境电商制度完善和模式创新，持续优化跨境电商整体营商环境，跨境电商作为外贸新业态、新模式，与海外仓等新型外贸基础设施协同联动，有利于促进外贸结构优化、规模稳定，有利于塑造国际经济合作新优势。同时，我国依托完备的制造业体系继续满足国际市场和消费者需求，广大外贸主体积极应对国际需求变化，出口市场更多元、产品更多样、业态更丰富，努力培育竞争新优势，商品贸易展现了较强的国际竞争力，国内企业积极"走出去"，拓展国际市场，更加注重将产品优势与市场需求相匹配，以稳规模为基础、优结构增后劲。当前，我国的跨境电商平台已经形成庞大规模，国际影响力日益提升，在市场上得到了广泛认可和信任，成为我国对外贸易的重要渠道之一，跨境电商平台持续深化对新兴技术的应用，提高了平台的效率和安全性，也有力地推动了我国外贸新业态的健康稳定发展。

（四）推动中外友好合作和世界经济发展

"买全球卖全球"跨境电商的快速发展，推动了中外友好合作，为全球经济注入了新的活力。跨境电商发展需要世界各国在支付、物流、关税等多个方面的合作与协调，促使各国政府、企业、国际组织加强沟通与合作，共同建立更加透明、高效的跨境贸易规则体系，增强国际间的互信与合作基础。中国通过跨境电商领域的主动开放政策，向全球充分释放中国市场消费和中国制造供给的红利，既有利于通过跨境电商扩大进口，促进贸易平衡发展，让更多全球优质商品通过跨境电商渠道进入中国市场，满足国内消费升级的需求，也使中小企业能在全球市场上崭露头角，实现品牌国际化与业务增长，有利于鼓励更多中国商品、中国品牌、中国服务通过跨境电商"走出去"，挖掘中国制造、中国供应链优势，开拓全球市场，把更多消费福利带给全球消费者，跨境电商在推动世界经济社会高质量发展、带动产业转型升级、释放消费潜力、创造高品质生活等方面发挥着重要作用。

第三节 河南推进"买全球卖全球"
跨境电商发展的重大意义

河南在"买全球卖全球"跨境电商发展方面的优势持续巩固、潜力持续释放，跨境电商成为外贸高质量发展的新引擎，对于推动河南培育外贸高质量发展新动能、推动河南产业结构优化升级、更高水平地融入全球产业链供应链、提升在全球市场上的竞争力并拓宽发展空间、打造内陆开放高地并为其他省份发展跨境电商提供路径参考具有重要实践意义。

一 有助于培育外贸高质量发展新动能

跨境电商作为发展速度最快、潜力最大、带动作用最强的外贸新业态，正成为国际贸易的重要发展趋势，河南推进"买全球卖全球"跨境电商发展，推动出口由货物为主向货物、服务、技术等相结合转变，知识密集型服务、数字文化服务进出口逐渐成为新的增长亮点，新能源汽车、智能装备制造、新一代信息技术、生物医药、新材料产业转型升级成效明显，增长动力由要素驱动为主逐步向创新驱动为主转变，河南对外贸易的质量、效益和可持续性得到了显著提升，有助于培育外贸高质量发展新动能。跨境电商可以消除时空限制，为本地企业提供更广阔的市场空间和更多的贸易机会，有助于本地企业拓展国际市场，提高产品竞争力，提高市场占有率和品牌影响力，而且也能大大削弱规模在外贸中的影响，多批次和小批量外贸需求正逐渐代替传统外贸交易，这一趋势为更多中小企业参与跨境贸易提供了机会，为促进外贸稳定和便利化注入了新动力。

二 有助于推动河南产业结构优化升级

跨境电商的发展推动了河南传统产业的转型升级和新兴产业的快速发

展。一方面，通过跨境电商平台，河南企业可以更方便地获取全球资源和市场信息，实现产品的创新和升级。同时，跨境电商促进了河南现代服务业的发展，促进研发、设计、物流、配送、销售等生产性服务业更加系统化和集约化，形成分工明确、配套协作的全球服务贸易体系，为河南产业结构优化升级提供了有力支撑。另一方面，中国的消费经济时代已经悄然来临。从消费内容和消费结构看，居民消费从生存型向质量型和发展享受型升级，日益凸显追求个性、高品质、安全、健康的新消费需求不断增加。从消费方式看，城乡居民更加倾向于便捷、高效和安全的消费方式，注重消费体验，传统消费开始呈现个性化、多样化、多层次的趋势。中产阶级更愿意为非必需的优质产品等支付溢价，网购支出的比重也不断提高。在此趋势下，跨境电商消费作为消费升级的代表，大大增加了消费者的选择，面对全球消费品的激烈竞争，企业需要不断提升自身的竞争力，提高产品质量、优化服务流程、加强品牌建设。用海外产品培育国内市场，通过消费升级倒逼企业调整战略，提高产品市场竞争力，间接推进产业结构转型升级。

三 有助于更高水平地融入全球产业链供应链

跨境电商作为外贸新业态、新模式，大幅提升了信息交流的效率，降低了交易成本，有效缩短了流通环节，打通了传统外贸模式下国内外渠道的中间环节，直通消费者，提升了产品性价比和吸引力，深刻地影响了全球产业链供应链变革。河南通过大力发展跨境电商，提升了与全球产业链供应链的融合深度。这不仅有助于河南企业获取全球优质资源和先进技术，也有助于河南在全球产业链中占据更有利位置。跨境电商还促进了河南与全球市场的互动和合作，2024年4月，郑州国际大宗商品交易中心落户郑州，提供供应链集成服务、商品展示交易服务、信息综合服务等，与跨境电商有效协同。河南着力打造中原优势商品全球供应链配置中心，为河南更高水平地融入全球经济体系提供了有力保障。另外，供应商能够通过跨境电商自主掌握营销渠道和客户资源，既有利于企业创建自主品牌，摆脱代工和处于价值链低端的困境，还可以根据销售终端的经营数据，合理规划采购、生产、销售等，提升供应链管理和渠道管理效率。对于中小企业而言，跨境电商平台提供了物流、通关、支付等便捷高效的服务，有效提升了其开展国际贸易的积极性和参与度，完善了其国际市场的供应链、产业链，也更好地拓展了其业务空间。

四 有助于提升在全球市场上的竞争力并拓宽发展空间

跨境电商的发展降低了企业开拓海外市场的门槛，并缩短了企业建立新品牌的周期。通过电子商务平台，河南企业能够更加便捷、低成本地触及全球消费者，实现产品和服务的快速推广和销售，这不仅增加了企业的市场份额，还为其带来了更多的商业机会。通过跨境电商平台，企业在全球范围内推广品牌和产品，更加直观地展示产品的优势和特色，可以提升产品和品牌知名度、影响力和美誉度，有助于更好塑造国际化的品牌形象。跨境电商也为企业提供了与全球消费者直接互动的机会，有助于企业了解不同市场的需求和文化差异，跨境电商还可以降低企业的市场推广成本，通过社交媒体、搜索引擎优化等方式实现精准营销，从而更好地调整其产品策略和营销策略。跨境电商也促进了河南与全球市场的交流与合作，企业可以通过电子商务平台实现订单的快速处理、库存的有效管理和物流的精准配送，从而提高运营效率并降低库存成本，为河南企业在全球市场上拓宽发展空间提供了有力支撑。

五 打造内陆开放高地并为其他省份发展跨境电商提供路径参考

河南在推进"买全球卖全球"跨境电商发展的过程中，坚持创新驱动，逐步打造我国内陆开放高地，开放型经济实现了跨越式发展，并积累了丰富的经验和做法。河南跨境电商是全国最早试点创新的省份，郑州作为我国跨境电商发展的先行者，"1210"监管模式、秒通关、一区多功能、跨境电商零售进口药品试点等诸多创新闻名业界，尤其是网购保税进口模式从"郑州模式"升级为"中国模式"，并成为世界海关组织跨境电商监管的通行做法，为中国和全球电商产业发展做出了重大贡献。自从 2016 年郑州跨境电商综试区批复以来，郑州全市跨境电商交易额累计超 6000 亿元，年均增长 20% 以上，位居全国 165 个综合试验区城市第一方阵，这些经验和做法为其他省市发展跨境电商提供了路径参考。其他省份可以结合自身实际情况，借鉴河南的实践经验，推动本地跨境电商快速发展。

第二章　河南"买全球卖全球"跨境电商发展的实践探索

进入 21 世纪，特别是党的十八大以来，面对国际经济新形势，河南省积极探索对外贸易发展新模式，引导企业开展跨境电子商务，促使郑州成为全国首批 5 个跨境贸易电子商务服务试点城市之一。2014 年 5 月 10 日，习近平总书记在郑州考察河南保税物流中心时，勉励河南朝着"买全球卖全球"的目标迈进。2017 年 6 月 14 日，习近平总书记在会见卢森堡首相贝泰尔时指出，中方支持建设郑州—卢森堡空中丝绸之路。①为贯彻落实习近平总书记"买全球卖全球"重要指示精神，推进新一轮高水平对外开放，近年来，河南省以制度创新为引领，发挥重大项目带动作用，高水平建设以跨境电商综试区为引擎的各类跨境电商平台，畅通物流通道，着力推进全省对外贸易高质量发展，全省上下通力协作、高效推动，坚决扛稳"空中丝绸之路"建设重任，探索出了一条内陆地区开放发展的新路子。

第一节　主要做法

为全面贯彻落实习近平总书记指示精神，深入推进河南省跨境电子商务发展，河南省委、省政府高度重视、全力推动，各级相关部门通力协作、狠抓落实。特别是中国（郑州）跨境电子商务综合试验区（以下简称"郑州跨境电商综试区"）获批以来，河南省召开工作推进会议，组建跨境电商综试区专项工作组，省主要领导持续关注跨境电商发展工作，对跨境电商发展和综试区建设工作做出重要批示。河南省政府出台郑州、洛阳、南阳、焦作、许昌等跨境电商综试区的建设方案、支持政策、行动计划，积

---

① 刘华. 习近平会见卢森堡首相贝泰尔［N］. 中国青年报，2017-6-16（1）.

极引导全省跨境电商快速发展。

一　强化顶层设计

（一）探索跨境电商新模式

随着跨境电商发展环境和基础设施不断完善，跨境电商发展势头稳中向好。为了抢抓机遇，加强示范引导，河南省积极探索跨境电商新模式，引领跨境电商健康发展。一是创新跨境电商服务模式。2014 年 1 月出台的《河南省人民政府关于加快电子商务发展的若干意见》提出加强跨境贸易电子商务服务平台建设，推进管理和运行机制创新，实行电子商务出口经营主体分类和按规定登记备案；加快电子口岸建设，探索实行一次申报、一次查验、一次放行，推动快速通关、规范结汇、依法退税等相关环节配套协同。二是完善跨境电商政策。2014 年 8 月出台的《河南省人民政府办公厅关于培育外贸竞争新优势促进外贸稳定增长的实施意见》提出认真研究以跨境贸易电子商务方式进出口货物所遇到的海关监管、检验检疫、退税、外汇收支、工商注册、统计等问题，完善相关政策，鼓励银行业金融机构与支付机构签订跨境电子商务人民币结算业务协议，推动跨境贸易电子商务健康、快速发展。三是培育跨境电子商务主体。2015 年，河南省对外开放工作领导小组办公室出台《关于促进跨境电子商务健康快速发展的若干措施》，提出推动传统外贸企业转型发展，对具备进出口经营权、开展跨境电商且达到一定规模的传统外贸企业给予重点支持；支持各类经营主体申办进出口经营权，鼓励其开展跨境电商业务；支持各类专业市场主体探索尝试新型业态，鼓励利用跨境电商渠道开拓国际市场。四是培育跨境电商园区，2015 年 11 月出台的《河南省跨境电子商务示范园区和培训孵化基地认定管理暂行办法》提出，要分批认定河南省跨境电子商务示范园区和培训孵化基地，鼓励全省跨境电子商务示范园区发挥辐射带动作用，支持跨境电商创业主体发展，促进孵化基地为孵化对象提供经营场地、创业环境以及免费提供创业指导、政策咨询、融资服务、人才培训、技术创新、事务代理等相关专业化服务。

（二）申建跨境电商综试区

2012年，郑州市被列为国家跨境贸易电子商务服务试点城市。河南省和郑州市对试点工作高度重视，建立了省市联动、以市为主、部门协调、全力推进的工作机制，精心组织实施，有力推进试点。经过几年的努力，积累了试点经验，产生了一定影响，为中国（郑州）跨境电子商务综合试验区的获批创造了条件、奠定了基础。为了积极申建中国（郑州）跨境电子商务综合试验区，推进国家赋予河南省的改革任务，紧抓发展机遇，2015年12月19日，河南省政府办公厅印发《中国（郑州）跨境电子商务综合试验区申建工作方案》，指出河南省要以扩大出口为主攻方向，以B2B模式为发展重点，突出创新驱动，强化部门协同，积极探索适应跨境电子商务发展的政策措施，促进跨境电子商务规范发展；同时提出了包含建立完善综合园区服务平台、建设完善"单一窗口"综合服务平台、创新优化监管措施、创新建立智能物流体系在内的十项主要任务，并将责任主体落实到相关单位。2016年1月，国务院常务会议决定在郑州等12个城市设立第二批跨境电子商务综合试验区。为推进中国（郑州）跨境电子商务综合试验区建设工作，2016年5月，河南省召开全省跨境电子商务综合试验区建设工作动员大会，指出要在推进跨境贸易电子商务服务试点城市工作的基础上进一步推进郑州跨境电商综试区建设工作，从打造平台、健全体系、创新制度三个方面重点发力，高标准规划，分阶段推进。会议对郑州跨境电商综试区建设工作做了动员部署。2016年6月，郑州市委、市政府召开中国（郑州）跨境电子商务综合试验区建设工作动员大会，提出要发挥郑州"区位+综合枢纽"的比较优势，共同打造"成本最低、效率最高、功能最优"的跨境网购交易集疏体系，探索形成更多可复制、可推广的创新成果，集全市之力推进综试区建设。

（三）建立跨境电商工作领导小组

2016年5月，河南省成立中国（郑州）跨境电子商务综合试验区建设工作领导小组，办公室设在省商务厅，商务厅厅长任办公室主任。河南省商务厅发挥牵头作用，负责统筹、协调、组织跨境电商综试区建设工作，研究建立跨境电商综试区建设工作推进机制，协调相关部门，强化与国家部委的沟通汇报，指导各地研究制定本地跨境电商发展规划，加强工作督导和考核评估，确保各项创新举措和工作任务落地。省直有关部门和郑州市把综试区建设提上重要议程，主动贯彻落实各项建设试点任务，制定工作计划和进展安排，明确分工、落实责任。郑州市作为第一阶段试点，主动作为、先行先试。洛阳、信阳、三门峡、南阳、焦作、汝州等 16 个市（县）积极跟进，成立了市县级领导小组，强力推进跨境电商综试区建设。全省上下形成合力，在规划引导下分步实施、梯次推进。河南省制定了综试区发展规划、产业发展指导意见、年度行动计划，细化政策支持目录清单，指导推动郑州等省辖市加快开展试点工作，加快构建协调推进工作机制，细化部门分工，建立工作台账，抓好工作落实，并建立科学考评机制。

（四）出台跨境电商实施方案

为全面推进跨境电商综试区建设工作，加快向"买全球卖全球"目标迈进，根据国务院批复精神，2016 年 5 月 3 日，河南省政府印发《中国（郑州）跨境电子商务综合试验区建设实施方案》，从总体要求、主要任务、创新举措、保障措施等方面进行了具体规划和全面安排。该实施方案明确了以郑州跨境电商综试区为核心，"立足郑州、梯次推进、带动全省、分阶段共同发展"的总体要求，三个阶段逐步带动，助推全省跨境电商产业发展；确立了以促进产业发展、扩大出口为主攻方向，以 B2B 模式为重点，B2C 模式为补充的功能定位；提出了"一区多园、一园多点、多主体运行、多模式发展"的跨境电商新格局的发展目标；明晰了构建跨境电商线上综合服务平台、线下综合园区平台、人才培养和企业孵化平台以及跨境电商信息共享体系、金融服务体系、智能物流体系、信用管理体系、质量安全体系、统计监测体系、风险防控体系"三个平台、七个体系"的主要任务；同时提出了要在促进产业发展、优化监管措施、完善综合服务、促进"双创"、探索跨境电商新规则等方面实施创新举措。2018 年 3 月，郑州市发布《郑州市跨境电子商务综合试验区发展实施方案》，明确了 2018～2020 年郑州市跨境电商综试区的主要任务为建设线上平台、壮大线下载体、创新政策措施、汇聚要素资源、强化区域协同，并将细化任务落实到各相关单位。

2019 年 12 月，国务院批复设立中国（洛阳）跨境电子商务综合试验区（以下简称"洛阳跨境电商综试区"）。为加快推进洛阳跨境电商综试区建设,2020 年 8 月 13 日,河南省政府办公厅印发《中国(洛阳)跨境电子商务综合试验区实施方案》,指出洛阳跨境电商产业的发展定位为内陆地区外贸发展高地、全国制造业转型升级新样板、中西部地区跨境电商创新创业新基地,洛阳发展跨境电商产业要围绕建设两个平台、六个体系为主要任务,要在跨境电商监管、跨境电商与制造业融合发展、跨境电商与服务贸易融合发展、建设跨境电商智能物流体系和跨境电商海外仓、完善跨境电商金融服务、跨境电商人才培养等方面创新举措,全面提升对外贸易发展水平,为全国跨境电商发展探索可复制、可推广的经验。

2020 年 4 月,国务院同意设立中国(南阳)跨境电子商务综合试验区(以下简称"南阳跨境电商综试区")。2020 年 12 月 29 日,河南省政府印发《中国(南阳)跨境电子商务综合试验区实施方案》。该实施方案表示,力争通过 5 年左右的探索实践,建成体制机制健全、产业特色鲜明、配套服务和监管制度完善的跨境电商综试区;明确建设线上综合服务平台,建设线下综合园区平台,发挥南阳卧龙综合保税区政策优势,建设一批跨境电商园区,形成"一核多园"布局;实施跨境电商产业提升行动、跨境电商市场主体培育行动、跨境电商品牌塑造行动、跨境电商人才培养行动。明确三项举措:一是完善跨境电商监管;二是在跨境电商与特色产业融合方面发展"跨境电商+农产品""跨境电商+制造业""跨境电商+家居用品""跨境电商+服务贸易"模式;三是强化跨境电商服务支撑,构建高效物流网络,建设跨境电商海外仓。

2022 年 11 月,国务院批复同意设立中国(焦作)跨境电子商务综合试验区(以下简称"焦作跨境电商综试区")。2023 年 10 月 16 日,河南省政府办公厅印发《中国(焦作)跨境电子商务综合试验区实施方案》,指出焦作跨境电商综试区的重点任务是建设线上综合服务平台、综合园区平台、人才培养平台三个平台,实施主体培育、产业提升、品牌培育三大行动,完善六大体系;确定三大主要举措,要优化跨境电商监管,推进通关便利化,要推动跨境电商与特色产业融合发展,推进装备制造业、汽车零部件产业、皮革制造产业、名优特产品等应用跨境电商转型升级,要强化跨境电商服务支撑,提升平台载体服务能力。

2022 年 11 月,国务院批复同意设立中国(许昌)跨境电子商务综合试验区(以下简称"许昌跨境电商综试区")。2023 年 10 月 8 日,河南省政府印发《中国（许昌）跨境电子商务综合试验区实施方案》，指出许昌跨境电商综试区的功能定位为跨境电商助推产业转型升级引领区、跨境电商与市场采购贸易融合发展示范区、跨境电商监管服务创新试验区，重点建设两个平台、六个体系；指出许昌跨境电商综试区要实施主体培育、产业促进、品牌培育、质量提升、人才培养、助力乡村振兴的六大工程，同时优化海关监管、税收征管、外汇监管、市场监管、金融和物流六大服务。

二 强化平台建设

（一）打造跨境电商综试区

跨境电商综试区作为各地推动跨境电商新业态发展的重要载体，近年来在我国跨境电商创新发展中发挥着积极作用。河南省始终牢记习近平总书记的嘱托，以"买全球卖全球"为目标，紧抓跨境电商创新赋能，以制度创新激发活力，不断迈出跨境电商综试区建设的坚实步伐。河南省围绕"三个平台、七个体系"的规划高水平建设跨境电商综试区。自郑州跨境电商综试区批复以来，为支持跨境电商业务发展，郑州市提出"空中、陆上、网上、海上"四条丝路协同发展的理念，通过多式联运国际物流通道，为跨境电商发展提供保障。郑州作为首批跨境电商进口试点城市，创新成果丰硕，继首创的网购保税进口模式在全国综试区城市推广后，持续进行探索创新，推出"网购保税+实体新零售"模式和跨境电商零售进口正面监管模式，探索"中欧班列+跨境电商"，实现了邮政口岸的"三关合一"，形成了中欧班列进口运邮双通道发展等一系列改革创新实践，跨境电商发展速度持续提高、规模快速扩大，郑州贸易自由化和便利化水平大幅提升。洛阳、南阳、焦作、许昌等城市借鉴郑州跨境电商综试区的经验做法，先后被国务院批复建设综试区。至此河南省内共有五个国家级跨境电商综试区。

（二）打造综合保税区和保税物流中心

2021年3月，商务部等六部门联合印发《关于扩大跨境电商零售进口试点、严格落实监管要求的通知》，明确将跨境电商零售进口试点范围扩大至所有自贸试验区、跨境电商综试区、综合保税区、进口贸易促进创新示范区、保税物流中心（B型）所在城市（及区域）。根据该通知，拥有综合保税区或保税物流中心（B型）的开封、焦作、许昌3市也可以开展网购保税进口（1210）业务，更加便利了地市外贸主体开展跨境电商业务，降低了企业跨境电商业务的经营成本。目前河南已有7个跨境电商零售进口试点城市，成为跨境电商联动发展的重要推动力。河南省高度重视综合保税区和保税物流中心建设发展工作，将其作为打造内陆开放高地、建设开放强省的重要平台和抓手，全力推进其建设发展。2021年8月，河南省人民政府办公厅发布《关于推动综合保税区和保税物流中心高质量发展的意见》，从扎实推动高水平建设、有序推动高标准申建、加快推动高质量发展三个方面，提出12条发展意见。河南省政府高度重视园区项目储备和招商引资工作，制定招商引资专项方案，加大招商引资力度，引进了一批技术先进、关联度高、带动作用强的产业项目；树立"项目为王"理念，明确重点产业和行业领域，不断强化产业项目对综合保税区和保税物流中心发展的支撑作用；鼓励综合保税区结合当地产业资源优势，围绕建设加工制造中心、研发设计中心、物流分拨中心、检测维修中心、销售服务中心等目标，培育形成主导产业；统筹推进全省综合保税区和保税物流中心申建工作，不断加强基础设施建设，完善交通物流体系，营造良好营商环境，不断夯实申建基础。目前，河南省已建成郑州新郑、郑州经开、南阳卧龙、洛阳、开封5个综合保税区和商丘、孟州德众、民权、许昌4个保税物流中心（B型），跨境电商平台布局更加优化完善。

（三）打造省级跨境电商示范园区

为加快跨境电子商务产业和人才集聚，推动跨境电子商务创业创新，促进河南省跨境电子商务持续快速健康发展，助推全省外贸稳定增长和转型升级，2015年11月，河南省商务厅印发《河南省跨境电子商务示范园区和培训孵化基地认定管理暂行办法》。河南省跨境电子商务示范园区是指跨境电子商务企业、传统外贸企业、电商平台企业、电商专业服务企业、外贸综合服务企业、中小网商等集聚发展，跨境电子商务产业链比较完备，大众创业、万众创新氛围浓厚，企业进出口规模快速增长或潜力巨大，对全省跨境电子商务发展的辐射带动作用明显的区域。对认定的示范园区和人才培训暨企业孵化平台，各给予100万元的一次性奖励。培育支持跨境电商示范园区和人才培训暨企业孵化平台，是推动跨境电商发展的重要举措，对促进企业集聚、形成完善生态、加快人才培训具有重要作用。目前，河南省已培育认定 36 个省级跨境电商示范园区，25 个跨境电商人才培训暨企业孵化平台，示范带动效应明显。

三 坚持项目带动

（一）建设中大门保税直购体验中心

2015 年 4 月 13 日，中大门保税直购体验中心在河南保税物流中心开幕。中大门保税直购体验中心由河南省进出口物资公共保税中心有限公司投资建设，是郑州建设的跨境电商重点项目，首期建设 2.7 万平方米，集购物、休闲、美食、娱乐于一体，涵盖 E 贸易进口区、一般贸易进口区、进口汽车贸易区、出口贸易区、服务区、体验区，是当时全国唯一实现跨境电商保税商品现场提货的场馆。中大门保税直购体验中心秉持"买全球卖全球"的宗旨，搭建了一条网上丝绸之路，不仅将国内企业的优质商品销售到全球，还将国外优质商品引入国内。该体验中心为消费者提供来自 60 多个国家和地区的上万种原装商品。消费者现场下单后，通过 O2O 现场自提零售订单跟踪系统，实时向海关和检验检疫部门推送订单、物流单、支付单等信息。监管部门根据要求进行审单、查验、放行，消费者即可现场提取商品，整个过程平均仅需两分钟，真正实现了消费"全体验"和跨境购物"即买即提"。

（二）引进菜鸟国际保税仓

河南省交通物流枢纽优势显著，具有广阔的消费市场，吸引菜鸟于2016 年入驻郑州航空港经济综合实验区（以下简称"航空港区"）开展跨境电商进口保税业务。落地郑州航空港经济综合实验区以后，菜鸟先后完成了四期项目建设，一期已于 2016 年 9 月投入使用，主要布局天猫超市、丹鸟分拨项目；二期于 2019 年 5 月投入运营，主要布局天猫国际仓储项目；三期已建成交付，主要布局欧莱雅华中区域仓等项目；四期已建成验收，现交由申通等公司租赁使用。菜鸟于 2016 年在郑州航空港经济综合实验区开展跨境电商进口保税业务，发展速度快，保税进口规模短时间跃内居全国前列。菜鸟的自营仓主要经营跨境电商业务，货源除了我国的产品，还涵盖日、韩、欧、美等多个国家和地区的产品。为了满足进口商家的多样化需求，菜鸟特别为复杂商品推出专属保税仓，在全国多个核心城市布局。近年来，菜鸟在河南的各项事业蓬勃发展，总投资约47亿元，分期打造中部区域的国际快运转运中心，新兴物流仓储基地及电商产业集聚园区，多式联运基地等项目。从2023年至今，新郑菜鸟保税进口规模跃居单一综合保税区首位。

（三）推进中欧班列集结中心建设

2023年7月，国家有关部门支持郑州、重庆、成都、西安、乌鲁木齐5个中欧班列枢纽节点城市开展中欧班列集结中心示范工程建设，推动中欧班列由"点对点"向"枢纽对枢纽"模式转变，加速形成"干支结合、枢纽集散"的高效集疏运体系。2023年12月，中欧班列（郑州）集结中心项目在郑州航空港经济综合实验区开工建设。该项目作为郑州国际陆港的核心功能区，主要负责中欧班列货物的集结、通关及班列开行等职能。项目总占地10800亩，总投资236亿元，包括关铁融合大监管区、集装箱共享中心、公铁联运中心、国际仓储分拨中心、国际邮快件及电商分拨中心、综合保税区（一期）、枢纽服务中心7个项目。首期开工的项目占地5800亩，投资113亿元，计划于2024年底投用，建成后将满足中欧班列开行基本需求，具备每年开行5000列和货物吞吐500万吨的能力，可贡献GDP近300亿元，年均上缴财税近3亿元，增加就业岗位1万个以上。中欧班列（郑州）集结中心致力于打造关铁融合大监管区，承担中欧班列货物集结、通关及班列开行等主要职能，具备一站式报关、报验、订舱、集疏运、储运等功能，实现内陆地区与沿海港口无缝对接。

（四）打造国际陆港航空港片区

作为河南省积极融入共建"一带一路"的重要举措，郑州国际陆港新址建设是河南实施"优势再造"战略、推动交通区位优势向枢纽经济优势转变的关键步骤。河南省委、省政府对此进行了重大战略部署，规划建设郑州国际陆港航空港片区。新址规划面积约50平方公里，布局按照"一港七区"的组织功能进行。第一圈层为枢纽核心功能区，第二圈层为物流商贸功能区，第三圈层为产城衍生功能区。建成后，郑州国际陆港将具备中欧班列年发运"万列千万吨"的承载能力。为推进项目建设和企业服务，航空港片区成立了工作专班，从备案审批、征地拆迁、施工许可等方面提供"跟踪式"和"保姆式"服务，全方位推动郑州国际陆港的建设。郑州国际陆港新址建设不仅是河南省深度融入共建"一带一路"的重要实践，也是融入"买全球卖全球"理念，打造高能级对外开放合作平台的具体体现。

四　培育龙头企业

（一）助力传统企业触电上网

为贯彻落实河南省委、省政府稳外贸的工作部署，推动跨境电商创新发展，2020 年 7 月，河南跨境电商企业对企业出口监管试点政策宣讲活动在郑州举行。河南省开展出口优势产业跨境电商专项行动，联合阿里巴巴、敦煌网、谷歌、中国制造网等知名跨境电商第三方平台，引导传统企业"上线触网"，推动传统外贸企业转型开展跨境电商 B2B 业务。河南跨境电商催生了多个具有较强竞争力的特色产业带，助推了装备机械、铝制品、发制品、食用菌、休闲食品等传统产业带，为河南外贸发展带来了新的增长点。黎明重工、企鹅粮油、荣盛耐材、郑州锅炉等传统企业借助跨境电商推动业务年均增长 30% 以上。河南省加快推进传统产业园建设，以龙头企业带动整合产业优势资源，发展壮大一批专精特新企业，同时发挥国家级外贸转型基地的示范作用，深度融入国内国际双循环，促进传统产业通过网络走出国门，走外贸高质量发展之路。

（二）培育本土企业走出国门

2023 年 10 月，河南省政府发布的《中国（许昌）跨境电子商务综合试验区实施方案》提到，要发展自主品牌，大力推进 B2B（企业对企业）、M2C（工厂对消费者）等模式发展，借助 B2C（企业对个人）分销渠道，拓展海外终端直销网络，实现外贸出口与品牌价值同步增长。河南多个企业借力出口，跨境电商实现数字化转型，并孕育了一批具有全球影响力的知名出口品牌，包括河南首家出口跨境电商上市企业致欧家居，专注于办公家具的双彬办公家具，以及瑞贝卡假发、名扬窗饰等。易通跨境、云速通、全速通等本土跨境电商外综服企业服务能力不断提升，帮助河南省本土企业走出国门。另外，悉知科技于 2007 年上线世界工厂网电商综合服务平台（以下简称"世界工厂网"），专为国内中小型装备制造企业提供完善的信息化服务，包括信息服务、技术服务、培训服务、信息化应用服务等，世界工厂网通过助力本土企业数字化转型，让河南省企业的产品能够通过网上丝绸之路"买全球卖全球"。悉知科技针对不同企业、不同市场提供定制化方案、定制化预期，在海外市场找到新的用户增长点，重点帮助黎明重工、宇通重工、汉威科技、郑州锅炉、科慧科技、明泰铝业、思念食品、三全食品、好想你等众多知名企业开展跨境电商业务，外贸出口总额达 6.42 亿美元。

（三）引进成熟电商企业入驻

与亚马逊、天猫国际、京东国际、唯品会、eBay、抖音等知名跨境电商平台企业合作，既能够帮助平台企业扩大发展规模，也能够推动河南省传统企业通过跨境电商实现转型，吸引更多中小企业投身跨境电商。早在 2008 年，阿里巴巴国际站就在郑州、新乡分别设立办事处，开展河南本地化跨境电商服务。同时，通过第三方人才平台为河南输送跨境电商人才，并连续多年每周为跨境电商企业提供技能培训。阿里巴巴国际站又先后与鹤壁博龙、河南永合华业、郑州万神山、郑州华尔、河南杰尔古格等河南跨境电商重点企业签约。2024 年，亚马逊全球开店郑州办公室设立，亚马逊全球开店深入郑州女裤、许昌假发、洛阳铁皮柜、商丘工量具、周口化妆刷、信阳羽绒服、安阳童装等成熟产业带，为当地具备跨境电商转型潜力的企业提供一站式指导服务，涵盖店铺注册、选品、物流、支付等环节，支持产业带内工贸企业借力跨境电商实现转型升级。

五 强化制度创新

（一）监管模式创新

以贸易便利化为导向，河南省首创"1210"网购保税进口模式，并在全国推广；对跨境电商进口商品和企业实行"双分级"差别化监管，创新一区多功能监管流程，集成邮件监管中心、快件监管中心、口岸作业区等功能，降低企业70%的经营成本。海关围绕贸易便利化，形成了出口危险货物包装监管创新、海关检验检疫证单邮寄服务、报关单位注销便利化、优化口岸卫生许可审批、关银一KEY通、"两步申报"模式等改革创新成果。市场监管局围绕涉企经营、企业投资等方面，形成"7"减"4"优化兽用医药制品生产许可审批流程，食品、化妆品进口商现场备案，优化食品生产许可证办理模式，"一照通行、多证集成"等改革创新成果。

（二）业务流程创新

在业务流程方面，启动建设河南国际贸易"单一窗口"，实现企业通关数据共享共用，推行关检申报、查验、放行"三个一"，实现跨境业务"秒通关"；推动通关作业无纸化，对跨境电商产品实行"即报即备即查即放"，并创新实施"简化申报、清单核放"和查验监管"双随机"等措施，有效提高跨境商品通关效率，使企业报关差错减少70%，查验时间缩短一半，跑出了日均处理1000万单、通关速度500单/秒的"河南速度"。E贸易全球智能物流综合服务中心建成投用，实现了监管、分拣和派送的集成作业，使分拨时效从48小时缩短至24小时以内。

（三）商业模式创新

在商业模式方面，高标准建设了10.51平方公里的E贸易核心功能集聚区，制定了每年4.5亿元、连续支持3年的专项扶持政策，致力于打造全球跨境电商示范区。郑州还获批全国首个跨境电商进口药品和医疗器械试点，制定了实施细则，升级了信息平台和基础设施，具备了国际合作条件。此外，郑州探索发展"一馆多模式""一馆多业态"的跨境电商O2O保税自提新零售商业模式，实现跨境商品"即买即提"，进一步便利了消费。

（四）国际规则创新

在郑州举办的全球跨境电子商务大会上，倡议成立跨境电子商务标准与规则创新促进联盟，共同探索推进跨境电商的标准与规则创新。在卢森堡、美国达拉斯等地推广"1210"网购保税进口模式，实现跨境小额采购便捷便利。河南省以改革创新为驱动，推动全省高质量开放，持续进行创新探索，2017年，河南保税物流中心发布的《郑州模式：E国际贸易中国解决方案》受到世界贸易组织、世界海关组织关注和热议。

六 强化政策支持

(一) 财税支持政策

为加快河南自贸区和跨境电商综试区发展，从 2017 年起连续三年由省财政设立河南自贸区和跨境电商综试区专项资金支持相关建设。河南省财政厅、省商务厅联合制定出台了《河南自由贸易试验区和跨境电子商务综合试验区省级专项资金管理暂行办法》。该办法规定，经省跨境电商综试区办公室认定的跨境电商示范园区，省财政给予不超过 500 万元的奖励；经认定的跨境电子商务人才培训暨企业孵化平台建设项目，给予不超过 2000 万元的奖励；主要扶持设备购置及更新、配套服务设施、软硬件升级、对外招商、人才培训、企业孵化等；为跨境电商交易平台及企业提供集货、仓储服务，仓储使用面积规模以上的企业，省财政给予不超过 200 万元的奖励；对开设国际物流专线每周不少于 1 班次、连续运行 6 个月以上的企业以及开展国际物流业务的货运代理企业，均给予不超过 100 万元的奖励；对跨境电子商务相关监管部门信用信息数据库、分类分级监管系统建设项目，给予不超过 1000 万元的奖励；对跨境电商企业自建展览展示中心，开展市场营销、创意推广、人才培训，以及提供通关、物流仓储、检验检测认证及金融和信用评价服务等，给予不超过 500 万元的奖励；对年支付国际物流费用 200 万元以上的跨境电子商务企业，按其国际物流费用给予 30% 以内、不超过 100 万元的补助。

另外，河南省贯彻落实国家《关于跨境电子商务出口退运商品税收政策的公告》《关于跨境电子商务零售进口税收政策的通知》《关于执行跨境电商税收新政有关事宜的通知》，引导企业用好跨境电子商务零售出口增值税、消费税免税政策和所得税核定征收办法。

(二) 金融支持政策

2017 年，中国人民银行郑州中心支行和外汇局河南省分局联合出台《关于支持中国（河南）自由贸易试验区发展的意见》，指出在自贸区内，支持境外发行人民币债券；支持境外母公司境内发行人民币债券；支持自贸区银行发放境外人民币贷款；进一步扩大跨境人民币使用范围。支持和鼓励有需求的企业开展本外币跨国公司资金集中运营管理业务，推动总部经济发展；实施全口径跨境融资宏观审慎管理政策；允许内保外贷项下资金通过适当方式回流境内使用；扩大有货物贸易出口的业务或企业境内外汇贷款结汇范围；设立基石投资者专项外汇额度，支持境内企业赴港上市，进一步拓宽企业融资渠道；便利跨境电商收支结算，积极提供征信服务和金融科技便民服务，支持金融机构产品创新，不断提升自贸区金融服务水平。同年，《河南省自由贸易试验区和跨境电子商务综合试验区省级专项资金管理暂行办法》发布，规定经认定备案并获得融资贷款的跨境电商企业，省财政给予不超过中国人民银行一年期同期贷款基准利率30%、最高不超过100万元的贴息贷款。2019年，中国人民银行郑州中心支行印发《中国（河南）自由贸易试验区金融服务体系建设专项方案》，围绕郑州跨境电商综试区建设，以快捷高效、风险可控为原则，设计构建了产品多元、便捷结算的金融服务体系；并以郑州航空港区为主体，向国家外汇管理局争取试水开展经营性租赁收取外币租金业务，推动河南成为全国第二个获批该项业务的省份。

（三）产业支持政策

2023年，郑州出台了《郑州市加快推进跨境电商发展的若干措施》，并按外贸相关政策给予奖励扶持，鼓励企业集聚发展，支持重点产业园区招商育强，对入驻省级以上电子商务类示范园区（基地）、年跨境电商进出口额超1亿元（或电商服务类营收3000万元）以上的，按照实际缴纳综合服务费的60%给予补贴，每家企业每年补贴不超过50万元；年跨境电商进出口额超5000万元（或电商服务类营收1500万元）以上的，按照实际缴纳综合服务费的30%给予补贴，每家企业每年补贴不超过20万元；鼓励引进龙头企业，对在郑州设立全国性或区域性总部的跨境电子商务企业，落户后整年度跨境电子商务进出口额首次超过5亿元、10亿元的，分别给予一次性200万、400万元资金奖励。

（四）人才支持政策

《郑州市加快推进跨境电商发展的若干措施》明确提到支持开展跨境

电商人才孵化，鼓励各开发区、区县（市）同高校、孵化机构合作推进跨境电商人才孵化项目；给予参加孵化项目的跨境电商企业每年不超过1万元的资金扶持。2024年，郑州航空港区出台跨境电商扶持办法，对在郑州航空港区注册并开展电商人才培训的企业，年培训次数不低于4次且年参加培训总人次不低于200人，所培训人才主要服务于郑州航空港区的，在享受郑州航空港区有关人才奖励政策的同时，每培训一人次，培训企业可一次性享受100元/人的奖励。《河南省跨境电子商务示范园区和培训孵化基地认定管理暂行办法》也提到，对认定的示范园区和人才培训暨企业孵化平台，各给予100万元的一次性奖励，人才支持政策对健全跨境电商紧缺人才、高端人才和专业技能人才的培训体系，加快发展步伐，切实发挥了示范带动效应。

七 优化发展环境

（一）鼓励外贸综合服务企业发展

外贸综合服务企业为外贸企业特别是中小企业提供专业集成服务，帮助企业降低贸易成本、开拓国际市场，助推全省外贸稳增长和调结构。为加快培育外贸综合服务企业，促进外贸转型升级和创新发展，2017年5月，河南省政府办公厅出台《关于加快培育外贸综合服务企业的实施意见》，提出要认定一批省级外贸综合服务企业，引进一批知名外贸综合服务企业，培育一批区域型外贸综合服务企业，并完善外贸服务体系。2018年，河南省政府发布《关于促进外贸转型发展的通知》，指出支持外贸综合服务企业发展，坚持引进与培育相结合的方式，加强与思亿欧、敦煌网等龙头企业战略合作，孵化培育豫满全球等本土外贸综合服务企业，打造外贸服务生态圈；认定并重点扶持一批省级外贸综合服务企业；落实国家促进外贸综合服务企业发展的各项政策，完善优化外贸综合服务企业管理模式，规范出口退（免）税流程，为外贸综合服务企业发展创造良好条件。

（二）深化政银企合作

2020年，河南省商务厅牵头搭建金融服务对接平台，纾解跨境电商企业融资难题，河南省商务厅组织跨境电商企业与金融机构进行对接，恒丰、中信保等 10 家金融机构，河南保税集团等 16 家省内重点跨境电商企业代表参加对接。搭建银企对接平台，发挥政、银、企多方积极性，让企业与银行面对面对接沟通，自由洽谈，切实帮助跨境电商企业缓解融资难题。2024年，河南省积极争取，成为全国首批跨境电商零售进口税款担保电子化改革试点省份，随着该项改革的落地，海关与银行之间实现担保数据互传、效力互认，业务整体流程精简 50%，企业不再需要多次往返于银行、海关办理担保业务，效率得到极大提升。

（三）畅通空陆物流通道

河南省积极畅通空陆物流通道，提升多式联运水平，全力推动郑州国际陆港公司"一干三支"海公铁多式联运项目、河南机场集团"空中丝绸之路"空陆联运项目等国家多式联运示范工程，及河南保税集团省级多式联运示范工程、顺丰快递上车上飞机多式联运示范工程等省级示范工程项目建设，构建和完善郑州多式联运体系。推动通达系、顺丰等快递企业在河南设立中心仓和区域中心总部，为电商与快递协同发展奠定基础。支持全省 77 家跨境电商企业在 43 个国家和地区共设立 183 个海外仓。搭建了境内以郑州为核心，境外以埃德蒙顿、纽约、烈日等主要城市节点为中心，覆盖了欧、美、东盟等全球主要贸易市场的航空运输网络。

第二节 区域实践

"买全球卖全球"目标提出十年来，河南省以郑州为龙头示范引领，带动各地市发挥自身优势，全面复制推广先发综试区成熟经验做法，大力推进制度创新、管理创新、服务创新，促进电商迅速发展。

一 郑州融入"买全球卖全球"的实践探索

（一）打造郑州跨境电商综试区

郑州跨境电商综试区获批以来，先后制定出台了系列政策文件，明确了建设跨境电商线上综合服务平台、线下综合园区平台、人才培养和企业孵化平台"三个平台"，以及信息共享体系、金融服务体系、智能物流体系、信用管理体系、质量安全体系、统计监测体系、风险防控体系"七个体系"的主要任务。着力打造"三个平台"，在建设跨境电商线上综合服务平台方面，为加快跨境电商的发展，河南省发布了《关于加快建设国际贸易"单一窗口"的意见》，并投资 9000 万元用于整合河南商务公共服务云平台和电子口岸平台资源。以郑州跨境贸易电子商务服务试点信息化平台为核心，该平台整合了海关、国检等监管服务功能，为跨境电商企业提供了高效便捷的"一站式"通关服务。这一举措使跨境商品从申报到放行的时间缩短至 5 分钟，同时确保了"9710""9810"两种清单和报关单的四种申报模式顺畅运行，平台系统的通关能力更是高达 1000 单/秒。在推进线下综合园区建设方面，河南省政府着重发展郑州航空港经济综合实验区，以综合保税区为中心，构建了包括中部国际电子商务产业园、世航之窗跨境电子商务示范园、航投物流双向跨境 E 贸易保税展示交易中心以及河南易通跨境供应链电子商务产业园在内的跨境电子商务产业园区。同时，郑州经开区依托河南保税物流中心，与出口加工区、国际陆港、中原福塔、国际物流园等形成联动，打造了一个集智能物流、通关服务、保税仓储、综合监管以及展示展销功能于一体的跨境电商生态体系。郑州其他县（市、区）发挥产业优势，打造了中国中部电子商务港、郑州邮政圃田跨境电子商务产业园等一批跨境电商特色产业集群。在建设跨境电子商务人才培养和企业孵化平台方面，河南省依托郑州市强大的高校培训资源、科研院所研究实力，以及企业紧密贴近市场的优势，通过政府、学校、企业三方紧密合作，推出了公益培训、定向培训和订单培训相结合的跨境电商职业培训体系。着力打造"七个体系"，加速构建贯通南北、连接东西的现代立体交通体系和现代物流体系。目前，已有多家知名货运企业，如京东、菜鸟、DHL 等，入驻郑州机场，进一步提升了跨境电商物流的效率和便捷性，"智慧物流"完整产业链正在逐步形成；多模式综合监管满足市场需求，依托海关特殊监管区域软硬监管设施，开展网购保税进出口、直购进出口、邮快件、内贸电商等不同业务模式的综合监管；建立跨境电商信息数据库，加强对跨境电商企业的信用管理，开展信用评估，把控产品质量，根据企业信用等级和记录，确定不同的抽检比例，提供更便捷的通关服务和金融支持。

（二）连续举办全球跨境电子商务大会

河南在建设内陆开放高地方面的努力，获得了社会各界的持续关注。从 2017 年起，河南连续举办了七届全球跨境电子商务大会，已有近万人参会。全球跨境电子商务大会邀请了世界贸易组织、世界海关组织及多家国内外知名企业参与，集中讨论了当前全球跨境电商的发展趋势、所面临的挑战以及蕴含的机遇。大会旨在汇聚各方共识，加强合作，共同探索跨境电商的未来发展道路，并为行业的高质量发展提供新的动力，强调通过这一平台，推动各领域资源共享和深化合作。

2024 年 5 月 10 日，第七届全球跨境电子商务大会在郑州国际会展中心轩辕堂开幕，驻华使节、境内外行业协会代表、专家学者、知名跨境电商企业代表等 800 余人齐聚一堂，围绕新形势下推动跨境电商高质量发展进行交流。大会还举行了跨境电商产业与邮政口岸协同发展对接会、"丝路电商"国际合作对接会、亚马逊河南跨境电商高质量发展对接会活动，积极促进产业对接，务实开展合作交流。

大会推动供应链、金融、综合服务、物流、人才培训等大批合作项目签约。全球跨境电商大会已成为河南跨境电商产业发展的亮丽名片，大会向业界传达了河南的开放姿态及对跨境电商的高度重视，通过探索经验、创新共享，为全球跨境电商发展提供宝贵参考。

（三）开展跨境电子商务零售进口药品试点

2021 年 5 月，国务院批准河南省开展跨境电子商务零售进口药品试点工作。随后，河南省政府于同年 11 月发布了相关试点工作的实施方案。2022 年初，郑州海关和河南省药监局联合发布了试点协同监管办法，随后郑州市政府也正式出台了试点实施方案。该试点采取"三平台一中心"运营模式，涵盖药品交易网、特殊监管区域平台、地方药品试点外综服平台以及处方审核和流转中心。为确保试点工作顺利进行，实行"四个准入"监管原则，包括平台准入、企业准入、产品准入以及全流程追溯。与传统药品进口模式相比，跨境电商零售进口药品试点采用了"1210"模式，药品从生产厂商直接到达零售企业，享受特殊税收政策。消费者在线下单支付后，药品能在约 2 分钟内完成通关。这一试点是国家对跨境电商进口药品新渠道的积极探索，为消费者购买进口药品提供了更为便捷的途径。

二 洛阳融入"买全球卖全球"的实践探索

（一）打造洛阳跨境电商综试区

洛阳跨境电商综试区自获批以来紧抓政策落地。洛阳跨境电商综试区注重平台建设，依托中国（河南）国际贸易单一窗口，建设跨境电商线上综合服务平台，该平台已正式立项，正在多方对接建设方案。洛阳依托洛阳（五洲）跨境电商产业园建设通关一体化平台，该平台集保税仓储、保税商品展示、保税物流、通关通检等功能于一体，提供物流仓储、便捷通关等一站式外贸综合服务。洛阳跨境电商综试区注重跨境主体培育，拥有康博特钨钼材料、信成精密、铭辰工贸、天久科技、铭诺国际贸易、合胜光伏等一批本土跨境电商出口企业，玖运国际、河南众创、彤润信息等若干本土跨境电商服务企业，邮政、顺丰、中储、联邦、敦豪等跨境电商物流企业等，跨境电商企业类型不断丰富，市场主体不断增加，产业生态不断完善。

（二）推进跨境电商产业园区建设

洛阳市注重电商产业园区建设，以载体建设为抓手，引导跨境电商企业集聚发展，完善产业配套服务，拥有洛阳国家大学科技园、洛阳信息科技城等 10 个省级电商示范基地，21 家省级电商示范企业，2 个省级跨境电商示范园区，2 个省级跨境电商人才培训暨企业孵化平台，6 个国家级、3 个省级电商进农村综合示范县。全市拥有各类跨境电商经营主体及服务企业 800 余家，其中高新技术企业 118 家。洛阳信息科技城、洛阳（五洲）跨境电商产业园相继被认定为河南省跨境电商示范园区，洛阳 ITC 培训孵化平台、洛阳 863 创智广场被认定为河南省跨境电商人才培训暨企业孵化平台。涧西中弘跨境电商产业园、洛阳国家大学科技园、中浩德电子商务产业园、洛阳 863 创智广场、洛阳 ITC 培训孵化平台等电商类园区积极开展跨境电商人才培训、企业孵化等服务，87 个海外商标注册获批、参与编制 11 项国家和国际标准。此外，洛阳跨境电商综试区内高校（职业院校）均设置跨境电商专业，推动政校企合作，营造了浓厚的跨境电商创新创业氛围。

（三）开辟多条境外货运线路

洛阳市拥有一类航空口岸和二类铁路、公路口岸。在航空货运方面，围绕打造空中经济廊道、贯通陆海经济通道、拓展网上经济走廊的目标，洛阳市谋划航空口岸开放新格局，把洛阳北郊机场改扩建列为"十四五"期间的重点建设项目；完成新航站楼及集疏运系统概念方案设计，发布《洛阳市增开航班航线实施方案》，通航城市达 29 个，不断提升互联互通水平。在铁路货运方面，2017 年洛阳市成功开通中亚国际货运班列、洛阳到青岛货运班列、洛阳到宁波港的铁海联运班列，实现了洛阳国际货运班列零的突破；2020 年，洛阳成功开行到俄罗斯的铁路货运班列，进一步巩固洛阳市西向进出口运输通道。

三　南阳融入"买全球卖全球"的实践探索

（一）打造南阳跨境电商综试区

2020 年 4 月南阳获批建立跨境电商综试区。南阳跨境电商综试区按照河南省政府确定的"两平台、四行动、六体系"共 12 大任务 13 项具体措施，着力发挥自身优势，全面复制推广先发综试区成熟经验做法，依托南阳卧龙综合保税区、南阳国家高新技术产业开发区等开放平台，优化整合海关、税务、外汇等政务服务资源，加速形成制造、交易、物流、结算全产业链封闭式生态圈，促进南阳跨境电商迅速发展。在通关平台建设方面，依托国际贸易"单一窗口"平台，推动卧龙综合保税区与河南电子口岸有限公司合作建设跨境电商通关一体化平台。目前，该平台已陆续实现跨境电商"1210""9610""9710""9810"全模式通关监管，并建成集通关报检、数据统计、物流跟踪、金融支付等服务功能于一体的综合性服务平台。在产业园区建设方面，按照以卧龙综合保税区为核心，以镇平、西峡等地多个跨境电商产业园区为支撑的"一核多园"体系，促进线上线下联动融合发展。在中心城区建设南阳新经济产业园、装备制造产业园等跨境电商专业产业园区，在镇平、西峡、邓州、内乡、新野等县市打造与当地产业结合的跨境电商特色产业园区，形成专业产业园区与特色产业园区相结合、定位鲜明、错位发展的跨境电商产业园区集群，为跨境电商企业提供集聚平台。在培育市场主体方面，依托南阳资源优势，围绕优势特色主导产业，引导传统外贸企业积极转型跨境电商业务。组织实施产业发展培育行动，推动产业与跨境电商融合应用，鼓励企业与跨境电商平台企业、服务企业合作，拓展产品境外营销渠道；包装打造特色优势产业带，形成了光学、胶片、装备制造、艾制品、中医药、月季、食品农产品、工艺品、纺织服装、仿真花等多个产业带的跨境电商产业格局。

（二）推进跨境电商与特色产业融合发展

1. 发展"跨境电商+农产品"

发挥国家级出口食品农产品质量安全示范市和全国粮食生产基地的优势，重点推动食用菌、艾制品、茶叶等优质农产品通过跨境电商渠道拓展国际市场，积极推进农产品质量认证和标准化建设，培育有机绿色农产品跨境电商出口品牌，打造适合农产品出口的跨境电商全产业链。

2. 发展"跨境电商+制造业"

培育壮大防爆电机、光电信息、生物医药、汽车配件、感光材料等特色优势产业集群，提升跨境电商应用水平。支持企业通过跨境电商渠道开拓"一带一路"沿线国家（地区）市场，积极建设跨境电商垂直平台，整合上下游产业链，促进制造业转型升级。

3. 发展"跨境电商+家居用品"

支持餐厨用品、地毯、丝制品、仿真花等特色产业企业建设跨境电商产品设计中心，研发设计数字化、智能化家居用品，实施柔性化生产，丰富跨境电商家居用品品类，打造跨境电商家居产业特色集群。

4. 发展"跨境电商+服务贸易"

积极培育各类服务贸易主体，依托南阳理工学院、南阳中关村科技产业园等高校和平台，推动软件和信息技术服务出口。积极扩大文化服务出口，深入开发中医药、赊店等特色文化资源相关的文创产品，推动玉雕、烙画等文化产品走向国际市场。

（三）开辟多条海铁联运线路

南阳市发展"四路协同"，打通陆上、空中、海上、网上丝绸之路，全方位开通国际物流通道。依托南阳国际陆港,开行"宛西欧""宛渝欧",以及南阳与欧洲(俄罗斯)、中亚的双向中欧班列,开行南阳至青岛、宁波舟山港铁海联运线路。目前,中欧班列开行 17 列,其中南阳—青岛港快线是国内首列农副产品(西峡香菇)铁海联运专列。

四 焦作融入"买全球卖全球"的实践探索

(一)打造焦作跨境电商综试区

2022 年 11 月,焦作获批建设跨境电商综试区。焦作以助力传统产业转型升级为发展方向,坚持突出特色、锚定优势,共建共享、创新驱动,服务带动、协同发展的原则,扎实部署综试区项目建设。在建设三个平台方面,建设线上综合服务平台,为跨境电商企业提供全方位服务;建设线下综合园区平台,促进各类要素集聚;建设人才培养平台,加强人才培训,支持创业创新。在实施三大行动方面,实施主体培育,新增更多跨境电商企业;实施产业提升行动,培育新的跨境电商产业集群;实施品牌培育行动,打造一批特色跨境电商品牌。在完善六个体系方面,建设信息共享体系、金融服务体系、智能物流体系、信用管理体系、统计监测体系、风险防控体系,为跨境电商企业提供高效便捷的监管服务。

(二)助力中小企业数字化出海

焦作搭建多功能电子商务信息服务平台,提供语言交流、报关退税、国际物流、海外仓储、汇兑服务、信息统计等服务,为中小微企业出口提供便利。着力培育跨境电商产业集群,引导企业设置产品设计中心、研发中心,加强与跨境电商平台企业合作,拓展国际市场。2020 年 6 月,焦作市商务局、阿里巴巴国际站豫北区域联合主办焦作市稳外贸阿里巴巴国际站"春雷计划 2020"峰会,阿里巴巴国际站充分利用 20 年来积累的数字化跨境贸易经验,通过进一步升级数字化工具和服务能力,助力中小企业面向全球市场线上突围,把握数字化跨境贸易新机遇,踏上品牌出海再造的新通路。"春雷计划 2020"推动焦作企业借助阿里巴巴国际站跨境贸易平台开拓全球市场,促进焦作优势产业"走出去",助力"豫品出海",为焦作市外贸企业提供政策扶持,降低企业出海成本。

（三）强化跨境电商品牌建设

焦作市深入实施商标品牌建设工程，推进商标品牌指导站建设，开展商标品牌价值提升行动，巩固提升雪莲钛白粉、风神轮胎、河阳气缸套、隆丰皮草、三利达射箭器材等知名品牌影响力。加强地理标志运用促进工作，培育特色鲜明的地理标志和区域商标品牌，支持开展名优特产品国际商标注册、国际质量体系认证，培育豫竹方便面、怀山堂山药、海蟾宫松花蛋等一批特色品牌。强化知识产权保护，建立知识产权快速维权通道，严厉打击专利商标侵权违法行为。推动跨境电商与特色产业融合发展，推进装备制造业、汽车零部件产业、皮革制造产业、名优特产品等应用跨境电商转型升级。

五 许昌融入"买全球卖全球"的实践探索

（一）打造许昌跨境电商综试区

2022年11月，许昌获批建设跨境电商综试区。许昌发挥许昌跨境电商综试区、市场采购贸易方式试点、全国网络市场监管与服务示范区等平台政策叠加优势，奋力实现跨境电商综试区的多重功能定位。许昌跨境电商综试区在推动产业转型升级上，以发制品跨境电商为先导，积极引导蜂产品、卫浴陶瓷、建筑机械、汽车零部件和特色农产品等传统行业借助跨境电商平台进行转型升级，致力于自主品牌的培育和发展。许昌跨境电商综试区大力推动B2B和M2C等商业模式，并借助B2C分销渠道，拓展海外直接销售网络，实现外贸出口与品牌价值的同步提高。许昌跨境电商综试区在跨境电商与市场采购贸易融合发展方面，以扩大发制品、蜂产品、卫浴陶瓷、建筑机械等产业出口为重点，积极探索"跨境电商+市场采购贸易"新模式。该模式通过加强与知名跨境电商平台合作，鼓励企业利用这些平台采用市场采购贸易方式，简化通关流程，推进贸易便利化。许昌跨境电商综试区在跨境电商监管服务创新方面，以创建全国网络市场监管与服务示范区为契机，注重传统产业转型，优化综合服务，创新监管体制。通过加强政策支持和培育孵化，实现了跨境电商规模的持续快速扩大，确保市场健康有序，同时推动营商环境的优化升级，积累了有推广价值的示范经验，对河南省乃至中部地区的跨境电商发展具有积极意义。

（二）探索"跨境电商+市场采购贸易"新模式

2020年9月，许昌市获批河南省唯一的市场采购贸易（海关监管代码为"1039"）试点。"跨境电商+市场采购贸易"模式以跨境市场需求为导向，以采购商为主体，整合各方资源，使采购过程更高效、更便捷。市场采购贸易有效解决了中小微企业无进项票、出口难等问题，使中小外贸企业享受阳光化便捷通关，提升采购效率，降低采购成本，还可以促进供应商与采购商之间的深度合作，实现共赢，健康发展。

1. 搭建市场采购贸易联网信息平台

持续优化平台服务功能，帮助外贸企业提高通关效率，按照上级商务、海关、税务、外汇管理等部门的监管要求，同步增设商户备案、商品备案、报关出口、结汇等相关业务模块，为市场采购贸易业务开展提供强有力的保证。

2. 推动中欧班列与市场采购贸易融合发展

河南省商务厅牵头引导，与郑州国际陆港开发建设有限公司开展合作，充分利用市场采购贸易出口便利化的特点，结合中欧班列兼具快速高效和运费成本低廉的优势，为省内外企业有效降低外贸门槛，开辟新的物流渠道，助力全省及周边企业向"一带一路"沿线国家出口，为全省外贸提供新的增长点。

3. 推行"双抬头报关"模式

推行外贸企业试点政策，探索推行"双抬头报关"模式，即注册商户可作为报关单上的生产销售单位，各地市现有的外贸出口企业可以作为境内发货人（代理企业）出现在报关单上，出口数据可顺利统计在商品生产地的外贸企业名下，不会造成各地出口数据的流失。既解决了市场个体工商户因不具备出口资格而无法单独报关的问题，又便于后期多主体收结汇，极大地提高河南省内各地企业来许昌参与试点业务的积极性。

（三）搭建跨境直播基地

近年来，许昌紧抓跨境电商直播的风口，搭建跨境电商直播基地，结合互联网数字营销，为发制品销售赋能，推动更多发制品企业实现数字化出海。

1. 对接龙头企业

2020年9月，阿里巴巴全球速卖通跨境电商直播基地落户许昌。许昌电商直播基地先后吸引了阿里巴巴全球速卖通、阿里巴巴国际站、亚马逊、拼多多TUME、天猫国际等电商大企业主动合作。据统计，2020年以来，先后有16家直播产业链企业入驻，与50多家电商企业开展合作。

2. 培养电商人才

跨境电商直播基地还与5家高校开展了产教融合深度合作。同时，先后联合阿里巴巴全球速卖通、阿里巴巴国际站、亚马逊、天猫国际等开展电商公益培训活动，培养本地电商创业者。

第三节 企业实践

企业是"买全球卖全球"的实施主体，推进河南省企业走出国门、走向世界，是实现"买全球卖全球"目标的关键。河南省企业依托线上电商平台、省内跨境电商园区、高能级物流通道等，畅通了外贸销路，有力促进了省内产业转型升级，让河南制造实现"卖全球"。

一 融入"买全球卖全球"，河南保税集团成为中原亮丽名片

中国（郑州）跨境电子商务综合试验区于2016年1月6日获得国务院批复。河南省进口物资公共保税中心集团有限公司（以下简称"河南保税集团"）作为郑州跨境电商综试区核心区平台承建单位，肩负着郑州跨境电商综试区建设的重要使命。同时，河南保税集团也是河南自贸区建设的关键抓手，是10.51平方公里E贸易核心功能集聚区的平台运营单位，是全国跨境电商发展的标杆。

（一）打造E贸易核心功能集聚区

在世界贸易组织框架下，E贸易核心功能集聚区吸引全球跨境贸易的各方参与者，持续在跨境电商的技术标准、业务流程、监管模式和信息化建设上进行创新。通过发展全球网购商品集疏分拨、国际商贸物流合作、跨境电商大数据服务及跨境O2O电商零售等业务，该集聚区汇聚了国内外智

慧，深入研究了 EWTO 运行规律，并提出符合跨境电商发展规律的贸易规则、标准和监管模式。这些举措推动了双边合作向多边合作转变，致力于打造全球网购商品集疏分拨中心、"一带一路"商贸物流合作交流中心、全球跨境电子商务大数据服务中心以及内陆地区国际消费中心，使 E 贸易核心功能集聚区成为全球 EWTO 新规则的试验区和城市功能区。

1. 建设全球网购商品集疏分拨中心

集聚跨境电商企业，做强跨境电商进口，扩大跨境电商出口规模，培育发展多种贸易模式，搭建 E 贸易产业的综合生态，打造跨境电子商务完整产业链和生态圈，促进外贸优进优出及进出口平衡发展。

2. 建设"一带一路"商贸物流合作交流中心

依托中欧班列和国际航空等跨境交通设施，成功吸引了商品和服务贸易的集聚，推动了与"一带一路"沿线国家政府和企业的深入交流。巩固了商品和服务贸易的流通，并进一步将多边贸易和沟通扩展至更广泛的国家和组织。通过这些努力，郑州与跨境电商主要目的国的联系不断增强，共识不断增多，进一步提升了其作为"一带一路"商品和服务贸易流动节点的重要性。

3. 建设全球跨境电子商务大数据服务中心

打造跨境电商大数据中心，强化大数据产业创新发展能力，推动跨境电商数据开放与共享，打造数据、技术、应用与安全协同发展的跨境电商大数据产业生态体系。

4. 建设内陆地区国际消费中心

针对城乡居民消费升级的需求，积极推进跨境电商的线上线下融合，发展 O2O 零售新模式，不断扩大进口商品范围并提升其质量与档次。通过创新商业业态和模式，加速传统商业向主题型、体验式、智慧化商业中心转型，旨在实现全渠道上下融合、全业态多元融合以及多样化消费互动，从而满足消费者的多元化需求。

（二）打造线上综合供应链服务平台

河南保税集团积极利用"前店后仓"的区位优势，创新推出跨境 O2O 自提模式，实现了 PC 端、门店端和移动端的无缝连接。这一模式不仅丰富了销售渠道，还满足了消费者对进口优质商品线上下单、即时取货的需求。

目前，E 贸易核心功能集聚区已成为全球进出口精品的集聚地，汇集了来自70 多个国家和地区的 10 余万种商品，形成了知名的批发和零售交易中心。

1. 搭建跨境电商多式联运、一区集成服务平台

跨境电商发展对物流供应链的要求较高，国际多式联运服务体系的支撑尤其重要。郑州"1210"模式集合海关、国检等多个监管部门开展"一区多功能"业务试点，通过一个特殊监管区实现邮件、快件、一般贸易、内贸等多种业务集成监管。目前，将 E 贸易创新的订单、运单、支付单"三单比对"运用到通关单上，通过"一票到底"实现公铁、公机、海铁关等多式联运，消除集疏、集聚、关务、运输、仓储、交易等多要素、多环节、多节点的障碍壁垒，解决了邮件、快件物流垄断以及申报不真实等难题。

2. 搭建跨境电商创新平台

建设国际贸易"单一窗口"、买卖全球网和中大门保税直购体验中心三大服务窗口平台。其中，国际贸易"单一窗口"基于政务部门采集的数据，为政府提供监管、统计、分析服务，为企业提供工商、关务检务、质量追溯、征信查询等服务，为公民提供福利信息公开、权益保护、纳税、征信记录等数据服务，力争建成具有国际影响力的贸易大数据中心、贸易综合指数发布中心和数据交易标准制定中心。买卖全球网依托国际贸易"单一窗口"提供精准数据服务，为市场提供有形商品交易服务，为物流、金融供应链等提供定制解决方案，力争建成具有全球影响力、交易额不低于万亿元人民币的交易平台。中大门保税直购体验中心创新推进"一馆多模式""一馆多业态"，创新运用 O2O 展销模式，实现全球首家跨境零售 O2O 现场提货。

（三）创新开展空运"五定"包机业务

2020 年以来，河南保税集团在全国率先开通跨境电商"五定"（定线、定班、定时、定舱、定价）包机业务，结合河南交通运输枢纽优势，打造专业运营团队和信息系统，为客户提供安全、稳定、高效的海外仓储产品，以及定制化的跨境电商货物仓配解决方案，为跨境电商企业提供高效、快捷、有竞争力的跨境运力，引领跨境电商中小企业顶风破浪、逆势前行，积极助力全球物流供应链顺畅，让"新通道"成为实现"买全球卖全球"

的主要途径。

1. 设置国际航空干线

以郑州为中心，在全球建立物流、商贸供应链体系，开通郑州—纽约、郑州—俄罗斯、郑州—墨西哥、郑州—列日、北京—埃特蒙顿等多条货运包机专线，实现 72 小时全球配送。

2. 设置国际卡车班列干线

全国首开银川—中亚—欧洲的西向线路以及广西凭祥口岸—越南胡志明市的南向线路两条跨境电商国际卡车班列（TIR）线路。西向线路由银川综保区出区，转关至新疆各口岸后开启 TIR 模式出境，途经中亚抵达欧洲，后分发到欧洲其他国家。南向线路由凭祥口岸出境，抵达胡志明市后采用"门到门"模式派送，覆盖越南全境。通过 TIR 实现空卡联运，在纽约、洛杉矶、芝加哥、列日等地设立六个海外仓，逐步实现全球布局。

3. 设置专线及快线产品

利用中大门保税直购体验中心自有运力（基于各基地的包机舱位），选择成本相对较低的境外服务商联合打造专线产品（专线小包及 FBA 空派）。开设跨境出口专线，美国专线、欧洲专线、中亚专线、俄罗斯专线等普货专线，美国专线、欧洲专线含电商特殊专线小包裹、全球门到门快线等服务。

二　融入"买全球卖全球"，黎明重工扎实布局海外市场

在竞争异常激烈的全球矿山机械市场中，黎明重工利用电子商务得天独厚的优势，满足客户的定制化需求、降低产品成本、拉近与客户的距离、提高企业竞争力、占据市场优势地位，扎实布局海外市场。

（一）组建专业电子商务团队

1. 初始商务团队

2000 年，黎明重工在矿山机械行业中独具前瞻性地组建了国内该领域第一支电子商务团队，正式进军电子商务领域，积极探索开拓网络市场。2002~2008 年，黎明重工经历了从初步尝试到逐渐摸索出适合自身发展的电子商务运营模式。初期，公司采用广撒网、全面覆盖的粗放型策略，旨在快速接触并了解电子商务领域的运作规律。随后，黎明重工逐渐找到了符

合其行业特点和自身实力的电子商务模式，从而在矿山机械行业的电子商务领域中占据了领先地位。

2. 精细化商务团队

2009~2011年，黎明重工在电子商务领域聚焦于询盘成本、转化率等数据分析。公司采用了基于数据分析的精细化电子商务模式，通过精确的数据分析来优化业务运营。这一策略使询盘数量实现了稳步增长，询盘质量也得到了显著提高，同时确保了投入产出的合理比例，标志着黎明重工在电子商务领域取得了显著的成效。

3. 专业商务团队

2012~2013年，黎明重工对电子商务团队进行了深度的组织架构和人员分工调整。通过这一调整，公司明确了新的方向、目标及专业化要求，并组建了专业化的模块小组。这一变革显著提升了电子商务团队的工作效率和工作质量，为公司的发展注入了新的活力。

（二）打造世界工厂网线上平台

基于电子商务和网络营销经验，黎明重工2008年成立项目组打造世界工厂网，为传统工业企业特别是制造业企业发展提供网络营销服务。世界工厂网旨在帮助中国的制造业企业通过电子商务和国际贸易实现转型升级、快速发展。

世界工厂网在每一个工业细分领域里选择最值得信赖的行业运营商，并由运营商和平台一起优选细分领域的供应商入驻，同时根据采购会员的精准需求，提供专业的采购咨询服务。平台将工业、工业产品、服务全面与互联网融合，由单纯发布信息转向促成交易、保证效果。世界工厂网创新商业模式。B2B行业在发展的初级阶段主要采用在线浏览与离线交易的方式，供应商为了提高曝光量、吸引询盘和达成交易，只能通过缴纳会员年费在平台发布广告，这种模式难以产生精准询盘和交易。创新的商业模式按效果付费，在此模式下，供应商不必为产品营销付出太多精力和财力，从而降低了成本，而更好的采购服务增加了其对平台的黏性，吸引了更多优质、稳定的注册采购会员。世界工厂网定位于工业品采购领域的新一代电子商务交易线上平台，采用行业运营商模式，深耕工业细分领域，力求让采购经理获得最有针对性、最周到的采购体验。世界工厂网致力于打造综合服务商和完整的线上生态，整合 Google、Yandex、Bing、Facebook、LinkedIn 等海外优势互联网平台，助力企业开展线上外贸业务，实现本土化营销，包括搜索引擎营销、社交媒体营销、外贸网站建设、询盘管理系统、出海云等功能，提供一站式海外营销服务。

目前网站有中文、英语、俄语、日语、法语、阿拉伯语、西班牙语七种语言的版本，拥有 2400 万家企业的数据，已经成为国内第四大 B2B 平台，全球最大的制造业企业垂直 B2B 平台。

（三）积极引领信息化管理变革

黎明重工成熟的电子商务模式，推动了公司财务管理、客户管理、产品管理等模块的信息化建设，实现了公司后台运营系统信息化及整体经营流程的优化和重组，初步完成了电子商务与公司信息化的对接，成为制造业行业信息化变革的标杆。

1. 财务管理信息化

开发应用线上财务收据查询管理系统、财务现金支出单软件、供货价格系统等，逐步建立基础的信息技术应用平台和设施，实现生产、管理和财务的快速对接。

2. 客户管理信息化

开发应用信息登记系统、客户管理系统、网站管理系统、出门证系统、备发货系统、办公自动化系统、企业内网等，对公司的物流、资金流和信息流进行一体化和集中化管理，使公司不同部门的信息能及时、有效地传递。在电子商务环境下，逐步形成供应、采购、销售、宣传等的有机合作，最大限度整合线上线下资源，利用不断创新的商业模式实现最大增值。

3. 产品管理信息化

黎明重工引入 CIMS 现代集成制造系统。在通过 OA 实现办公自动化后，于 2015 年启动了 PDM 产品数据管理系统，利用数据模型实现对产品全生命周期数据和流程的有效管理；于 2018 年 8 月成功上线 ERP 企业资源计划一期，打通财务模块、资金票证模块、销售模块、采购模块以及库存模块，实现集团统一管控，信息资源共享，提升运营效率。

三 融入"买全球卖全球"，致欧家居打造跨境电商新标杆

致欧家居顺应时代发展浪潮，依托数字信息技术，聚焦家居品牌运营、整合家居品类供应链，提升海外线上渗透率，以良好的产品和用户体验打造品牌影响力，构建了持续创造价值的竞争护城河。

（一）聚焦家居品牌运营

1. 打造品牌矩阵

致欧家居坚持自有品牌发展战略，不断向系列化、风格化、全生活场景的方向拓展，打造 Songmics、Vasagle、Feandrea 三大自有品牌，分别定位于家居品类、家具品类、宠物家居类。从使用场景角度划分，使产品涵盖不同使用场景，形成不同风格或材质互相组合的多系列产品矩阵，从而满足多场景下客户的消费需求，实现消费者一站式采购。

2. 做好品牌推广

在品牌推广方面，致欧家居积极利用大数据技术对用户行为数据进行深度挖掘，制定符合消费者需求的差异化营销策略，并结合网络流量监控、广告制作与投放实现精准营销推广。一是加强亚马逊站内关键词以及品类内搜索广告投放，通过推动型和拉动型广告组合的方式，提高广告转化率，降低每次点击成本（CPC）或每千次展示成本（CPM），利用先发效应形成更大的品牌影响力，同时不断匹配整个亚马逊生态。二是致欧家居利用品牌官网进行产品展示、品牌推广，致欧高居也通过电商平台旗舰店、社交媒体、搜索引擎、杂志、电子邮件等进行持续的品牌展示和数字营销，同时借用社交媒体意见领袖（KOL）来做口碑传播和形象塑造，从拉新到复购，不断触达更多客户和市场，推动品牌传播，提高市场覆盖率。三是将语言、图片和视频等内容的创作与本土文化和习俗相结合。四是邀请忠实用户共同设计广告，以真实的视角拉近与消费者的距离，如致欧家居与其旗下 Feandrea 品牌的忠实客户一起完成了一部广告片的拍摄，由客户自己在家里进行拍摄，由内部团队进行后期制作。

（二）整合家居品类供应链

1. 搭建跨境电商信息化系统

在供应链管理信息化方面，致欧家居以产品供需平衡为核心，运用 EYA 管理信息系统与外部平台无缝对接。通过整合历史销售数据和库存数据，进行智能运算，以确定最佳采购需求。采购中心根据系统指引，精准选择供应商并高效执行采购任务，优化供应链效率。此外，通过电子签章和 SRM 系统，致欧家居在需求预测、订单、合同、出货计划、装柜数据、验货等多个关键环节与部分供应商实现了快速共享与协同。这一举措不仅建立了紧密的供应商协同链路，实现了与供应商的深度合作，还有效加强了对采购订单执行过程的管控，显著缩短了交付周期，改善了公司的供应链管理。此外，致欧家居已上线基于场景化的语义情感分析系统，通过对互联网上的用户评价、用户反馈等自然语言进行结构化分析，在家具家居领域实现了基于功能、场景、价格、服务、质量、样式等的结构化抽取、归类和情感分析，辅助产品、营销和客服等部门在各自环节快速识别消费者的需求，从而大幅提升消费者洞察的效率。同时，销售预测技术和图像处理技术模块已处于测试阶段。通过搭建跨境电商信息化系统，逐步把数字化能力向供应商赋能，提升产销供一体化的效率。

2. 严格管理供应商和产品质量

公司在供应商管理、产品采购与交付、产品质量管理等方面均建立了较为完善的流程体系。在供应商管理方面，致欧家居制定了较为完善的供应商管理及评价体系，建立了包括供应商准入、初期考核、日常考核、淘汰、质量监控、信息反馈和协助品控改善等的完整供应商管理体系。在产品质量方面，致欧家居设置品质中心，根据不同品类和目标市场的法律要求，制定对应的质量检测标准文件。此外，对于新上线产品，致欧家居先进行小批量采购并试销，试销数据趋于稳定且符合公司试销品转为正常商品的条件后执行大批量采购。

3. 打造仓储物流体系

在仓储物流方面，致欧家居构建了"国内外自营仓+平台仓+第三方合作仓"的仓储物流体系，通过建立"国内集货仓+境外海外仓"的双仓联动模式，将出口货物提前运送至集货仓，在国内对订单按照数量多少和体积大小进行配货,实现整柜拼箱运输,既保证集装箱的利用率,同时确保准时装运、按时出港,较好地控制了"断链"风险,有效提高库存周转率,降低了海外备货风险。然后通过海外仓当地发货、当地配送的优势,打通产品出海的最后一公里,提升客户购物体验,同时解决了境外产品退换货的痛点,以海外仓为产品和品牌在海外进行推广的落脚点。

(三)提升海外线上渗透率

1. 工艺创新

区别于传统外贸整装出口企业,致欧家居从研发阶段就考虑与跨境线上销售渠道需求有机结合,如结构可拆装、平板包装和包装适合长距离运输等。为了更好地解决产品包装和运输问题,致欧家居对大件家具家居产品一般采用更加节省空间和包材的平板包装方式,向客户提供产品主材、配件、安装说明书,客户自行完成安装。公司对体积和重量较大的家具家居产品采用了可拆装的结构设计和耐碰摔的平板包材设计。

2. 用户洞察

本土化运营是跨境电商提升海外线上渗透率的关键。消费品行业面对海外陌生的环境和渠道,不仅要解决技术问题,还要在文化上做到融合,这些都是有难度的。目前,致欧家居的销售市场主要位于欧洲、北美和日本等地,并分别在德国、美国和日本设立了全资子公司 EUZIEL、AMEZIEL 和 ZIELJP,组建了一支超过 100 人的本地团队,职能涵盖洞察、设计、营销与供应链等。在目标市场设立分支机构,公司能够更好地触达终端消费者,有助于公司深刻洞察消费者需求,及时跟踪掌握市场动向,充分利用国内供应链优势和国外设计团队构建行业壁垒。同时,通过境外子公司开展经营活动,公司可以更好地适应当地相关法律法规的要求,进而保障公司业务稳定、健康、持续发展。此外,致欧家居还组建了一支近 50 人的客户服务团队,提供英语、德语、法语、意大利语、西班牙语等语种的客户服务。

第三章 河南"买全球卖全球"跨境电商发展取得的成就

在以习近平同志为核心的党中央的坚强领导下，在河南省委、省政府的具体指导和推动下，河南经济适应数字化变革，抢抓产业数字化、数字产业化机遇，跨境电商发展取得丰硕成果，在国际和国内两个市场中发挥了重要作用，"丝路电商"成为贸易合作新渠道，带动了伙伴国数字经济发展。

第一节 跨境电商提质增量

2014 年，习近平总书记勉励河南朝着"买全球卖全球"的目标迈进。殷殷嘱托，拳拳在念。十年间，河南紧抓时代机遇，坚持以创新为引领，依托政策优势、枢纽优势和产业优势，不断驱动河南跨境电商一次次振翅，不断推动不沿边、不靠海的河南融入世界经济大舞台。河南跨境电商的创新能力、产业规模和发展质量均处于全国领先水平。

一 跨境电商市场规模不断扩大

近年来，面对复杂的外部环境，河南省坚持稳中求进的工作总基调，坚定不移推动高质量发展，外贸发展表现出较强的韧性和抗压能力，稳住了外贸基本盘，交出了可喜的成绩单。2023 年，全省外贸进出口总额为 8107.9 亿元，规模在全国排第 9 位，连续 12 年位居中部地区第一。2023 年，河南省出口 5280 亿元，较 2022 年增长 2.4%；进口 2827.9 亿元，贸易顺差 2452.1 亿元，较 2022 年扩大 30%。① 河南跨境电商进出口额从 2015 年的 384 亿元增至 2023 年的 2371.2 亿元（见表 3-1），年均增长 25% 以上，产业链、供应链链接全球 200 多个国家和地区，规模和应用水平居全国前列②。以郑州为例，自 2019 年以来，郑州跨境电商交易额超 4500 亿元，年均增长 15% 以上；跨境电商现场进口商品从最初的 100 多种增加到 8 万多种，进出口业务范围辐射全球 200 多个国家和地区。从出口产品结构看，2023 年，河南出口机电产品 3427.4 亿元，同比增长 5.3%，占全省出口的 64.9%，以集成电路、手机为代表的高技术、高附加值产品出口快速增长；汽车、发制品和农产品出口增长较快，同比分别增长 106.5%、16.8%、8.3%，三者合计拉升全省外贸出口增速 3.4 个百分点。值得一提的是，2023 年河南电动汽车、锂电池、光伏产品 "新三样" 合计出口 76.9 亿元，同比增长 22.9%，增速明显高于全省出口平均增速，体现了全省制造业加快向高端化、绿色化、智能化转型的趋势，外贸强省建设将拥有更强大的支撑。跨境电商等外贸新业态快速发展，河南装备机械、电子产品、假发、农产品等通过 "丝路电商" 加大了对新兴市场的开拓力度，同时，2023 年泰国榴梿、智利车厘子、挪威三文鱼等进境冰鲜产品、进境食用水生动物进口量同比分别增长了 118 倍、450 倍。

表 3-1 2015～2023 年河南跨境电商进出口情况

单位：亿元

年份	进出口	进口	出口
2015	384.0	-	-
2016	768.7	262.2	762.5
2017	1024.7	762.5	262.2
2018	1289.2	928.2	361.0
2019	1581.3	1133.7	447.6
2020	1745.0	469.3	1275.7

① 新时代 新征程 新伟业 | 2023 年河南外贸进出口总值超 8100 亿元 连续 12 年居中部第一 [EB/OL]. (2024-1-19) [2024-9-4], https://swj.zhengzhou.gov.cn/swdt/8165594.jhtml.

② 张毅力. 河南郑州：营造跨境电商 "新蓝海" [N]. 科技日报, 2024-5-21 (3).

续表

年份	进出口	进口	出口
2021	2018.3	542.8	1475.5
2022	2209.2	508.6	1700.6
2023	2371.2	—	—

数据来源：河南省商务厅。

二　跨境电商市场主体持续活跃

当前，河南省跨境电商产业增长态势迅猛，外贸经营主体的数量和体量均快速增长，构成更加丰富多样，河南跨境电商产业生态体系更加完善，为推动河南外贸转型升级和高质量发展做出了重要贡献。从活跃企业数量看，2023年河南有进出口实绩的外贸企业数量达11844家，同比增长10.9%，净增加1163家。截至2023年底，中国海关跨境电商备案企业数量为1189家，其中，"大块头"外贸豫军逐步成长，进出口在5000万元以上的重点企业有1039家，同比增加78家，进出口额占全省进出口总额的91.6%。从经营主体看，民营企业成为跨境电商的主力军，全省开展外贸的民营企业超9500家。2023年民营企业对共建"一带一路"国家进出口额占全省进出口总额的49.5%，民营企业已成为跨境电商的重要支柱。近年来，跨境电商领域的转型者、创业者越来越多。众多境内外知名跨境电商企业，如eBay、谷歌、阿里巴巴、网易、京东、唯品会、聚美优品、小红书等纷纷入驻河南省并开展业务，同时，UPS、DHL、联邦、菜鸟、顺丰等物流巨头加快在河南布局。在这一背景下，传统企业，如黎明重工、企鹅粮油、国立控股等积极响应，纷纷转型升级。河南本土电商企业中钢网、致欧家居、乐橙等也展现了强劲的发展势头，迅速崛起。河南还涌现了一批本土跨境电商综合服务企业，如正博电商、金源孵化器、易赛诺等，为跨境电商提供包括供应链管理、电商运营、物流配送等在内的全方位服务，有力地支持了河南跨境电商发展。

三　开放平台功能体系更加完善

郑州航空港经济综合实验区被确定为空港型国家物流枢纽，开放门户作用更加凸显。截至2024年4月，中国（河南）自由贸易试验区累计形成559项制度创新成果，99项制度创新成果在全省复制推广。其中，郑州片区挂牌以来新注册企业9.3万家，累计实际利用外资9.43亿美元，连续三年保持两位数增长，外贸进出口突破2400亿元，签约重大项目350余个，总投资5200多亿元；累计形成360项制度创新成果，包括全国首创52项、全省首创87项，12项制度创新成果在全国复制推广。开封片区累计入驻企业7076家，是挂牌前的39.3倍，其中超亿元的企业有197家、超10亿元的企业有25家；累计探索推出181项改革创新经验，10项改革措施在全国复制推广，占河南自贸区19项国家级案例的一半以上，2项案例跨区域推广，38项创新经验在全省复制推广。洛阳片区已累计入驻各类市场主体4.38万家，是挂牌前的1.99倍，2023年完成进出口69.8亿元，同比增长21.1%，累计形成了221项改革创新成果，涉及投资贸易自由化便利化、科技创新、金融开放创新等多个领域，其中，《"四链融合"促进洛阳老工业基地转型升级》入选全国自贸试验区第四批最佳实践案例。

河南省已设立郑州、洛阳、南阳、许昌、焦作5个跨境电商综试区，形成多点布局、多主体运行、多模式联动的发展格局，获批国内首个跨境电商进口药品和医疗器械试点。2023年，河南省5个跨境电商综试区进出口额达1723.9亿元，占全省进出口总额的72.7%。河南省累计设立5个综合保税区、4个保税物流中心，建成3个国家一类口岸及9个功能性口岸，功能性口岸内陆地区数量最多、功能最全；纳入国家目录的开发区总数位居全国第三，市场化、国际化水平不断提升。郑州口岸交换站作为全国唯一的国际邮件集散中心，不仅具备全球进口邮件的集散功能，还是全国国际邮件出口的重要枢纽。此外，郑州口岸在运力保障方面也具有显著优势，通达亚洲17个国家的20个航点，连接欧洲11个国家的21个航点，在美洲地区，如美国、加拿大、墨西哥等地也实现了广泛覆盖。2023年，河南省5个综合保税区进出口额合计4419.4亿元，占全省进出口总额的54.5%。其中，新郑综合保税区进出口额为4072.8亿元，进出口规模在全国综合保税区中位居第一。2023年全省保税物流中心进出口额67.1亿元，同比增长10.9%，开放平台成为拉动外贸进出口的主要载体。

河南拥有先天优势，跨境电商生态日益优化。截至2024年1月，河南已培育认定了36个省级跨境电商示范园区，累计入驻跨境电商企业1270

家，跨境电商平台载体不断发展，各示范园区的服务功能持续完善，服务水平快速提升，在加快跨境电商集聚、延长产业链条、做大产业规模等方面起到了重要作用。郑州先后建成跨境电商产业园区 32 个，集聚了天猫国际、唯品会、京东国际等知名跨境电商进出口平台，业务范围辐射全球 200 多个国家和地区。

四　海外仓建设取得重大突破

海外仓是河南制造"走出去"的主支点和新驿站，海外仓在很大程度上解决了跨境电商企业跨境物流、售后等领域的问题，有助于企业提升物流效率，降低物流成本，优化购物体验，实现低成本、高质量运营，进而增强外贸产业链供应链韧性。为满足跨境电商发展需求，河南省越来越多的跨境电商企业开始注重全球布局，通过自建、租用、委托等形式开设海外仓来拓展海外市场、提升品牌影响力和服务能力，河南已有 80 家企业在全球 47 个国家和地区设立了 206 个海外仓，总面积超过 100 万平方米，覆盖 200 多个国家和地区，织就了一张链接世界主要经济体的"云端大网"，海外仓成为河南省网上丝绸之路建设和对外投资合作的重要载体。依托海外仓，河南跨境电商企业开始深耕海外市场，推动"中国制造"向"中国品牌"升级。例如，致欧家居已在欧美设立了 3 家本土化运营公司，推动旗下品牌成为欧美市场知名的家居品牌。

近年来，河南省大力推动企业设立海外仓作为加快豫企出海、培育豫企品牌、释放跨境电商新活力的重要抓手，积极开展跨境电商海外仓示范企业培育工作。首批认定 12 家省级海外仓示范企业，致欧家居、郑州市联钢实业有限公司（公共海外仓服务平台）等企业入选并将获得相应的资金奖励。

五　"丝路电商"朋友圈不断扩大

"丝路电商"推动共建"一带一路"国家经贸合作持续深入，发展"丝路电商"国际合作是发挥我国电子商务技术应用、模式创新和市场规模等优势，积极推进电子商务国际合作的重要举措。2016 年，我国与智利首签电子商务合作谅解备忘录，开启了"丝路电商"国际合作的序幕，8 年来，我国已与 30 个国家签署了双边电子商务合作备忘录并建立双边合作机制，合作伙伴国遍及五大洲，规则层面的加速对接为河南发展跨境电商创造了良好的先导条件，为"丝路电商"发展开辟了广阔空间。河南省跨境电子商务的蓬勃发展，正成为推动"丝路电商"合作和共建"一带一路"的重要动力。目前，河南的跨境电商业务已覆盖全球200多个国家和地区。通过网上丝绸之路，进口商品种类从最初的100多种大幅增长至10万多种，满足了全国消费者的需求；也助推了河南制造的高效便捷出口，使贸易商遍布全球。"丝路电商"已成为多双边经贸合作的新亮点，也是高质量共建"一带一路"的新引擎。河南保税中心郑州跨境电商的日均出货量高达30多万单，业务影响力覆盖全球196个国家和地区。此外，位于郑州经开区的中大门跨境电商新零售模式已成功复制到贵阳、银川、沈阳、乌鲁木齐、呼和浩特、南宁等城市，为更多地区带来了跨境电商的便利与发展机遇。

六 便捷的交通运输网络服务跨境电商的能力愈发强劲

跨境电商还带动了空中、陆上及海上丝绸之路的协同发展。2023年，郑州新郑国际机场货邮吞吐量达60.78万吨，居全国第六位，已开通全货机航线49条，呈现了以国际航线、全货机为主的显著特色。中欧班列综合运营能力居全国第一方阵，服务覆盖欧盟和俄罗斯及中亚地区40个国家140多个城市，郑州成为全国五个中欧班列集结中心之一。中国（郑州）重要国际邮件枢纽口岸（以下简称"郑州国际邮件枢纽口岸"）业务正式启动，郑州成为继北京、上海、广州之后第四个全国重要国际邮件枢纽口岸。

空中、陆上、网上、海上丝绸之路"四路协同"，联通世界，郑州—卢森堡空中丝绸之路成为共建"一带一路"的典范。郑州新郑国际机场国际综合交通枢纽地位持续加强，开通国际货运航线41条，通航全球46个城市，客货运吞吐量自2017年以来持续位居中部地区双第一。河南首创跨境电商"1210"网购保税进口模式并在海内外复制推广，业务覆盖196个国家和地区，"买全球卖全球"加速推进。河南已开通9条至沿海主要港口的海铁联运班列线路，周口港、漯河港、信阳港等河海联运开通运营。

第二节 跨境电商产业带初步形成

在构建双循环新发展格局的背景下，跨境电商与新兴特色产业带之间形成了紧密的协同发展关系。跨境电商不仅催生了大量新兴特色产业带，这些产业带也为跨境电商的长远健康发展提供了坚实的产业支撑。这种协同发展模式有助于河南制造业更深层次地融入全球价值链，对于全面优化河南省产业结构、推动外贸转型升级、抢占国际贸易竞争制高点具有重要意义。

一　跨境电商助力产业带高质量发展

跨境电商逐渐成为我国外贸发展的新引擎、新动能，借助跨境电商平台的全球资源共享、交易联动，制造业产业集群能够高效获取供应商和市场需求信息。河南省持续推动"7+28+N"制造业产业链群转型升级和协同发展，推动产业链的持续整合和扩展，将产业链提升到高端、延伸到终端，从而更好地参与国际贸易，享受跨境电商带来的便利和红利。

河南省提高对"跨境电商+产业带"的培育和支持力度，印发实施了一系列政策文件。2020年5月印发的《河南省加快推进"四路协同"发展工作方案》，明确提出加快推动"跨境电商+产业集群"发展，鼓励各地充分结合优势产业，打造新型"工贸一体化"电商产业链。2022年3月印发的《河南省"十四五"电子商务发展规划》提出推动形成以郑州为综合服务中心，各地为生产中心的产业集聚格局，推动各地特色产业打造跨境电商产业基地。2023年印发的《中国（许昌）跨境电子商务综合试验区实施方案》提出推动发展"跨境电商+产业带"，支持各县（市、区）建设特色鲜明、功能完备的产业园区，促进各类要素集聚。此外，各地市也印发实施了一系列政策文件。《郑州市人民政府关于加快推进跨境电子商务发展的实施意见》《郑州市跨境电子商务综合试验区发展实施方案》提出大力培育跨境电子商务新兴产业，带动传统优势产业转型升级，打造跨境电子商务完整产业链和生态圈。

近年来，在各项政策的持续推动下，河南省跨境电商与产业带的融合度明显提升，主要呈现以下几个特点。一是跨境电商推动传统产业带变革。河南省传统优势产业积极借助跨境电商打通出海新渠道，以轻量化方式直接触达海外消费群体，推动传统产业数字化转型和国际化发展，通过培育明星企业品牌出口、发展出口跨境电商服务生态、深耕河南特色产业带等举措，推动传统企业转型，助力跨境电商与当地产业带深度融合。传统工贸企业纷纷加入跨境电商行列，如黎明重工、阿尔本制衣、企鹅粮油、郑州锅炉、国立控股等传统企业"上线触网"转型发展，跨境电商进出口额年均增长30%以上，成为河南外贸发展的新增长点。二是跨境电商促进产业带整体创新。在产品创新方面，随着跨境电商的发展，河南的制造业企业可以直面消费者，不再需要通过出口商、批发商、零售商等，可以更好地感知消费者的需求，并根据市场反馈进行产品更新迭代，推进产品创新，甚至引领消费需求，强大的国际竞争压力也会促使产业带内企业加大创新力度，提升在国际市场上的竞争力。许昌发制品企业通过跨境电商等国际贸易新业态，以数字技术为依托，以数据为关键要素，分析市场需求，调整产品库存，开展精准化营销，提高商品的成交率，推动发制品产业国际化、品牌化发展，实现本土传统产业升级、质量提升、规模扩大。三是产业带覆盖面逐渐扩大，品种多样齐全。"跨境电商+产业带"已成为郑州乃至河南外贸发展的新引擎。河南在跨境商品供给中涌现了十多个具有较强竞争力的特色产业带。不仅有装备机械、铝制品、发制品等传统产业带，也有鹿邑化妆刷、社旗仿真花、长葛蜂制品、洛阳钢制家具、新乡锂电池、开封流量计、郑州游乐设施、安阳童装、偃师鞋靴产业带，以及卫材、商用服务设备等多个快速成长的跨境电商新兴产业带，"跨境电商+产业带"集聚效应日益显著。

二 跨境电商推动产业带内企业转型升级

随着跨境电商的不断发展，产业带内的企业也逐渐壮大、转型升级。一是跨境电商促进传统工贸企业品牌化。借助跨境电商，越来越多中国品牌乘网"出海"，积极拓展国外市场，为河南新兴产业崛起注入强劲动力。在传统外贸模式下，企业要把产品卖给海外消费者，需经贸易商、出口商、进口商、零售商四个环节，发展极大受限。为破局出圈，传统工贸企业更加专注产品质量与品牌建设，着力创立拥有自主知识产权的出口品牌，注册海外商标，申请海外专利，开展品牌营销活动，持续增强消费者的认知度和美誉度。作为全球最大的发制品产业基地，许昌的发制品远销120多个国家和地区，催生每年逾10亿美元的跨境电商交易额。发制品企业获得专利714项，拥有自主品牌109个，境外注册商标645个。二是跨境电商加快出口品类高端化。"跨境电商+产业带"出口品类中技术含量高的产品快速崛起。产品创新使传统优势品类的产品技术含量快速提升，技术含量高的品类不断增加。产业带的生产能力与多种成熟技术的融合创新，产生了大量技术含量高的新出口品类，且成为全球热销品。三是跨境电商推动中小企业全球化，为大量中小企业直接对接消费者打开"新大门"，让企业轻装上阵谋发展、提品质，通过优化跨境电商服务生态、深耕河南特色产业带、深化卖家教育和服务等举措，推动中小企业转型出口跨境电商，助力跨境电商与当地产业带深度融合。借助跨境电子商务，郑州的游乐设备企业增加到 100 多家，积极走向国际市场，形成特色鲜明、增长强劲的新兴产业带，产品畅销 50 多个国家和地区，年销售额超过 40 亿元。

三 特色产业带夯实基础，深度融入产业链和生态圈

"跨境电商+产业带"模式逐步从"新业态"发展为"新常态"。政府部门、产业带企业、跨境电商产业园区、跨境电商服务企业等正在形成合力，共同推动这一模式良性发展。一方面，更多跨境电商企业在河南落地布局，实现互利共赢。阿里巴巴国际站已经在河南 14 个地市设立了本地化服务中心，团队达 500 多人，帮助企业抢抓机遇，在注册公司、建站、营销、物流等方面，提供一系列帮扶政策，助推河南企业快速实现品牌出海。新乡锂电池产业带利用阿里巴巴国际站等平台出海，进入跨境电商新赛道，通过跨境电商直播带货、短视频营销实现了跨越式发展。阿里巴巴与鹤壁博龙、河南永合华业、郑州万神山、郑州华尔等 10 家跨境电商重点企业签约。河南多个成熟产业带还与全球贸易通、敦煌网、亚马逊等跨境电商平台合作，对本地产业资源进行全面梳理和布局调整，引导传统产业带和外贸企业"上线触网"，开通产业带跨境电商专区，聚合特色产业带的优质商家和货品，以帮助原产地优质货源直达消费者，助力当地品牌提升影响力和优势产业的转型升级。全球贸易通与河南奥源、河南锦誉、河南顺邦、河南祥禾 4 家企业签约，许昌市商务局与 Amanbo、全球贸易通签订战略合作框架协议。另一方面，地方政府也积极促进跨境电商产业链、生态链的建设。洛阳市组建电商销售团队的钢制家具企业有 140 家，"洛阳铁箱"抱团抢占线上市场，钢制家具"触电"，助力企业"卖全球"。目前，洛阳市拥有各类跨境电商经营主体及服务企业 1400 余家，其中高新技术企业 168 家，在北美市场上的洛阳跨境电商企业中，钢制家具企业占比已达到 60%，

"出海"已成为洛阳传统产业谋未来的共识。焦作市充分结合高端装备、皮毛制品、"四大怀药"等资源禀赋和特色产业，积极应用"跨境电商+产业带"模式，推进跨境电商企业、本地优势企业、中小网商、第三方平台、综合服务企业联动发展，实现产业链、创新链、资金链、人才链深度融合。

第三节　制度创新探索取得新突破

河南省出台了一系列有关跨境电商监管流程、商业模式、服务体系等的政策制度，不断完善跨境电商领域的标准和规则，利用制度创新优势持续推进河南制度型开放高地建设，制度创新与探索取得新突破，助力河南融入"买全球卖全球"。

一　网购保税进口模式

河南省在跨境电子商务领域探索实施网购保税进口模式，截至目前已在全国 165 个跨境电商综试区复制推广。河南首创的网购保税进口模式在 2014 年 8 月被海关赋予"1210"监管代码，成为跨境电商的主导模式。"1210"模式适用于境内个人或电子商务企业在经海关认可的电子商务平台开展跨境交易，并通过海关特殊监管区域或保税监管场所进行电子商务零售商品进出境。"1210"模式具有很高的便利性，该模式具有提前申报、入区退税的政策便利，可以加快资金周转，减少退税时间成本，缓解企业经营压力；出口货物批量入区，在海关特殊监管区域内进行账册管理、分包打理、统一报关，集货批量运输离境，即"分送集报"模式，利用特殊监管区域的集约特点，降低商家物流成本，提升物流效率；以海关特殊监管区域作为锚点，境外消费者进行退换货时，已出口货物只需退运回特殊监管区域内，再重新发包运输，为跨境电商企业提供了中转，保障跨境商品"出得去，退得回"。"1210"网购保税进口模式得到了世界贸易组织、世界海关组织的认可，在多个国家推广实施，为世界跨境电商高质量发展贡献了"河南方案"和"中国智慧"。

二　"网购保税+实体新零售+线下自提"

线上线下创新融合促进消费升级。为顺应实体新零售发展大趋势，中国（河南）自由贸易试验区郑州片区海关部门首创跨境电商"网购保税+线下自提"新模式，这种模式允许跨境电商企业将网购保税进口商品在保税直购体验中心内展示销售。消费者在线下自提系统完成下单、支付，海关跨境监管系统会自动进行身份核实、三单比对等，1~3分钟就可以完成各项审核放行工作，消费者即可根据收到的信息现场提货，实现"即买即提"。

"网购保税+线下自提"使消费者与全球优质商品零距离接触，在提升电商原有网购用户消费体验的同时，也成功吸引了部分传统实体店消费者，实现了线下实体店顾客向线上导流的效果，扩大了跨境电商商品的消费群体，同时为国内消费者提供了更多消费选择。中大门保税直购体验中心作为郑州跨境电商的重要项目，秉承"买全球卖全球"的核心理念，汇聚了来自70多个国家的近十万种商品。该体验中心实现了线上线下的有效融合，让顾客无须远行，即可享受全球购物的乐趣。通过"网购保税+实体新零售+线上自提"的创新模式，打破了线上与线下的界限，确保热销商品在3分钟内即买即提，极大地提升了消费者的购物体验。这一举措使中大门保税直购体验中心成为家门口的世界超市，让老百姓能够轻松购买优质且价格合理的跨境电商产品。

三　"跨境电商+市场采购贸易"有机融合

2023年10月8日，河南省人民政府印发《中国（许昌）跨境电子商务综合试验区实施方案》，明确许昌跨境电商综试区功能定位为跨境电商与市场采购贸易融合发展示范区，推进跨境电商制度、管理、服务和模式创新，发挥许昌跨境电商综试区、市场采购贸易方式试点政策优势，探索"跨境电商+市场采购贸易"新模式，加强与知名跨境电商平台对接联动，引导企业通过跨境电商平台采用市场采购贸易方式通关，推进贸易便利化。市场采购贸易（海关监管代码"1039"）是指由符合条件的经营者在经商务部等国家部委认定的市场集聚区内采购单票报关单商品货值15万（含15万）美元以下的商品，并在采购地办理出口商品通关手续的贸易方式。跨境电商与市场采购贸易同属外贸新业态，是我国外贸发展的有生力量，推动两者有机融合，将拓展新业态的出口渠道，形成新的外贸增长点。中小跨境电商企业采购的无票货物可以利用市场采购贸易"无票免税"优势，异地组货、全国通关，实现便捷报关出口，促进跨境电商企业合规化、阳光化发展。跨境电商与市场采购贸易的深入融合，既可以解决跨境电商企业小额出口及无票的难题，完成合法合规收汇，也推动了市场采购贸易由传统的线下采购逐步向线上下单、履约、结汇转型，极大降低了中小微企业出海门槛，提升了贸易便利性。市场采购贸易联网信息平台于 2021 年 4 月中旬正式开展业务，截至 2022 年 10 月底，已完成备案的各类市场主体 454 家，备案出口商品 7500 类，通过市场采购贸易方式出口 7114 单，货值 50.4 亿元。2022 年，河南省市场采购贸易出口额为 5.8 亿美元，增长 84.1%。

四 "跨境电商+海外仓"（B2B2C）

"9810"跨境电商出口海外仓模式指的是国内企业先将货物运送至海外仓，然后通过跨境电商平台完成销售，并直接从海外仓发货给境外消费者，同时向海关提交相关电子数据的一种模式。这种模式实现了跨境电商 B2B2C 的出口流程。2020 年 7 月 1 日，郑州海关成功实现了"9710"和"9810"两种清单与报关单的四种申报模式的全面通关，标志着河南跨境电商 B2B 出口试点业务正式启动。"9810"模式具有多重优势，如可优先安排查验，系统实时验放；积极响应跨境电商企业批量出口需求，降低出口成本；跨境电商综合试验区不涉及出口退税的，可按照 6 位 HS 编码简化申报。此项改革显著加快了国货"卖全球"的进程，为全球消费者提供了最快 72 小时交付的高效购物体验。在河南省跨境电商 B2B 出口试点业务运行的最初半年内，郑州海关共处理了 16.45 万单"9710"和"9810"清单与报关单，货值高达 2.96 亿元，同时备案了 25 家海外仓企业。近年来，河南省跨境电商加速发展，企业纷纷通过自建、租用、委托等形式加速布局海外仓这一新业态。

"跨境电商+海外仓"联动发展，优化并稳定了全球供应链。海外仓发挥全球供应链物流枢纽节点作用，衔接我国国际干线物流和海外终端配送体系，保障了外贸产业链供应链稳定。我国企业加速海外仓全球化布局，不断提升跨境电商物流履约能力，不断丰富海外仓服务功能，提供展览展示、商品分销、退换货、售后服务、供应链管理、金融服务等一系列服务，在优化供应链管理服务的同时，促进终端销售的作用日益凸显。郑州市联钢实业有限公司、宇通客车股份有限公司等 21 家企业在 32 个共建"一带一路"国家设有 66 个海外仓，面积 27 万平方米，其中包括 3 个公共海外仓、22 个自用海外仓、41 个租用海外仓，海外仓成为巩固跨境电商优势、服务"一带一路"建设的新载体。当前，以海外仓为枢纽、打通国际贸易各个环节的一体化服务需求日益增长，河南省推动海外仓企业积极整合国内外资源，向供应链上下游延伸，形成了"综保区前置仓+海外仓"双仓联运，海外仓与跨境电商、一般贸易、市场采购贸易、外综服等多模式多业态联动发展的局面。

五 创新推出跨境电商零售进口退货中心仓模式

为进一步促进跨境电商业态发展，切实解决业务痛点，2020 年，中国（河南）自由贸易试验区郑州片区与郑州海关联合首创跨境电商零售进口退货中心仓模式，该模式是在区内设置退货中心仓，整合集约同一电商企业的退货业务，将区外的分拣、退货流程转移至区内。跨境电商零售进口退货中心仓模式有效解决了退货难题，压缩中间环节，节省物流在途时间，降低企业经营成本，提高了仓储利用效率，充分发挥了集约化仓储优势，切实保障了消费者退货权益，提升了购物体验。2021 年 9 月，海关总署决定全面推广跨境电商零售进口退货中心仓模式。目前该模式已被列入国务院自由贸易试验区第六批改革试点经验在全国复制推广。该模式以成本更低的优势吸引了更多跨境电商平台入驻河南自贸区，充分发挥了跨境电商新兴业态优势，带动了河南跨境电商行业高质量发展。

第四节 跨境电商综试区建设水平持续提升

国务院批复设立郑州、洛阳、南阳、许昌和焦作 5 个跨境电商综试区，初步形成了跨境电商综试区示范引领、多城市联动发展的格局。

一 以郑州跨境电商综试区为龙头先行先试、成绩显著

郑州跨境电商综试区业务规模持续扩大。2023 年，郑州市跨境电商交易业绩较好，总额达到 1261.61 亿元，同比增长 6.69%。郑州市已建成 32 个跨境电商线下产业园区，其中 16 个荣获省级示范称号。结合本地优势产业，郑州市成功打造了包括机械设备、耐火材料和家具家居在内的特色跨

境电商出口产业集群。同时，本土跨境电商综合服务企业，如易通跨境、云速通和全速通等，不断提升服务能力，而天猫国际、京东国际、唯品会、eBay和抖音等知名跨境电商平台也在郑州稳定运营，进一步推动了郑州跨境电商的发展。郑州跨境电商综试区通关服务高效便捷。跨境商品从申报到放行时间缩短至5分钟，"9710""9810"两种清单和报关单的四种通关模式顺畅运行，同时为企业提供提前申报清单、批次理货、业务系统互联等便利化措施，使出口包裹通关时间缩短了40%。"7×24"通关机制全面实施，电子口岸入网办理实现"零跑腿"，各类政务通关"零接触""一网通办"，跨境电商零售进口退货中心仓模式保障跨境商品"出得去、退得回"。快件通关辅助系统推广至中国（郑州）重要国际邮件枢纽口岸，助力口岸实现跨境电商、快件、邮件"三关合一"。跨境电商线上综合信息服务平台河南国际贸易"单一窗口"为企业提供"快响应、零延时、秒通关"的高标准服务，平台系统通关能力提高到1000单/秒，日通关承载能力达到3000万单以上，运营效能稳居全国第一梯队。

郑州跨境电商综试区物流体系更加完备。网上丝绸之路、空中丝绸之路、陆上丝绸之路持续保持高效联动，创新开通全货机跨境电商包机，使国际物流服务效率提高30%以上，货品投放误差率为0，使企业物流成本降低20%。不断优化跨境电商包机专线，织密空中丝绸之路，自2015年6月开展跨境电商业务以来，其业务量已从2015年的74.6万单、货值0.89亿元，增至2023年的1.23亿单、货值166.21亿元。首创跨境电商班列，率先开通菜鸟号跨境电商班列，创新推出全国首个跨境电商国际铁路门到门线路产品"郑欧宝"，解决跨境电商小包货物、大件货物、液体、带电物品运输难题，探索了一条可复制、可推广的跨境电商出口陆路运输新通道。

二 洛阳、南阳跨境电商综试区扎实推进、快速发展

洛阳、南阳跨境电商综试区着力发挥自身优势，全面复制推广先发综试区成熟经验做法，大力推进制度创新、管理创新、服务创新，促进洛阳、南阳跨境电商迅速发展。

洛阳跨境电商综试区载体建设初具规模。拥有洛阳国家大学科技园、洛阳信息科技城等10个省级电商示范基地，21家省级电商示范企业，2个省级跨境电商示范园区，2个省级跨境电商人才培训暨企业孵化平台，6个

国家级、3个省级电商进农村综合示范县。全市拥有各类跨境电商经营主体及服务企业800余家，其中高新技术企业118家。跨境电商各类企业不断涌现，拥有康博特钨钼材料、信成精密、铭辰工贸、天久科技、铭诺国际贸易、合胜光伏等一批河南本土跨境电商出口企业，玖运国际、河南众创、彤润信息等若干河南本土跨境电商服务企业，邮政、顺丰、中储、联邦、敦豪等跨境电商物流企业等，跨境电商企业类型不断丰富，市场主体不断扩大，产业生态不断完善。初步形成了跨境电商与传统产业融合发展的新格局，洛阳综试区联合阿里巴巴国际站将传统产业产品出口到美国、俄罗斯、法国、英国、澳大利亚等61个国家和地区，主要出口产品有钢制家具、新材料、机电产品、布鞋、陶瓷、泳镜、假发、无纺布袋、铝锅、艾制品、香菇、花椒等。

南阳跨境电商综试区国际物流通道日益畅通。依托南阳国际陆港，开行"宛西欧""宛渝欧"及南阳与欧洲（俄罗斯）、中亚间的双向中欧班列，开行南阳至青岛、宁波舟山港铁海联运线路。中欧班列开行17列，其中南阳—青岛港快线是国内首列农副产品（西峡香菇）铁海联运专列。

南阳跨境电商综试区园区建设更加完善。引进专业运营服务企业，为园区入驻企业提供优质的进出口手续代办、代理报关、培训孵化、品牌营销、物流转运等服务。支持跨境电商园区提档升级，创建示范园区，卧龙跨境电商产业园、南阳理工学院培训基地等11个园区被河南省商务厅认定为示范园区。南阳跨境电商综试区市场主体逐渐增加，包装打造特色优势产业带，形成了光学、胶片、装备制造、艾制品、中医药、月季、食品农产品、工艺品、纺织服装、仿真花等多个产业带的跨境电商产业格局。阿里巴巴、敦煌网均与南阳市签订合作协议并落户南阳。目前，阿里巴巴国际站已在南阳进驻渠道商，已孵化跨境电商企业200余家，培训跨境电商人才2000多人，平台年销售额突破30亿元。敦煌网跨境电商项目入驻镇平县梧桐树新经济产业园，培训跨境电商人才1000多人，平台年销售额突破15亿元。

三 焦作、许昌跨境电商综试区起步稳妥、趋势向好

焦作跨境电商综试区持续巩固外贸基本盘，助力重点企业开展经贸合作和市场对接，保持进出口稳定增长，2023年全市货物进出口总额为221.4

亿元，比上年增长8.6%。其中，出口179.5亿元，增长11.6%；进口41.9亿元。2024年第一季度焦作市外贸开局有力、起势良好，实现进出口总额55.3亿元，同比增长8.7%。其中，出口43.2亿元，同比增长4.6%；进口12.1亿元，同比增长26.1%。焦作跨境电商综试区持续加强辖区重点商品监测预警和动态分析，在钛白粉、锂电池电解质材料等新材料化工产业集群中，形成串联型惠企利企措施矩阵。2024年1~4月，焦作海关监管辖区重要无机化工颜料钛白粉出口21亿元，同比增长11.7%；电池、半导体用导电炭黑等新材料出口2851.5万元，同比增长11.5%。首次在钛白粉加工贸易业务中开展企业集团加工贸易监管模式，使手册设立、结转申报、核销结案等环节的费用及单据量减少30%以上；同时在两家化工新材料头部企业试点开展单耗管理改革，免除钛白粉加工贸易报核前申报单耗海关核批程序，节约企业材料收集、数据核算时间成本。目前，龙佰集团钛白粉产能全球第一，产品畅销全球100多个国家和地区。

许昌跨境电商综试区快速发展取得显著成效。许昌积极构建跨境电商综试区良好营商环境。截至2022年底，许昌市先后建成4个跨境电商综合园区，培育3家跨境电商培训孵化基地和8家直播基地。许昌市还成功打造了阿里巴巴全球速卖通首个跨境电商直播基地和全国发制品原材料进口基地，并在境外设立了23个海外仓。通过举办直播电商节和三届中国发制品行业跨境电商大会，许昌市成功吸引了主流媒体和电商平台的关注，使许昌的文化和特色产品品牌得到进一步推广。许昌跨境电商综试区内的跨境电商经营企业已突破2000家，通过阿里巴巴国际站、阿里巴巴全球速卖通、亚马逊、eBay、wish等平台，产品成功进入欧、美、非的120多个国家和地区。2023年，许昌市跨境电商进出口额首次突破200亿元，位居全省第二，从事跨境电商经营的企业数量已突破3000家，市场拓展至190多个国家和地区。跨境电商已成为许昌市最具外贸优势和发展潜力的新兴产业，为经济提质增效注入了强大动力。

第五节　跨境电商人才培育结硕果

河南省积极探索跨境电商人才培养的新路径，不断加强人才培养体系建设，切实解决了国内电商国际化转型过程中面临的人才匮乏、运营不精等问题，积极探索跨境电商人才培养的新路径，为省内跨境电商的发展提供了充足的人才保障。

一　政府组织培育

河南省商务厅积极推进跨境电商人才培育工作，制定了相关政策措施，并适时组织申报，原则上平均每两年开展一次跨境电商人才培训暨企业孵化平台的认定工作。河南省已经培育认定了 25 个跨境电商人才培训暨企业孵化平台，为跨境电商人才的培养提供了有力支持。郑州市为了推动全市电商发展，举办郑州电子商务大讲堂，这项常态化、长效化举办的"慧"企工程至今已经举办 50 期郑州电子商务大讲堂和 10 余期沙龙活动，线下培训近 17000 余人次，线上观看近 1500 万人次，有效缓解了电商人才供需矛盾，也成为电商企业、高校、研究机构、从业者等探讨、交流、学习的重要平台。

二　高等院校培育

为解决人才教育供给与产业需求结构之间的矛盾，河南省委、省政府坚持推进产教融合、校企合作。通过健全机制、创新举措，深入推进产教融合机制和平台建设，已取得了明显成效。河南省内的高等院校积极参与跨境电商人才的培育工作，通过整合师资、科研、企业等资源，构建了以跨境电商高素质复合型人才培养为核心的人才培养模式。全国开设跨境电商专业的高校现有 500 所左右，其中河南省有 32 所，占全省高校总数的约 20%。

河南经贸职业学院电子商务专业、商务英语专业、国际经济与贸易专业跨院融合，积极探索高素质复合型人才培养之路。学校形成了以"岗—课—赛—证"四维融通为体系的"一核两翼五跨四融"人才培养模式，培养一精多会、一专多能，具有交叉思维和跨专业知识技能的准国际化复合人才。中原科技学院依托许昌的跨境电商研究院、跨境电商直播基地，将自身教育科研及人才培养优势有机结合起来，成立了跨境电商培训学院，打造许昌跨境电商人才培育输送、创新创业孵化基地，更好地促进跨境电商产业发展。河南科技大学于 2020 年成立跨境电商研究中心，依托高校优质学生资源，形成项目带动实践教学的新模式，并与许昌相关政府部门及企业建立了常态交流合作机制。河南省商务厅还与郑州大学共建河南电子商务与物流协同发展研究院，与郑州师范学院共建河南电子商务发展规划研究院，依托继续教育基地，以全省高、中级专业技术人员为重点，开展电子商务知识培训。河南省高校促进跨境电商人才供给侧和产业需求侧结构要素的融合，形成协同育人的格局，全面提升了河南跨境电商竞争力和影响力。

三 人才培训企业

随着河南省跨境电商行业的不断发展，河南省的跨境电商人才培训企业数量逐渐增多。河南澳得电子商务有限公司（以下简称"澳得公司"）是专业的跨境电商人才培育及就业平台，为广大阿里巴巴国际站会员企业提供"一站式"外贸人才解决方案。从2010年起澳得公司开始从事阿里巴巴阿里学院与河南省高校的电商外贸实习就业合作工作，深入合作院校近60所，为企业提供专业的运营操作、跨境电商人才培养及人才定制等服务，实现人才就业与企业用人无缝对接。金源孵化器与郑州大学等省内部分高校和优秀跨境电商企业达成合作，联合打造高校跨境电商人才培养方案，不断构建"产、学、训、用、创"的跨境电商人才培育模式，共同培育高质量跨境电商人才，截至2023年底，金源孵化器已服务省内电商会员企业近万家，累计培训国内电商及跨境电商人才2万余人次。

第六节 跨境电商交流合作深入推进

近年来，河南服务国家开放大局，积极融入"一带一路"建设，全面深化制度开放，成功举办全球跨境电子商务大会、中国河南国际投资贸易洽谈会、中国自贸试验区发展论坛、河南省跨境电商创新发展交流会等高水平、国际性经贸活动，进一步搭建交流平台，创新合作机制，优化开放环境，加快推动河南由内陆腹地向开放高地转变。

自2017年起，河南省每年召开全球跨境电子商务大会，是河南贯彻落实习近平总书记"买全球卖全球"重要指示的具体实践，也是打造内陆开放高地的实际行动。从2017年起，大会已连续成功举办八届，规模持续扩大、影响持续提升，成为河南扩大对外开放的重要平台。大会把跨境电商活动与推动跨境电商产业发展紧密结合，以经贸洽谈、推介、对接为主要内容，发挥平台、物流、供应链等优势，强化企业与企业、企业与平台的合作，进一步突出专业性、实效性，对带动跨境电商上下游产业发展、营造良好产业生态具有重要促进作用。

全球跨境电子商务大会推动供应链、金融、综合服务、物流、人才培训等大批合作项目签约。在制定跨境电商规则体系、推动跨境电商联动发展、探索跨境电商模式创新、搭建跨境电商交流平台等方面，形成了一系列"河南共识"，提供了一大批"郑州经验"。推动各国政府部门、国际组织、跨境电商产业链企业等加强政策研讨、协商沟通和经验分享，达成了《郑州共识》，发布了《中国跨境电商发展报告》《中国跨境电商系列教材核心内容》等系列研究成果，成为全球跨境电商合作交流的重要新渠道。大会充分向世界展现了河南的开放姿态及对跨境电商的高度重视，通过探索经验、创新共享，为全球跨境电商发展提供了宝贵参考。

在 2024 年郑州全球跨境电子商务大会期间，"丝路电商"国际合作（郑州）高峰论坛、2024 年中国（郑州）跨境电商行业发展峰会、亚马逊河南跨境电商高质量发展对接会等系列活动也成功举办。"丝路电商"国际合作（郑州）高峰论坛已连续举办三届，论坛聚焦前沿话题，搭建起连接中外的对话和交流合作平台，现已成为国内"丝路电商"领域最具影响力的合作载体之一。2024 年中国（郑州）跨境电商行业发展峰会以高端对话方式分享河南开放高地新机遇、行业新智慧、中国新方案。同时，推介优秀平台和项目，推进联盟框架合作，加强与国际消费者和供应商的交流，强化国际化、专业化、市场化品牌合作；同步开展跨境农产品商贸展览。该峰会邀请跨境电商产业资深人士分享中国创新经验、行业新趋势；峰会期间成立跨境电商联盟，共同打造"跨境电商+"产业发展模式。此外，在E贸易博览中心设置展区，重点开展河南本土品牌农产品推介、展示展销活动。

中国河南国际投资贸易洽谈会已连续举办 14 届，是河南省规模最大、规格最高、最具影响力的国际性经贸盛会，通过高层次交流打开视野，为河南链接更多优质资源，有效吸引总部经济、高端装备制造、生物医药、新材料、新能源、现代物流等产业资源流入，有力地丰富了河南产业体系，满足了产业发展和延链、补链、强链的实际需求。洽谈会聚焦众多新兴产业与未来产业举办专题活动，为合作方提供了更多参与空间，让开放河南的声音传递到更远的地方，推动河南加快融入双循环格局。

2023年8月，第三届中国自由贸易试验区发展论坛在郑州举办，围绕"自贸试验区提升战略""发挥交通枢纽优势、打造多式联运国际物流中心""培育跨境电商创新生态""稳步扩大制度型开放"等主题开展深入交流研讨，分享改革经验，凝聚创新共识，促进交流合作，提升了河南影响力，对河南省制度型开放战略实施和跨境电商创新发展起到了积极推动作用。

2023年12月16日，河南跨境电商创新发展交流会在郑州举行，会议全面学习贯彻党的二十大精神，落实省委、省政府和省商务厅关于外贸"稳规模优结构"的工作部署，总结河南跨境电商创新发展经验，分析全球跨境电商发展趋势，研讨应对措施与发展对策，探讨跨境电商创新发展的新模式和新机遇，推动河南省跨境电商行业高质量发展。

2022年11月16日，郑州成功举办了郑州—卢森堡"空中丝绸之路"国际合作论坛。论坛中，各方达成了关于推动空中丝绸之路高质量发展的重要共识，并签署了31项关键合作项目。此次论坛聚焦中卢货运航线的扩展，集思广益探讨了当前面临的新形势与新机遇，并提出了富有创新性和建设性的观点和建议。这一盛事不仅为共建"一带一路"注入了河南的智慧与力量，也进一步促进了国际间的交流与合作。

此外，河南成功举办发制品跨境电商大会、跨境电商产业与邮政口岸协同发展对接会等重要活动，促进了国际间跨境电商的交流与合作，推动了跨境电商供应链产业链互联，提高了跨境电商物流的便捷性和效率，为跨境电商企业提供了更好的物流保障，为河南跨境电商的持续发展提供了有力的保障。

第四章 河南"买全球卖全球"跨境电商发展的经验启示

自 2014 年习近平总书记提出"买全球卖全球"目标以来，河南深入贯彻落实习近平总书记的重要指示精神，不断探索创新跨境电商新路径、新模式，推动河南跨境电商取得了辉煌成就，使跨境电商成为河南的一张靓丽名片。回望十年来河南"买全球卖全球"跨境电商发展的丰富实践，河南跨境电商既取得了辉煌成就，也存在一些问题和不足。历史是最好的教科书，经验是成功的法宝，总结河南"买全球卖全球"跨境电商发展的实践经验，不仅为河南进一步改革开放注入了强劲动力，也为全国跨境电商的转型升级及外贸高质量发展提供了宝贵借鉴和重要启示。

第一节 河南"买全球卖全球"跨境电商发展的重大使命

随着经济全球化的深入发展和共建"一带一路"倡议的提出，河南紧抓机遇，不断朝着"买全球卖全球"目标迈进，河南跨境电商产业在中部地区乃至全国都具有显著优势，河南跨境电商进出口额从 2015 年的 384 亿元增至 2023 年的 2371.2 亿元，年均增长 25% 以上。未来河南充分挖掘跨境电商优势和潜力、持续推进"买全球卖全球"战略目标，有利于进一步提升河南内陆省份开放程度、提高开放经济发展能力及发展效率，有利于加强与"一带一路"共建国家和地区的经贸合作，有利于河南品牌走出国门、弯道超车，为河南打造内陆开放高地奠定坚实基础。

一 大省优势凸显河南"买全球卖全球"的典型性

"买全球卖全球"要求发展跨境电商的省市具有良好的地理位置、发达的交通网络、较好的对外出口贸易、相应的经济发展基础以及良好的政策支持条件。河南发展跨境电商具有突出的产业、资源等优势。第一，地理位置优越。河南作为中国中部大省，具有得天独厚的地理位置优势，加上发达便捷的综合交通体系，使河南跨境电商能够依托显著物流优势，将商品快速送达消费者手中，在"陆海内外联动东西双向互济"的新一轮开放格局中，河南的地理位置优势更加明显。第二，产业结构完整。河南是经济大省、工业大省和农业大省，工业体系较为完备、行业门类较为齐全，具有完备的产业体系和完善的供应链体系，涵盖了装备制造、汽车、食品、轻纺、生物医药、新能源、电子信息等诸多领域，同时河南实施优势再造战略，积极培育布局"7+28+N"产业链群，加强制造业强省建设，产业结构不断优化，产业链、供应链链接全球200多个国家和地区，具有"买全球卖全球"的良好产业基础。第三，产品资源丰富。河南货物涵盖农产品、制造业产品等丰富品类。食品产业作为传统优势产业居全国第一方阵，装备制造产品如盾构、矿山起重等闻名国内外，新材料产品如尼龙、新型高温耐火材料、超硬材料等国内外一流，鹿邑化妆刷、许昌假发更是享誉全球，农业产品如粮食、油料及肉类产量稳居全国前列，为跨境电商提供了丰富可靠的产品资源，确保了跨境电商业务的持续稳定。第四，市场规模较大。随着共建"一带一路"倡议深入推进，河南四条丝路链接国内外，具有通达全球的基础和能力，河南各地依托当地特色形成了链条完整的产业集群，使"买全球卖全球"有了走出去和引进来的广阔市场空间。

二　交通物流优势凸显河南"买全球卖全球"的代表性

"买全球卖全球"跨境电商的双向流通为消费者提供了更多购物选择和便利，为企业提供了更广阔的市场和更多机遇，是在全球市场上配置资源，有助于实现国内国际双循环。发展跨境电商不仅需要有良好的产业基础和政策支持，还需要畅通的交通和物流支撑，可以说物流的效率直接影响着跨境电商发展的进程。河南作为中部大省，不沿边、不靠海，似乎不具备发展对外贸易的有利条件，但内陆腹地的河南承东启西、连接南北，不仅是共建"一带一路"的关键节点，也是中欧班列的重要集散地，这些交通物流优势使河南与沿海发达地区站在了同一起跑线，有助于河南加快外贸转型升级，开辟一条内陆省份"买全球卖全球"的跨境电商新通道。近年来，河南不断提升集疏运水平，推动建设高效的物流体系和便捷的交通运输网络，"米+井+人"立体综合交通网建设正有序推进，建成"米+井"铁路综合交通运输通道，所有高铁、机场、港口和省级开发区实现二级以上公路连通；积极建设铁海联运大通道，对接西部陆海新通道，不断升级内河航道；形成"一枢三支"机场布局，推动郑州国际航空货运枢纽发展，初步形成了覆盖全球主要经济体的国际航线网络。强大的海陆空交通运输网络体系对河南跨境电商的物流运输具有重要的支撑作用，形成了以郑州为中心、承载城市数量稳居全国第一的国家物流枢纽网络和高效的物流体系，为跨境电商的物流运输提供了极大的便利，有效降低了物流运输成本，使河南跨境电商能以相对低的投入和成本对周边区域产生强大的带动辐射效应，推动我国中部乃至周边更大区域扩大国际经贸合作，全面融入经济全球化进程，有力推动了河南"买全球卖全球"目标的进一步实现。

三　数字经济全球化凸显河南"买全球卖全球"的时代性

20世纪末，随着互联网技术的日渐成熟和智能手机的广泛应用，网络购物和网上交易的频次逐渐增多，在此背景下，互联网技术与外贸相结合催生了跨境电商这种交易模式。近年来，随着云计算、大数据等数字技术不断涌现，并与网络技术深度融合，生成了海量数据。数字经济的蓬勃发展有利于跨境电商平台抓取数据以及电商企业实时掌握订单数据，从而调整优化产品策略，加强智慧物流体系建设，提升交易效率和服务质量，也能为跨境电商发展提供强有力的技术支撑。数字经济的发展将推动新一轮经济增长，也带来了前所未有的挑战，互联网领域存在的发展不平衡、规则不健全、秩序不合理、信息鸿沟等问题日益凸显，并且现有网络空间治理规则不能代表大多数国家利益也是数字经济全球化过程中面临的现实问题。因此，我国提出了构建以国内大循环为主、国内国际双循环相互促进的新发展格局，旨在通过建强国内统一大市场更好参与、引领、主导全球市场，畅通内外循环。作为跨境电商的排头兵，河南应积极寻求跨境电商发展之道，不断完善服务体系、创新体制机制、扩大对外开放、优化跨境电商生态，加强全球数字贸易治理的交流与合作，积极推动建立有利于跨境电商健康发展的规则体系，建设跨境电商高地，为全球跨境电商行业的发展与繁荣贡献河南力量。

四　内陆开放高地凸显河南 "买全球卖全球" 的必要性

按照习近平总书记的重要指示精神，河南不断推进 "买全球卖全球"，持续推进制度创新，积极融入全球贸易体系，目的在于打通内外循环、推动对外贸易发展、建设贸易强省，构建内陆开放高地。内陆开放高地是结合河南实际提出的具有战略意义的重大举措。河南作为内陆人口大省，不沿边、不靠海，开放程度较低，发展传统外贸没有优势，虽然河南外贸连续 12 年稳居中部省份第一名，但面临被赶超的危机；同时，河南外贸依存度不高，从 2022 年的数据来看，河南外贸依存度为 13.9%，不仅低于安徽、江西、湖南三个中部省份，也低于全国 35.2% 的平均水平，经济发展动力不足。跨境电商作为新型国际贸易方式，具有网络化、去中心化和全球化的特点，能够倒逼产业升级、扩大出口，对打造中西部地区内陆开放高地具有重要意义。在各种政策措施的加持下，河南跨境电商形成了 "五区联动" 与 "四路协同" 耦合的全方位发展新格局，"四路协同" 持续推进，交通枢纽优势逐渐显现，空中丝绸之路越飞越广，陆上丝绸之路越跑越快，海上丝绸之路越来越通达，网上丝绸之路越来越便捷，空中、海上、陆上交通为网上丝绸之路奠定了强大的交通物流优势，并逐渐转化为河南对外开放的优势；"五区联动" 格局全面形成，成为河南对外开放的重要载体和平台，郑州航空港经济综合实验区、河南自贸区、郑洛新国家自主创新示范区、郑州跨境电商综试区、国家大数据综合试验区 "五区" 链接了郑州、洛阳、新乡等主要城市和核心区域，并辐射带动周边地区，有利于充分发挥 "五区" 开放平台作用，城市联动逐渐释放外贸潜力，现有产业园区、龙头企业参与国际竞争的能力水平逐渐提升，对外贸易加快转型升级，开放发展水平全面提升，构建了全方位对外开放的新格局；制度创新逐渐释放活力，跨境电商政策体系和制度不断完善，由此带来了河南省营商环境的不断优化，为扩大对外开放奠定了良好的环境基础。通过发展跨境电商 "买全球卖全球"，有助于推动河南外贸经济发展，有利于实现更高水平对外开放，打造内陆开放高地。未来，河南仍要通过 "买全球卖全球" 加快外贸优化升级，持续推进内陆开放高地建设。

五　"两个确保"凸显河南"买全球卖全球"的紧迫性

河南提出确保高质量建设现代化河南，确保高水平实现现代化河南。"两个确保"是河南省委、省政府客观分析河南省战略叠加机遇期的现实条件提出的奋斗目标。外贸是经济发展的重要动力，能够促进 GDP 增长，推动产业结构升级，发展外贸、推动跨境电商发展、实现"买全球卖全球"是"两个确保"的应有之义。十年来，河南大力推动进出口贸易发展，服务贸易增长势头强劲，保税物流进出口呈现倍增态势，跨境电商规模和应用水平居全国前列。然而，我们也要清醒地认识到，面对调整转型的攻坚期、风险挑战的凸显期，河南距离"两个确保"还有不小的差距，河南外贸促进经济发展的支撑和带动作用还远远不够。2023 年河南进出口总额只占地区生产总值的 13.7%，低于中部省份的安徽、江西（分别为 17.1%、17.7%），也低于全国平均水平（33.1%），更低于广东（61.2%）等发达地区，其他指标，如城镇化率、劳动生产率、科技贡献率等与全国平均水平也有差距，距离"两个确保"还有很长的路要走。河南省委、省政府提出"两个确保"的奋斗目标，是呼应习近平总书记"奋勇争先、更加出彩"的殷切期望，也是新时代河南发展的指引和方向。随着跨境电商成为外贸增长的新动能和区域竞争的新优势，河南要实现"两个确保"，必须放眼国际国内两个市场、利用两种资源，积极推进跨境电商发展，推动河南品牌走向世界，在新一轮对外开放和竞争中抢抓机遇、占领先机。河南积极推进"买全球卖全球"，发展跨境电商，能够为河南对外开放提供广阔的市场空间，是河南推进内外循环、实现"两个确保"的迫切需要。

第二节　河南"买全球卖全球"跨境电商发展的实践经验

十年来，河南积极贯彻落实习近平总书记关于"买全球卖全球"的重要指示精神，着力推动跨境电商模式创新、制度创新，着力培育对外贸易新优势，推进全省对外贸易高质量发展，河南"买全球卖全球"取得了巨大的成绩。全省跨境电商进出口规模逐年增长，交通物流运输体系更加完善，投资贸易便利化水平不断提高，营商环境逐步优化，一些创新举措为培育新的国际惯例、制定新的国际贸易规则提供了"河南方案",对外开放质量和水平不断提升,内陆开放格局初步形成。面对当前全球经济衰退、地缘政治冲突和大国博弈的新挑战,认真梳理总结河南跨境电商发展实践中的好经验、好做法,对未来推动河南跨境电商高质量发展、打造内陆开放高地、助推中原更加出彩具有重要的指导意义,对全国其他省市跨境电商发展也具有重要的参考和借鉴价值。

一 加强组织领导是河南"买全球卖全球"的基本前提

十年来,河南跨境电商的快速发展和巨大成绩离不开党的组织领导。自 2014 年习近平总书记提出"买全球卖全球"以来,河南省委、省政府高度重视,把跨境电商作为推动外贸转型升级的重要抓手和培育新兴产业的重点领域,积极谋划、全力推动,成立了以省长为组长的跨境电商综试区建设领导小组。2016 年,河南省政府发布《中国(郑州)跨境电子商务综合试验区建设实施方案》,明确"立足郑州、梯次推进、带动全省"的总体要求,着力构建"三个平台、七个体系"的主要任务,分阶段有步骤地推动河南跨境电商发展。印发《郑州—卢森堡"空中丝绸之路"建设专项规划(2017—2025 年)》《河南省加快推进"四路协同"发展工作方案》等文件,推动河南海上、陆上、空中、网上四条丝绸之路建设,为跨境电商发展提供交通运输保障。密集出台了《关于全面提升河南跨境电子商务核心竞争力专项方案》《河南省跨境电子商务示范园区和培训孵化基地认定管理暂行办法》《关于促进跨境电子商务健康快速发展的若干意见》等文件,为全省跨境电商健康快速发展提供了有力的政策支撑,不断推动"买全球卖全球"目标的实现。河南省委、省政府积极协调中央及相关部门,积极争取国家支持和帮助,协调质检总局等国家部委,推动河南跨境电商模式创新和制度落地落实。河南省委、省政府统筹安排,积极引导全省跨境电商综试区和跨境电商试点城市结合当地实际情况、产业特色、资源禀赋等,布局有特色的区域差异化跨境电商发展路径,形成错位发展、全省联动的协同发展格局,有力推动了河南跨境电商的差异化发展,形成了许昌假发、鹿邑化妆刷、社旗仿真花等特色产业。实践证明,加强组织领导是河南"买全球卖全球"的重要前提,也是宝贵的成功经验。未来,河南"买全球卖全球"仍然需要加强组织领导,统筹协调各方力量,汇集各种资源,推动河南跨境电商更上一个新台阶。

二　交通枢纽优势是河南"买全球卖全球"的重要物流支撑

河南"买全球卖全球"的成绩离不开河南承接东西、贯通南北的地理区位优势，在推进跨境电商发展的进程中，河南不断将地理区位优势转化为交通枢纽优势和物流优势，进而转化为产业优势，为河南跨境电商发展带来了重大机遇。河南在"买全球卖全球"的实践进程中，结合自身区位优势，结合共建"一带一路"倡议，创造性地打造"四路协同"开放通道，统筹推进海上、空中和陆上交通枢纽建设。十年来，河南空中交通枢纽优势凸显，郑州—卢森堡双枢纽搭建了以郑州为中心、连接欧美亚三大经济区、通达全球主要经济体的国际货运航线网络。2023 年郑州新郑国际机场货邮吞吐量达 60.78 万吨，居全国第六位，有力推动了河南在国际市场中的经贸交流与合作。陆上交通枢纽优势显著增强，中欧班列辐射范围不断扩大，影响力不断增强，初步形成了以郑州为枢纽、欧洲为主、中亚和东盟为辅的"1+3"国际物流大通道，为跨境电商提供了有力的物流支撑；成功打通了郑州至莫斯科、塔什干等的跨境国际道路货运通道，与中欧班列优势互补。海上交通枢纽优势逐渐显现，通过河海联运、铁海联运，河南形成了内河航道与出海通道的无缝衔接，开通了至日照港、青岛港、上海港、天津港等沿海主要港口的铁海联运班列，业务辐射 22 个省市，其成为助力豫货出海的快速通道。构建铁、海、公、机并举的多式联运体系，逐渐将郑州打造成国际货运物流枢纽和全球多式联运核心节点城市。十年的实践证明，河南交通枢纽地位为河南实现"买全球卖全球"目标提供了关键物流支撑，是河南跨境电商取得巨大成绩的重要抓手，是推动河南建设内陆开放高地的重要载体，为河南进一步发展跨境电商提供了枢纽通道，其为兄弟省份完善跨境电商交通物流网络建设提供了示范。

三　特色产业带动是河南"买全球卖全球"的重要途径

在构建双循环新发展格局的背景下，跨境电商是实现传统特色产业带提质增效、转型升级的有效途径，特色产业带为跨境电商的高质量发展提供产业支撑，二者相互协同，有利于优化产业结构、推动外贸转型升级，进而推动高水平对外开放。要推动实现"买全球卖全球"目标，必须强化特色产业带建设，通过"跨境电商+产业带"模式推动跨境电商产业带的全面转型升级。近年来，河南不断强化产业带动理念，结合地区实际推动特色产业带开展跨境电商业务，研究探索跨境电商在推动传统产业转型升级、提质增效中的作用，各地依据地方特色产业发展"一县一品""一镇一品""一乡一品"等特色经济，如鹿邑县的化妆刷产业链、许昌的发制品特色产业链，都通过特色产业进军跨境电商领域，并随着跨境电商规模的扩大逐渐改进自动化设备、优化流水线等，不断提升和改造特色产业，推动特色产业规模化发展、高质量发展，为跨境电商的优化升级奠定了坚实基础。在"跨境电商+产业带"模式的引领下，河南涌现了多个具有较强竞争力的特色产业带，培育形成了装备机械、铝制品、发制品、游乐设施等多个跨境电商产业集群，产业链链接全球 200 多个国家和地区，河南跨境电商进口商品从最初的 100 多种增长到 10 万多种，惠及全国消费者，出口商品助推"河南制造"更便捷走出国门，"跨境电商+产业带"模式已成为郑州乃至河南外贸发展的"新引擎"。实践证明，"跨境电商+产业带"模式有助于推动企业突破品牌垄断、渠道和价格垄断，建立自有品牌、跻身全球高端市场；有助于企业变革传统生产方式，形成以客户需求为导向的订单驱动生产方式；有助于企业在国际竞争中形成竞争优势，提升品牌国际影响力。要推动实现"买全球卖全球"目标，必须坚持产业带动，以特色产业为抓手，推进传统产业转型升级和对外贸易高质量发展。未来，河南进一步推动跨境电商发展，需要以特色产业带为依托，积极谋划符合地方实际的特色优势产业，着力完善特色产业链供应链生态体系，为实现"买全球卖全球"目标提供产业支撑和保障。

四 持续推进改革创新是河南"买全球卖全球"的动力源泉

创新是引领发展的第一动力，是改革开放的生命力。"买全球卖全球"涉及监管、外汇及业务模式等多个方面，唯有持续推进改革创新才能释放跨境电商的巨大潜力和活力，为外贸和经济高质量发展提供源源不断的动力。2014 年以来，河南以"买全球卖全球"为目标，在信息化平台、监管、制度规则、流程等方面不断开拓创新，有力推动了河南跨境电商高质量发展。依托河南保税物流中心搭建跨境电商平台，打造全国瞩目的"双创"样本。探索通关监管制度创新，河南自贸区郑州片区首创保税进口"1210"

模式,率先实现跨境电商产品"网购保税+线下自提"模式,大幅提升跨境电商交易效率;首创跨境电商零售进口退货中心仓模式、跨境电商进口正面监管,创新开展全国唯一的跨境电商零售进口药品试点,构建了规范、安全、高效的跨境电商进口药品协同监管机制,推动与海关总署数据接口联通,实现技贸数据共享,创新监管制度。围绕贸易便利化探索业务流程优化创新,启动国际贸易"单一窗口",实施"双随机"查验监管、"简化申报、清单核放"等创新措施,实现"秒通关"。探索商业模式创新,创新O2O新零售商业模式,实现跨境商品即买即提。探索标准规则创新,提出的《郑州模式:E国际贸易中国解决方案》受到国际社会热议和认可。优化营商环境,建立定期协商机制,推动形成"综合流程最优、成本最低、效率最高"的跨境电商核心竞争力,推动打造统一、开放、公平、先进和具有公信力的信息化平台,推动跨境电商国际交流与合作,达到更高层次的跨境电商贸易自由化和便利化。一系列创新举措使河南跨境电商产业规模不断扩大,跨境电商发展水平及跨境电商综试区的建设水平不断提升,业务量稳居全国前列,成为中国跨境电商的排头兵。实践证明,唯有深化改革、推动创新,才能激发跨境电商的潜力和活力,凝聚强大合力,推动河南内陆开放高地建设,为中原更加出彩贡献外贸力量。

五　建设平台载体是河南"买全球卖全球"的关键抓手

平台载体具有整合资源优势、汇集发展动力的作用,在"买全球卖全球"的实践进程中,河南通过建设国际贸易"单一窗口"综合服务平台,为跨境电商提供海关、外汇、税收、检疫、金融等全方位的服务,为外贸相关主体解决各种困难和问题。通过建设综合园区发展平台,延长产业链,做大跨境电商规模,做优跨境电商生态,促进跨境电商错位竞争、相互支撑、联动发展。通过建设人才培训暨企业孵化平台,培育跨境电商新的增长点。十年来,河南不断强化平台载体建设,全省跨境电商的产业链条渐趋完善,产业带动效应逐步显现。推动建设跨境电商综试区和示范园区,河南相继建成5个国家级跨境电商综合试验区、7个跨境电商零售进口试点城市,培育认定36个省级跨境电商示范园区和25个跨境电商人才培训暨企业孵化平台,通过打造园区标杆,调动园区招商积极性和招商力度,充分发挥园区在跨境电商发展中的示范、引领和带动作用,不断推动"买全球

084 | "买全球卖全球"跨境电商发展的河南实践

卖全球"目标实现；高标准谋划建设 E 贸易核心功能集聚区，探索集聚区内跨境贸易规则、模式和业态创新，促进跨境电商长足发展；积极培育本土产业链和本土企业，培育形成许昌发制品、鹿邑化妆刷等特色出口产业集群，致欧家居、世界工厂网、万国优品、全速通等本土品牌；引进知名市场主体，阿里巴巴、亚马逊、顺丰等相继落户并加速在河南布局；发挥全球跨境电子商务大会的作用，建立链接企业、学者及政府的信息交流平台，为跨境电商高速优质发展提供重要支撑。河南跨境电商平台载体的实践充分证明，必须充分发挥平台载体资源整合、联动发展的关键作用，建设完善"三个平台、七个体系"，为河南跨境电商进一步发展提供支撑和保障。

第三节　河南"买全球卖全球"
跨境电商发展的启示

"买全球卖全球"是习近平总书记对河南的殷切希望，是河南省委、省政府发展跨境电商的战略目标，是通过外贸带动河南经济发展的重要途径，是中原更加出彩的关键环节。站在新的起点上，河南进一步推进"买全球卖全球"是"十四五"时期乃至今后更长一段时期河南对外开放的重大任务。十年来，河南"买全球卖全球"的实践既有成功经验，也有问题和不足，基于此，要在系统梳理全国主要省市跨境电商发展经验和河南实践的基础上，深入研究分析新时期河南"买全球卖全球"的形势、挑战和任务，为河南及其他兄弟省份进一步推进"买全球卖全球"实践提供重要借鉴和启示。

一　必须坚持高水平开放

习近平总书记强调，改革开放是决定当代中国命运的关键一招，也是决定实现"两个一百年"奋斗目标、实现中华民族伟大复兴的关键一招。[①]改革开放四十多年的实践证明，唯改革者进、唯开放者兴、唯改革开放者胜，高水平开放是当前改革深水期、攻坚期背景下我国做出的重要任务安

---

①　习近平关于全面深化改革论述摘编 [M]. 北京：中央文献出版社，2014：30.

排。河南不沿边、不靠海、不临江，是中原腹地的内陆省份，坚持高水平开放是推动外贸高质量发展、提升开放能级、打造内陆开放高地、建设开放强省的重要途径，对河南经济社会发展具有重要意义。在经济全球化和贸易自由化的大背景下，跨境电商是开放的系统，平台端、制造端、物流端等任何一个环节都是互联互通的，因此，发展跨境电商要求企业、政府等所有主体必须增强开放意识，坚持改革开放，提升开放水平，站在大局中看问题、做判断、去行动。开放意识是战略行动与时俱进的前提和关键，在"买全球卖全球"实践进程中，增强开放意识、提升开放水平是河南跨境电商取胜的关键一招。河南的"买全球卖全球"实践证明，始终坚持高水平开放，才能不断创新监管制度、提升监管水平、完善业务流程，使河南跨境电商走在全国前列，一系列改革开放成果被推广复制到其他省市，甚至为国际社会提供了"1210"等创新性的"河南方案"。未来河南跨境电商的发展，仍然要坚持高水平开放，用开放的思维解决跨境电商发展中遇到的问题和困境，助推内陆开放高地、贸易强省建设。一是不断优化跨境电商全流程，特别要通过海外仓建设、国际物流资源整合等完善智能物流系统。二是主动对接国际经贸规则，充分发挥 RCEP 在跨境电商发展中的政策红利，积极布局谋划河南省企业出海。三是发挥 5 个综试区和 7 个跨境电商零售进口试点城市的辐射带动作用，通过产业集聚、带动全省跨境电商协同发展。

二　必须优化平台载体功能

平台载体在河南"买全球卖全球"实践中发挥了巨大作用，各类平台载体功能的整合和优化使河南成为全国跨境电商的排头兵，没有平台载体，跨境电商就是无源之水、无本之木，"买全球卖全球"也就无从谈起。面对黄河流域生态保护和高质量发展、中原经济区、中部崛起等多重国家战略叠加的重大机遇，通过自贸试验区、航空港区、综保区及跨境电商综试区建设，河南不断延长产业链、扩大产业规模，形成各园区相互促进、错位发展、良性竞争的跨境电商发展格局。在综合服务平台建设方面，河南建立了融税务、海关、工商、检疫等于一体的国际贸易"单一窗口"服务平台，为跨境电商提供全方位综合性服务。在人才培训暨企业孵化平台建设方面，河南持续推进人才培训暨企业孵化园区的认证工作，通过认定各种专业人才培训暨企业孵化平台，形成专业化的人才发展和企业孵化基地，助力跨境电商繁荣发展。河南跨境电商的实践经验告诉我们，未来要进一步推进"买全球卖全球"，就必须优化平台载体功能。一是充分整合综合交通网络、口岸、物流枢纽和开放平台优势，以省级跨境电商示范园区为引领，构建完整的跨境电商产业服务支撑体系。二是优化平台载体功能，围绕客户需求，增强企业对平台的黏性，发挥平台的整合功能，延伸产业链，优化一站式综合服务，注重大数据、云计算在平台建设中的作用，为跨境电商提供数据支撑。三是完善E贸易核心功能集聚区建设，加快郑州国际消费中心城市建设。四是把平台载体功能转化为平台经济优势，作为拉动外贸经济增长的强劲动力。

三 必须打造特色产业带

产业能够为社会提供丰富的商品和服务，能够创造就业机会，能够促进经济增长和社会福利提升，是推动经济发展的重要力量，是社会进步的关键环节。正是由于产业对社会的巨大作用，在经济社会的发展中往往格外注重产业的结构优化和转型升级。特色产业带是优势产业的集合，在跨境电商出口中发挥着越来越重要的作用，二者协同发展、相互促进，跨境电商有利于特色产业带转型升级、提升品牌影响力和竞争力，而特色产业带则为跨境电商提供了产业和品牌支撑，特色产业带通过跨境电商融入国际社会，促进外贸的高质量发展。多年来，河南充分发挥特色产业带在"买全球卖全球"中的支撑作用，积极引导推动特色产业带出海、发展跨境贸易，涌现了一大批特色产业出口企业，为跨境电商的发展提供了良好的产业支撑，但由于河南外向型出口商品较少，跨境电商促进产业带发展的作用尚待加强。河南要实现"买全球卖全球"目标就要完善"跨境电商+产业带"模式，一是深入挖掘河南省地方特色优势产业，建设特色优势跨境电商产业带和产业集聚区，培育引导地方产业通过跨境电商优化升级，增强河南品牌在国际市场上的竞争优势。二是完善"跨境电商+产业带"服务体系，加强国际贸易"单一窗口"平台综合服务相关配套，提升物流及仓储配送时效和服务水平，开展跨境电商金融业务创新等。三是推动产业带、产业集聚区与RCEP深入对接，组织特色优势产业带骨干企业开拓海外市场。四是完善跨境电商专业人才的引育、孵化和培训，为跨境电商高质量发展提供人才支撑。

四 必须培育自主品牌

自主品牌对企业发展具有至关重要的作用，能够塑造企业品牌形象、提升企业价值，增强企业的标识度和市场竞争力，促进企业转型升级和高质量发展。对跨境电商而言，自主品牌也具有积极意义，河南跨境电商的系列创新制度为国际社会提供"河南方案"，每年在郑州召开的全球跨境电子商务大会已经成为重要的国际展会品牌。但是，河南"买全球卖全球"的实践也存在不足，河南跨境电商出口企业自主品牌较少，产品的附加值较低，多数以贴牌方式为国际大牌做代工，少数有自主品牌的企业知名度不高且面临被侵权的风险。今后，河南进一步推进"买全球卖全球"，必须培育企业自主品牌，提升河南跨境电商品牌的国际竞争力和影响力。一是加强自主品牌建设，通过自主品牌出口奖励计划鼓励引导企业建立自主品牌、开展品牌布局，通过完善商标认证、检验政策鼓励企业申请海外品牌专利。二是加强自主品牌营销，通过直播、展会、海外营销中心及其他社交媒体，推介宣传自主品牌，推动自主品牌强势出海。三是打造地区公共品牌，形成有标识度的产业带品牌，提升产业带整体品牌效应。四是提升跨境电商产业带的研发和创新能力，促进跨境电商企业优化产品、提升产品竞争力。

五 必须强化系统观念

坚持系统观念是习近平新时代中国特色社会主义思想世界观和方法论的重要内容，也是马克思主义哲学重要的认识论和方法论，强调全局与局部、特殊和一般、宏观和微观、主要矛盾和次要矛盾的联系，是党和国家各项事业基础性的思想和科学的工作方法。[1] 坚持系统观念，能够在面对经济社会发展中的大事以及关乎民生的要事时做出全面、具体、系统的分析和研判，对于统筹协调经济社会各项事业都有重要指导意义，是我们党分析形势、解决问题、深化改革的重要遵循。河南推进"买全球卖全球"实践，必须坚持系统观念，站在全省的高度，以前瞻眼光，统筹全省资源，

---

[1] 何虎生. 必须坚持系统观念 [N]. 光明日报，2023-04-28 (11).

发挥各地优势，全局谋划、整体推进、科学发力。"买全球卖全球"是一项系统工程，具有全球化、多样性的特点，涉及企业、消费者、产品、物流、监管、税收等多个主体、多个部门和多个环节，河南跨境电商在快速发展的同时面临着区域联动发展动力不足、内部合力不强、专业人才短缺等问题和不足，进一步推动"买全球卖全球"必须运用系统观念。一是要树立全省"一盘棋"思想，加强顶层设计，探索特色化、专业化、差异化的跨境电商地区发展路径，科学系统规划符合地区实际的特色产业，形成差异竞争、错位发展、协同联动的全省跨境电商良性发展格局。二是完善配套服务，围绕产业链完善河南跨境电商产业链各环节，培育本土跨境电商优质服务商，培育外贸综合服务企业，通过更好的配套服务促进跨境电商高质量发展。三是坚持内育与外引相结合的思路，加大招商引资力度和专业人才培育力度。四是发挥典型示范的作用，加强全省各地区跨境电商的交流、合作与帮扶，实现全省跨境电商的协同发展。

第五章 新形势下河南"买全球卖全球"跨境电商发展的 SWOT 分析

2014 年 5 月 10 日，习近平总书记视察河南保税物流中心时，勉励河南朝着"买全球卖全球"目标迈进。十年来，河南"买全球卖全球"实践取得累累硕果，无论规模还是应用水平均位居全国前列。随着全球政治、经贸格局的加速演变，跨境电商发展的内外部环境发生了深刻变化。当前和今后一个时期，河南推进"买全球卖全球"实践面临诸多机遇和挑战。总体来看，河南"买全球卖全球"跨境电商发展仍然处于重要战略机遇期，基本面长期向好。

第一节 发展机遇

当前，中国致力于构建以国内大循环为主、国内国际双循环相互促进的新发展新格局，随着共建"一带一路"倡议走过金色十年、RCEP 全面实施、供应链数字化不断深化、全球电子商务市场规模不断扩大、以人工智能（AI）为代表的信息技术飞速发展等机遇的叠加，河南实现跨境电商"买全球卖全球"目标将迎来广阔的前景。

一 对外贸易构建国内国际双循环新发展格局

当前我国致力于构建以国内大循环为主体、国内国际双循环相互促进的新发展格局。国内大循环通过扩大国内市场需求，推动经济增长；国内国际双循环加强与国际市场的联系，提升中国在全球价值链中的地位。跨境电商作为对外贸易的重要组成部分，是畅通国内国际双循环的重要通道和纽带。在增强国内大市场的全球吸引力，释放国内强大供应链的生产力，持续增强中国协同国内国外两个市场、两种资源的能力的过程中，跨境电商是重要抓手,也是最具发展活力和潜力的贸易新业态。2023年,中国跨境电商进出口总额为2.38万亿元,同比增长15.6%,跨境电商出口1.83万亿元,同比增长19.6%;进口5483亿元,同比增长3.9%。跨境电商在国内国际双循环的新格局下实现了跨越式发展。

(一) 国内大市场为跨境电商"买全球"提供强劲的消费驱动

推动形成以国内大循环为主体的国民经济循环是双循环发展格局的前提条件。当前我国正处于需求快速释放的阶段,国内统一大市场规模持续扩大、市场纵深不断延展,扩大内需的空间足、潜力大,前景不可限量。从消费需求看,我国人均GDP已突破1万美元,中等收入群体超过4亿人,未来十几年将达到8亿人,居民收入和消费规模稳步增长,农村消费市场、服务消费市场不断壮大,居民消费将会持续攀升。人民群众对高品质生活的追求日益强烈,对商品、服务的需求从"有没有"向"好不好"加速转变,消费提质升级趋势明显,消费需求广阔且增长潜力巨大。跨境电商以"买全球"为目标,为国内消费者提供更多元、更广泛的全球商品选择,让更多全球优质商品通过跨境电商渠道进入中国市场,满足国内消费升级的需求,推动内需增长,带动经济高质量发展。

(二) 国际大循环为跨境电商"卖全球"打开广阔全球市场空间

中国经济已经深度融入世界经济,是世界经济增长的主要动力源和稳定器。中国经济与世界经济相互依存、相互促进,在国内国际双循环格局中,跨境电商以"卖全球"为目标,带动更多中国商品、中国品牌、中国服务通过跨境电商走出去,挖掘中国制造、中国供应链优势,开拓全球市场,把更多消费福利带给全球消费者。跨境电商满足了全球消费者和采购商对优质商品的线上采购需求,连接全球众多的生产商、品牌商、贸易商,甚至个体网商,在技术驱动下搭建起一条高效率的线上贸易和交易通道。2022年,全球零售市场规模为26.69万亿美元,预计到2029年将达到36.32万亿美元。依托跨境电商新通道,中国企业有了直接触达全球终端消费及采购需求的广泛能力,跨境电商面对全球市场的星辰大海,空间广阔、商机无限。

二　"一带一路"倡议、RCEP 释放对外贸易红利

（一）"一带一路"倡议带来贸易联通新机遇

2023 年是"一带一路"倡议提出的十周年，十年来中国与共建国家不断加深经贸往来，合作范围逐渐扩大。截至 2023 年 1 月 6 日，中国已经同 151 个国家和 32 个国际组织签署 200 余份共建"一带一路"合作文件。中国对"一带一路"共建国家进出口额占外贸进出口总额的比重从 2013 年的 25% 提升到 2023 年的 46.6%。共建"一带一路"进入新一轮高质量发展阶段。

"丝路电商"是我国对外经济贸易合作的重要内容和推动高质量共建"一带一路"的重要组成部分。"丝路电商"充分发挥中国电子商务技术应用、模式创新和市场规模大等优势，是我国积极推进电子商务国际合作的重要抓手。截至 2023 年 9 月，中国已与 30 个国家签署了双边电子商务合作备忘录，中国跨境电商企业在"一带一路"倡议框架下积极开拓东南亚、中亚、中东欧、俄罗斯等"一带一路"共建国家和地区市场，同时加大对非洲、拉丁美洲等新兴市场的布局。"丝路电商"已经发展成为共建"一带一路"的重要力量和推动共建"一带一路"高质量发展的重要途径，"一带一路"倡议框架为跨境电商带来了与共建国家贸易联通的新机遇。

（二）对接 RCEP 拓展新兴大市场

2022 年 1 月 1 日，区域全面经济伙伴关系协定（RCEP）正式生效，RCEP 通关便利化、原产地规则等减少贸易壁垒的系列措施推动了参与国之间 90% 的货物贸易实现零关税，大幅降低跨境出口成本。RCEP 有利于中国在产业链上游巩固与东南亚一体化发展的趋势，促进商品要素自由流动，推动中国与 RCEP 成员国贸易快速增长，为跨境电商拓展 RCEP 新兴市场带来了广泛机遇。

一是 RCEP 条款有力地推动了区域内跨境电商的蓬勃发展。RCEP 不仅涵盖了传统自贸协定中常见的货物贸易、服务贸易、投资活动等议题，也包括电子商务这一新型贸易业态，首次在亚太区域内达成了范围全面、水平较高的多边电子商务规则。延长不对电子商务征收关税的期限，加快推

进无纸化贸易与电子认证，以电子形式提交的贸易管理文件与纸质版的贸易管理文件具有同等法律效力，有利于更好地实现对跨境电商的数字化监管，做好线上消费者权益与信息保护，加强电子商务领域的国际合作。二是 RCEP 框架下关税减免措施有利于跨境电商降低市场拓展成本。RCEP 旨在降低关税和消除成员国之间的非关税壁垒，这意味着跨境电商在进出口过程中将面临更少的贸易壁垒，降低了进入新市场的成本和风险。三是 RCEP 框架下的贸易规定为跨境电商带来更加便利的贸易环境。RCEP 标准化了成员国之间的贸易规则和流程，包括报关程序、知识产权保护、消费者权益保护等。这为跨境电商提供了更加便利和透明的贸易环境，降低了跨境交易的不确定性。四是 RCEP 框架下数字经济发展夯实跨境电商发展的基础设施。RCEP 鼓励成员国在数字贸易、电子商务等领域的合作与发展。这将推动成员国加强数字基础设施建设，促进数字化经济发展，为跨境电商提供更好的基础设施和服务支持。五是 RCEP 为跨境电商与区域供应链深入融合带来新机遇。RCEP 推动成员国之间的供应链优化和协同发展，跨境电商通过与区域内的供应链深度融合，促进供应链的优化和整合，降低成本、提高效率。

RCEP 不仅为跨境电商带来更广阔的区域大市场、更便利的贸易环境、更好的数字基础设施支持，也促进了区域供应链优化和知识产权保护，为河南"买全球卖全球"跨境电商发展提供了新的机遇和支撑。

三 供应链数字化夯实行业发展根基

（一）供应链数字化推动电子商务平台兴起

当前，新一轮科技革命和产业变革快速发展，全球供应链数字化变革深入推进，数字技术将有效提升供应链的协同效率，增强供应链韧性，为供应链的现代化、智能化、平台化发展带来深刻影响。

一是供应链智能化。随着人工智能、机器学习和大数据分析等技术的不断成熟和应用，数字化信息技术在供应链管理中的作用越来越大。智能化技术可以使企业在供应链规划、预测、调度等方面实现自动化和智能化，提高供应链的效率和准确性。二是物联网技术普及。物联网技术使供应链中的各个环节实现互联互通、实时监控和数据传输。通过物联网技术，企业可以更好地跟踪物流运输、库存管理等信息，提高供应链的可见性和透明度。三是以电子商务为代表的数字化平台的兴起。数字化平台在全球供应链中扮演着越来越重要的角色。这些平台可以帮助企业实现供应商管理、订单管理、物流配送管理等的数字化，提高供应链的协同性和效率，助力实现资源高效优化配置。

（二）供应链数字化赋予跨境电商发展机遇

跨境电商作为利用数字信息技术链接全球市场供应商和消费者的平台载体，是全球供应链数字化的重要参与者和受益者，在全球供应链数字化重构浪潮中获得诸多发展机遇。

一是跨境电商提升了供应链可视化程度和透明度。数字化重构使全球供应链变得更加透明和可视化，跨境电商可以更准确地了解供应链各个环节的情况，及时发现问题并改进。二是跨境电商成本更低、效率更高。供应链数字化重构可以帮助跨境电商简化流程、优化资源配置、降低运营成本并提高效率。通过实时监控和数据分析，企业可以快速做出决策，提高供应链运作的灵活性和效率。三是跨境电商带来了拓展全球市场的机遇。数字化重构使跨境电商通过数字化平台，连接全球供应商与全球消费者并达成交易。全球各地的商品可以更便捷地在全球市场上流通和销售，打破了地域限制，全球供应链数字化重构加速了商品流通，拓展了商品种类和来源地，进一步丰富了跨境电商产品线，提升了市场竞争力。四是跨境电商推动了服务升级。跨境电商通过数字化重构可以更好地实现定制化服务。通过对客户数据的分析和个性化推荐，企业可以为客户提供更符合其需求的产品和服务，提升了用户体验和客户满意度。五是跨境电商市场应变能力更强。数字化重构使跨境电商可以更快速地适应市场变化，根据数据分析和智能化技术迅速做出调整，满足全球消费者需求，提高企业综合竞争力。

四　全球电子商务市场方兴未艾

当前，全球电子商务市场保持蓬勃发展的态势。随着技术的不断进步和全球化的深入推进，电子商务正成为连接世界的重要桥梁。各国消费者可以通过网络平台轻松购买世界各地的优质商品，享受前所未有的购物体验。随着市场的不断拓展和中国企业与全球市场的深度融合，我国跨境电商将会迎来更多发展机遇。

（一）全球电商市场爆发式增长

当前，数字经济发展速度之快、辐射范围之广、影响程度之深前所未有，电子商务是数字经济的重要组成部分，跨境电商在移动支付、物流运输等行业飞速发展的带动下，规模和影响不断扩大。快速扩张的全球电商市场为我国的跨境电商带来巨大的增长空间。相较于传统的出口外贸，跨境电商可以大幅缩短商品流通环节，提升商品流通效率、增加产品利润。美国研究机构 eMarketer 预计，到 2025 年，全球电子商务销售额将达到 7.39万亿美元，电子商务在全球零售领域的渗透率将上升至 23.6%。在便捷、高效、高性价比等优势的推动下，消费者持续向线上转移，此外，由于各国电商市场与基础设施发展水平存在差异，众多"蓝海"市场尚未得到开拓，这都为跨境电商持续发展提供了广阔的空间。

（二）中国电商企业乘势扬帆出海

中国是世界第二大经济体和全球最大的电子商务市场，目前，中国跨境电商主体超 10 万家，建设独立站超 20 万个。广大中小企业借助跨境电商平台大力拓展全球市场，逐步在全球数字化浪潮中成长为新型贸易经营者。2023 年，我国网上零售额为 15.43 万亿元，比上年增长 11%，连续 11 年成为全球第一大网络零售市场。随着网络零售业务深度拓展，我国电子商务与工业、农业、跨境贸易等领域的融合不断加深。这都为中国跨境电商企业提供了广阔的国内国外市场空间和发展机遇。

一是市场需求增加。随着全球电子商务市场的扩张，来自世界各地的消费者对跨境购物的需求不断增加。中国跨境电商可以利用这一机遇，通过拓展国际市场，满足全球消费者对中国产品的需求，实现销售增长。二是出口市场扩大。全球电子商务市场的蓬勃发展为中国产品走向世界提供了更为广阔的舞台。中国企业通过跨境电商平台可以更加便捷地将产品销售到海外市场，进而实现出口增加和出口市场扩大。三是企业国际化进程加速。中国跨境电商企业在拓展海外市场的过程中，不仅可以获得更多的销售机会，更重要的是可以积累跨国业务经验，提升国际化发展能力，加速企业国际化进程。四是全球趋势把握能力增强。随着全球电子商务市场的扩张，中国跨境电商企业可以更好地了解全球新兴趋势和国际市场动态，及时调整自身业务策略，保持竞争力。这不仅有助于企业在全球市场中保持敏锐的洞察力，而且有助于企业增强引领和创造市场的能力。五是助推企业技术及服务升级。为了满足全球市场的需求，中国跨境电商企业不断提升技术水平和服务能力，推动企业整体发展和升级。技术和服务的升级使企业竞争力不断提升，从而进一步提升了中国跨境电商在全球市场中的影响力和领先地位。

五　政策扶持、制度创新助力跨境电商快速发展

（一）专项扶持政策带来政策红利

我国各级政府高度重视跨境电商发展，2023年底召开的中央经济工作会议提出："要加快培育外贸新动能，巩固外贸外资基本盘，拓展中间品贸易、服务贸易、数字贸易、跨境电商出口。"[①] 中央及地方层面不断推出支持跨境电商的举措，让低成本、高效率的跨境电商模式焕发活力，为跨境电商的发展带来政策红利和机遇。

在中央层面，通过顶层设计统筹规划跨境电商发展，营造良好政策环境。一是设立跨境电商综合试验区作为跨境电商发展的创新高地。自2015年起，在全国先后设立了165个跨境电商综试区，鼓励各综试区在监管、标准、信息化等方面积极探索创新，已经逐步构建起以"六个体系、两个平台"为核心的制度框架。目前，综试区内企业的跨境电商贸易规模占全国比重超过95%。二是持续完善支持跨境电商发展的政策体系。累计出台近200项政策措施，形成近70项成熟经验做法。三是推出便利零售进口政策措施。通过优化完善跨境电商零售进口政策措施，完善税收优惠安排，制定专属监管措施，持续加强消费者权益保护，促进跨境电商行业健康规范发展。四是推动监管创新。针对跨境电商"小批量、高频率、碎片化"的特点，推动创设5种专属监管方式，适用B2B（企业对企业）、B2C（企业对消费者）等不同交易场景。财政部、海关总署、税务总局联合发布《关

---

① 中央经济工作会议在北京举行 习近平发表重要讲话 ［EB/OL］．（2023-12-12）［2024-9-4］．https://www.gov.cn/yaowen/liebiao/202312/content_6919834.htm.

于跨境电子商务出口退运商品税收政策的公告》，降低跨境电商企业出口退运成本。商务部等 9 部门推出《关于拓展跨境电商出口推进海外仓建设的意见》，加快跨境电商海外仓建设进程。

在地方层面，河南省各级政府高度重视和支持跨境电商的发展，出台了一系列支持电子商务和跨境电子商务发展的政策，2022 年河南省出台了《河南省"十四五"电子商务发展规划》，推进海外仓建设。2023 年，郑州市出台了《郑州市加快推进跨境电商发展的若干措施》，并按外贸相关政策给予企业奖励扶持。持续加大有利于跨境电商发展的制度标准探索和监管模式创新，为河南"买全球卖全球"跨境电商发展带来了政策机遇和红利。

（二）制度模式创新激发发展活力

2014 年 5 月 10 日，习近平总书记在郑州视察河南保税物流中心时，勉励河南朝着"买全球卖全球"目标迈进。围绕这一目标，河南发挥自身优势，大力开展政策、机制和制度创新，着力解决跨境电商全周期、全产业链问题，推动河南跨境电商的规模和应用水平走在全国前列。

一是不断探索监管新模式。形成全国首个《跨境电商零售进口正面监管工作指引》，创新建立"平台第一责任、电商预交保金、质量安全保险、综合信用监管"的跨境电商质量安全监控和追溯管理体系。成立跨境电子商务标准与规则创新促进联盟，探索实践 EWTO 贸易制度和规则。二是培育河南跨境电商生态圈。全省培育认定 36 个省级跨境电商示范园区，25 个跨境电商人才培训暨企业孵化平台；认定了 12 家省级海外仓示范企业；36家省级外综服企业为跨境电商出海提供"从 0 到 1"的业务指导，全省开设跨境电子商务专业的院校增至 19 家。三是创新优化跨境电商服务流程。在首创"1210"网购保税进口模式后，形成"秒通关"综合信用服务平台，实现全球首创跨境零售 O2O 现场提货模式。

六 人工智能（AI）助推革新升级

在数字化浪潮的推动下，跨境电商产业正迎来前所未有的发展机遇。而人工智能（AI）的深入应用，无疑为跨境电商产业注入了强大的创新动力，推动跨境电商产业实现更加高效、智能和可持续的发展，助推革新升级。

（一）人工智能推动跨境电商进入新阶段

当前，全球信息技术加速迭代发展，人工智能正以前所未有的速度与各行各业加速融合，成为驱动数字经济的新引擎。2022 年 ChatGPT 的发布使人工智能成为全球关注的热点领域，在跨境电商行业也掀起了一场生产力革命，人工智能与跨境电商深度融合，被认为将引发跨境电商行业的"第四次工业革命"。人工智能技术的应用为跨境电商提供智能化、个性化、高效化的解决方案，跨越通关、售后等语言障碍，助力其突破发展瓶颈，实现降本增效和价值创造。人工智能技术的不断突破、成熟和普及，以及应用场景的持续扩展，将推动跨境电商行业进入更加个性化、智能化的高效发展新阶段，为跨境电商在新发展阶段带来新机遇。

（二）人工智能重塑跨境电商运营新模式

人工智能技术革新，本质上是生产力和工具的革新，人工智能通过赋能跨境电商技术蝶变升级，助力跨境电商降本增效，在五个关键环节重塑跨境电商运营模式，形成新模式，为整个行业带来新的机遇。

一是智能化产品推荐与个性化营销。借助人工智能技术，跨境电商可以建立更加精准的推荐系统，根据用户的历史购买记录、兴趣偏好和行为模式，实现个性化推荐，提高销售转化率和用户满意度。二是多语言处理和语音识别。语音识别技术的进步使跨境电商可以更好地处理多语言环境下的客户沟通和服务，实现智能客服、在线翻译等功能，拓展国际市场并提升用户体验。三是风险管理和欺诈检测。人工智能技术可以帮助跨境电商实现实时风险管理和欺诈检测，通过数据分析和模型识别异常交易行为，保护商家和消费者的利益。四是跨境支付智能化。人工智能技术可以应用于跨境支付领域，提高支付安全性和效率，降低支付成本，促进跨境电商发展。五是大数据分析和预测。跨境电商可以利用人工智能技术对海量数据进行分析和挖掘，发现市场趋势、用户需求，指导跨境电商企业决策和营销策略的制定。

第二节　风险挑战

在全球化背景下，跨境电商面对的是全新的全球市场、丰富的全球资源和更广阔的发展空间。然而，在这片浩瀚的商业海洋中，暗礁与风浪也不可忽视。国际贸易环境不稳定、全球经济低迷，充满不确定性，并且还要面临文化和法律法规的差异、激烈的市场竞争、数据信息安全防护等，跨境电商发展面临风险和挑战。

一　国际贸易环境的不确定性、不稳定性

2008 年国际金融危机后，经济全球化进入调整阶段，跨境贸易和投资明显受到影响。受全球经济增长减缓、国际金融市场波动和发达国家货币政策调整等因素影响，全球需求持续减弱，地缘政治冲突增加，造成国际贸易环境不确定、不稳定的因素明显增多，跨境电商的全球化布局面临诸多困难和挑战。

近年来，随着保护主义和单边主义蔓延，以世贸组织为代表的多边贸易体制受到挑战，全球主要贸易体之间的贸易摩擦不断增多，贸易摩擦成为国际贸易环境不确定和不稳定的主要原因之一，也是跨境电商面临的最大风险和挑战。

一是贸易摩擦造成供应链受阻。贸易摩擦可能导致跨境电商的供应链受阻，进口商品的原材料供应受限或成本上升，影响企业的生产和运营。二是贸易摩擦制造市场准入障碍。贸易摩擦导致一些市场对外资企业的准入条件变得更加苛刻，跨境电商可能面临市场准入的障碍和限制。三是贸易摩擦造成关税和贸易限制增加。贸易摩擦常伴随着关税上升和贸易限制增加，使跨境电商进口商品的成本增加，影响企业的盈利能力。四是贸易摩擦通常引发法律法规调整。贸易摩擦常常伴随着国家政策和法律法规的调整，跨境电商需要不断调整自身的经营策略和合规措施，增加了运营成本和管理难度。

地缘政治风险升高会加速全球供应链的重塑，增加我国跨境电商在全球竞争的难度。全球各经济体对产业链供应链稳定性和安全性的重视程度明显提高，并上升为国家安全战略的重要组成部分，部分国家的关键产业

回流国内，或是采取友岸外包，即将供应链限制在盟国和友好国家，导致全球产业链供应链的短化和碎片化。另外，地缘政治风险导致的金融风险会使跨境电商面临资金链断裂、政府偿债能力下降等问题，从而产生极大的经营风险。

二　全球经济疲软影响跨境电商增长预期

据国际货币基金组织（IMF）预测，2024年全球经济增速将进一步放缓，经济下行和通货膨胀使全球经济面临更大的不确定性。同时，全球主要经济体财政支出将继续维持紧平衡状态，财政开支将受到更多约束，政府支出趋紧，全球经济衰退风险加大和消费需求走低，造成跨境电商面临的不稳定性和不确定性因素增多。

（一）全球经济疲软压缩利润空间

在全球经济增长放缓背景下，跨境电商面临海外消费需求下降，消费者对产品和服务的需求减少，购物意愿降低，将导致跨境电商市场收缩、订单量减少、销售额降低，企业面临营收减少和利润下降的风险，直接影响跨境电商的海外市场份额和销售额，削弱企业的盈利能力，打乱企业长期发展规划。

（二）全球经济疲软增加供应链的不稳定和不确定性

由于全球经济形势不明朗，市场需求不确定，供应链上的原材料供应、生产计划和物流运输都存在着风险和变数，导致供应链中的某个环节出现问题都可能影响到跨境电商企业的生产和运营，带来生产延迟、货品滞销、订单滞留等问题，使跨境电商无法发挥整合全球供应链的独特优势，面临困难和挑战。

（三）全球经济疲软引发市场政策环境风险

在全球经济不景气的情况下，各国可能采取贸易保护主义措施，加大对外资电商平台的管控和进口商品的限制，以扶持保护本国电商平台，中国跨境电商会面临更多的贸易限制和贸易纠纷，正常贸易活动将面临阻碍和风险。

（四）全球经济疲软增加金融风险

在全球经济不景气的情况下，汇率波动影响跨境电商企业的成本、收入和利润。跨境电商需要使用外汇期货或期权等工具来对冲汇率风险，以降低汇率波动对业务的不利影响，这对跨境电商的金融风险管控能力带来挑战。

三　中小企业背负较大的竞争压力

当前越来越多的中小企业进入跨境电商领域，市场进入了激烈竞争阶段。品牌化和平台化是当今跨境电商行业的两大趋势，一方面，越来越多企业塑造独特的品牌形象、传播品牌故事，提升消费者对品牌的认知和忠诚度。在全球范围内建立具有影响力和认可度的品牌，从而在市场竞争中处于优势地位。另一方面，大型跨境电商平台在市场占有率、跨境支付、跨境物流等方面处于优势地位。中小企业品牌建设推广、独立建站受资金实力和技术水平的限制，在激烈的品牌竞争中缺乏竞争力，而自营平台又受到大型平台挤压，面临较大的竞争压力和挑战。

（一）中小企业在品牌化竞争中处于弱势地位

当前的跨境电商行业，"做自有品牌，强化品牌调性"成为业内共识。越来越多大型企业通过强化品牌建设打造市场竞争力。据亿邦动力测算，2022年跨境电商零售额超1000万美元的中国出海品牌数量或将超过2277个，其中，超过5000万美元的头部品牌超过230个。相比跨境电商大型企业，中小企业在资金、人才、技术等方面处于弱势地位。在品牌建设和推广方面，中小企业无法像大企业那样进行大规模广告宣传和市场推广，整体关注度较低，很难在市场上获得足够的曝光度和认可度。而知名品牌往往能够获得更多曝光度和信任度，能够吸引大量消费者关注和购买。即使中小企业拥有优质的产品和服务，但在品牌认知度上劣势明显，消费者往往忽视中小企业的产品，中小企业面临更大的竞争压力和挑战。

（二）中小企业在平台化趋势中处于不利地位

大型跨境电商平台作为连接消费者和商家的重要渠道，聚合了庞大的用户群，拥有强大的资源优势，因此平台化运营是跨境电商的主要模式和趋势。大多数中小企业依赖大型平台开展业务，而跨境电商平台通常倾向于与使自己利益最大化的大型品牌或经销商合作，大型企业因此获得更多资源和支持，给中小企业带来了不公平的竞争环境，平台化的发展趋势使中小企业面临种种风险和挑战。

一是中小企业存在对大型平台依赖性过高的风险。中小企业通常依赖跨境电商平台来进行销售，但这也使他们非常依赖平台的政策和规定，平台的政策变化或者算法调整可能会对中小企业的销售业绩造成巨大影响，增加了经营的不确定性。二是中小企业面临更大的费用负担。在跨境电商平台上经营需要支付一定的费用，包括平台使用费、广告费用、佣金等。对于中小企业来说，这些费用提高了经营成本，对盈利能力产生负面影响。三是中小企业面临激烈竞争的压力。跨境电商平台上的市场竞争非常激烈，来自国内外的同行竞争对手都聚集在这个平台上。中小企业需要与众多竞争对手竞争有限的曝光和资源，这增加了他们在平台上取得成功的难度。

四　数据信息安全面临风险

跨境电商是数字经济时代的新兴业态，数字信息技术的进步也推动了跨境电商的发展。电子支付、物流和在线平台的不断改进使跨境交易更加便捷和高效。跨境电商通过数据信息、数据模型分析市场趋势、用户喜好和购买行为，从而更好地满足消费者需求。消费者在网上购买时要提交个人信息和支付信息，以完成购物交易。这些数据信息的收集和传输引发了跨境电商的隐私和数据泄露风险。

（一）数据泄露风险

跨境电商平台处理大量的个人隐私信息，包括姓名、地址、电话号码、信用卡信息等，极容易成为黑客和网络犯罪分子的潜在目标。如果这些信息被黑客攻击或遭内部员工泄露，会导致用户的个人信息泄露，甚至造成身份盗窃等问题。不同国家和地区对于数据安全和隐私保护的法律法规不尽相同，例如，我国的《中华人民共和国网络安全法》《中华人民共和国数据安全法》《中华人民共和国个人信息保护法》《关键信息基础设施安全保护条例》，欧盟的《通用数据保护条例》（GDPR）等相关法律法规。跨境电商必须遵守国际和国内数据保护有关的法律法规，以确保在数据处理和传输过程中不违反相关法律，这就需要投入大量资源来确保合规性，增加了数据安全管理的难度和成本。

（二）支付、交易信息安全问题

在跨境电商中，用户需要进行线上支付，包括信用卡支付、支付宝支付、微信支付等。如果支付平台或者电商平台本身存在漏洞，可能导致支付信息被窃取或篡改，给用户造成经济损失。跨境电商平台拥有大量交易数据，包括用户的购买记录、浏览行为等。这些数据对于企业的运营和市场营销非常重要，同样面临安全风险，需要加强防护，防止被非法获取或滥用。

（三）供应链数据安全问题

跨境电商往往涉及复杂的供应链体系，生产商、供应商、物流服务商等多方参与，各个环节都可能存在数据泄露、信息共享不当等风险，如果其中任何一环存在数据安全漏洞，都有可能对整个交易环节造成影响，甚至引发整个供应链数据泄露的风险。跨境电商面临构建供应链安全管理机制的挑战。

五 面对国际法律法规差异的合规性风险

无论在国内还是国外，有序、合规经营是跨境电商长久发展的前提。然而，全球各市场法律法规各异，跨境电商适应各个市场的难度加大，并且面临各个市场的竞争风险。因为各个国家和地区的法律法规不同，而当地企业无论是对法律的熟悉程度，还是在当地市场的先发影响力都更占优势，这也是中国跨境电商企业在海外扩张中尤其要注意的风险和挑战。

（一）各国法律法规不一致性带来的合规风险

不同国家和地区的法律法规不尽相同，这种法规的多样性增加了合规的复杂性和难度。要求企业不仅要了解并遵守本国的法律法规，还要深入了解目标国家的相关法规。忽视这些风险将给企业带来严重的后果，企业需要了解并遵守各国的相关规定，需要为每一个市场制定合规策略，以避免法律风险和纠纷。为了应对这一挑战,跨境电商需要建立完善的法律团队,加强对国际贸易法律法规的研究和了解,这不仅增加了跨境电商的运营成本,也提高了跨境电商的管理难度。

(二)跨境税务政策复杂性带来的税务合规风险

随着全球贸易的日益频繁和跨境电商的迅猛发展,各国税务机构也在加强合作,共同打击跨国逃税和避税行为。跨境电商涉及多国税务问题,包括增值税、关税和其他跨境税收。平台上的卖家和买家可能来自不同的国家和地区,各国的税收法律都有差异,不同国家的商品价值认定、税率设定和税务优惠政策都存在差异,这给企业带来了跨境税务合规的挑战。

(三)市场和知识产权保护日趋严苛带来的合规风险

海外一些市场针对品牌知识产权保护的法规和政策非常完善和周密,对于侵权行为的查处也很严格和规范,跨境电商可能在某些国家面临较高的侵权风险。此外,知识产权的注册和保护过程也因国而异,增加了跨境电商的合规成本和挑战。

一些国家有更为严格的市场准入规定或消费者保护法规,这要求跨境电商在产品质量、标签、安全标准等方面达到更高的要求。不符合这些标准可能导致产品被禁止销售,甚至面临法律诉讼的风险。

六 针对全球市场的跨文化营销挑战

在跨境电商全球化发展进程中,中国企业最大的优势来自"多快好省"的供应链以及强大的流量运营能力,但也存在着核心短板,即欠缺对海外市场文化和消费者的洞察。这一文化鸿沟带来的困难和挑战极易造成出海企业对市场战略的误判,导致企业对海外市场水土不服,影响跨境电商的全球化长远发展目标。

(一)语言多样化带来沟通不畅的挑战

在全球化背景下,跨境电商面临着语言多样化的重大挑战。不同国家和地区拥有各自独特的语言和文化背景,使产品描述、营销推广、客户服务等方面的信息传递变得复杂困难。这些挑战不仅体现在语言障碍上,还涉及多个方面的风险。语言差异是跨境电商面临的最直接挑战。不同国家和地区的消费者使用不同的语言，这可能导致信息传递面临困难，很容易造成误解。产品描述、广告宣传、客户服务等方面的信息可能因为语言障碍而无法准确传达给消费者，进而影响其购买决策和购物体验。

（二）消费习惯差异带来本地适应性的挑战

在全球市场上，同一产品在不同国家或地区可能具有不同的定位和价值，不同文化背景下的消费者有着不同的购买习惯和偏好，包括产品风格、包装形式、购物习惯等方面的差异。跨境电商需要了解并适应这些消费习惯的差异，调整产品策略和营销手段，以满足不同文化背景下消费者的需求。许多企业常常陷入用国内市场经验套用海外市场，或者将一个国家的经验套用在另外一个国家，将国内成功的产品、运营模式全面复制到海外市场的误区，造成品牌、产品与海外市场不适配。

（三）多元文化敏感性带来品牌建设的挑战

不同国家和地区的文化有着独特的价值观念、符号意义和消费习惯。品牌的名称、标识和口号通常是其在消费者心目中的第一印象，在不同文化背景下，某些名称、标识或口号可能产生误解或引起不适，甚至可能与当地的文化价值相冲突。

（四）全球文化背景带来的客户服务和售后支持的挑战

跨境电商需要针对不同国家和地区消费者提供相应的客户服务和售后支持，包括语言支持、时区差异的服务调整、不同文化背景下的问题处理等。这对跨境电商的客服团队和运营流程提出了更高要求。

第三节　优势分析

河南作为中部经济大省，依托领先的交通基础设施、扎实的产业发展平台和生态、超前的创新理念和实践、丰富完备的产业体系、具有突出竞争力的特色产业集群、巨大的内需市场规模等，打造了跨境电商赛道的河南优势。

一　交通物流枢纽构筑跨境电商发展区位优势

河南地处中原腹地，区位居中，地理位置优越，在连接东西、南北的交通通道上具有重要战略地位，形成河南发展跨境电商得天独厚的区位优势。河南以做优做强交通物流枢纽为突破口，创新推动空中丝绸之路、陆上丝绸之路、网上丝绸之路、海上丝绸之路"四路协同"。以郑州—卢森堡空中丝绸之路建设为引领，郑州机场形成横跨欧亚美、覆盖全球主要经济体的航空货运体系。中欧班列构建起 8 个出入境口岸、连接 40 多个国家的国际物流通道，构筑起推动"买全球卖全球"跨境电商发展的交通物流枢纽优势。

（一）郑州航空货运能力居国内前列

郑州—卢森堡空中丝绸之路是河南推进高水平对外开放的标志性名片。以郑州、卢森堡为双枢纽，通过一条航线架起互联互通的桥梁，"一点连三洲、一线串欧美"，郑州机场跨境电商出口包机提级扩能，2023 年，在郑州运营的全货运航空公司 29 家，已开通全货机国际航线 49 条，年国际货邮吞吐量跻身全球 40 强，通达 24 个国家 200 多个城市，郑州至比利时列日和美国洛杉矶、纽约的跨境电商包机已实现常态化运营。

（二）国际陆港建设水平全国领先

以郑州铁路口岸为支撑的国际陆港，功能不断拓展，拥有国家一类口岸、中欧班列集结中心、陆港型国家物流枢纽等多个国家级命名，具备汽车整车进口口岸、国际邮件枢纽口岸和进口肉类、粮食等口岸业务功能，货物运输周转量位居全国第二。郑州是中东部地区唯一获批建设中欧班列集结中心城市，自 2013 年以来中欧班列开行累计突破 1 万列，形成连接 40 多个国家的国际物流网络，在全国 63 个中欧班列开行城市中，市场化程度、可持续发展能力保持领先，综合运营能力处于全国第一方阵，已打造"数字班列""恒温班列""运贸一体化"等特色品牌，发展"班列+园区""班列+电商""班列+大宗物资"等运营模式，"跨境电商+中欧班列"服务拓展，打通了直达 RCEP 成员国水果进口冷链专列物流大通道，新开通国际直达线路 3 条，形成了"22 个站点、9 口岸"的国际物流网络体系。2023 年，郑州新郑国际机场完成货邮吞吐量 60.78 万吨，跻身全球 40 强，已开通客运航线 234 条、全货机航线 49 条。河南中欧班列开行数量显著增长，2023 年，中欧班列全年开行 3269 列，累计超万列，位居全国第三，同年中欧班列运输跨境电商包裹超 2000 吨；跨境电商进出口增长 10.5%。

（三）国际邮件枢纽建设再造发展新优势

中国（郑州）重要国际邮件枢纽口岸是继北、上、广之后第四个全国重要国际邮件枢纽口岸。作为全国唯一的单独集散场所，搭建了河南邮政口岸、跨境平台与跨境电商客户的桥梁，通过资源整合，能更好地为全省跨境电商发展构建全球网络提供有力支撑，目前郑州国际邮件枢纽口岸已开通与 41 个国家（地区）52 个城市直封关系。关系口岸具有保障运力的优势，通达亚洲地区 17 个国家 20 个航点，欧洲 11 个国家 21 个航点。从境外进口的国际邮件可直接在郑州进行开拆验关，无须"绕道"北、上、广，大大节约了跨境电商交易的时间与资金成本，2023 年，进出口邮快件业务量超过 848 万件，增加 16.9%，郑州国际邮件枢纽口岸疏运国际邮件时效居全国第二位。

二 园区平台建设和市场主体培育成效显著

河南作为中国的中部大省，拥有丰富的资源和巨大的市场潜力，为跨境电商的发展提供了得天独厚的条件，河南积极培育跨境电商市场主体，产业链生态圈持续壮大。全省跨境电商进出口规模从 2015 年的 384 亿元增长到 2023 年的 2371.2 亿元，年均增长 25% 以上，跨境电商综试区建设水平、企业发展水平、应用水平均稳居中西部首位。

（一）园区建设、平台集聚成效居国内前列

河南依托跨境电商综试区统筹推进园区建设、企业培育、人才培养、物流支撑，积极布局海外仓，推动跨境电商生态圈逐步完善，对产业发展的支撑力持续增强。河南相继建成郑州、洛阳、南阳、焦作、许昌 5 个跨境电商综试区、36 个省级跨境电商示范园区、25 个省级跨境电商人才培训暨企业孵化平台。其中，28 家省级跨境电商示范园区通过提供培训、金融、物流等一揽子服务，助力企业出海；河南国际贸易"单一窗口"峰值处理

能力达 1000 单/秒，日承载能力达 3000 万单以上，运营效能位居全国前列；在 2021 年全国跨境电商综试区评估中，郑州跨境电商综试区处于第一档（全国前 10），洛阳、南阳位列第二档（全国前 50）。商务部发布的《中国电子商务报告（2020）》显示，郑州跨境电商零售进出口总额居全国综试区城市第三位，省会城市第二位。

（二）市场主体发展规模和水平领先

近年来，河南跨境电商市场主体规模不断壮大。河南本土跨境电商企业发展呈现了量质齐升的良好态势，截至 2023 年，河南省跨境电商备案企业超过 4.6 万家，涉及领域包括电商平台、跨境物流、支付结算等。省会郑州跨境电商市场主体超万家，跨境电商企业境外注册商标超 2500 个。全省跨境电商进出口总额从 2015 年的 384 亿元增至 2023 年的 2371.2 亿元，年均增长 25% 以上。郑州市跨境电商交易额累计超 6000 亿元，年均增长 20%以上，郑州已成为全国最大的国际化妆品、保健品、食品进口跨境电商交易基地，河南跨境电商市场主体整体规模和应用水平均居全国前列。

一是跨境电商龙头企业落地。国内外知名企业，亚马逊、eBay、谷歌、阿里巴巴、京东、唯品会等纷纷落户开展业务，UPS、DHL、联邦、菜鸟、顺丰等物流企业加速布局。TikTok、小红书等新兴社交跨境电商平台企业扩大在豫投资。二是河南本土龙头企业成绩亮眼。作为河南第一家互联网家居上市企业，致欧家居旗下产品在欧美市场有着极高的认可度。2024 年第一季度营业收入为 18.42 亿元，同比增长 45.30%。三是企业发展普遍向好。2023 年，小魔兽、江之源、名扬窗饰、蓝普实业等进出口额增长 20%以上，正博电商、金源孵化器、悉知科技、易赛诺等本土综合服务企业加快发展。

三 监管制度和业务模式创新打造河南实践优势

创新是河南跨境电商发展最鲜明的特色，近年来，河南聚焦跨境电商业态、模式和服务等领域，勇于再造规则、重塑流程，取得了显著的制度创新成果，一系列探索和实践为行业创造了鲜活经验，为行业的快速发展提供了有力支撑。为世界贡献了中国智慧。这些有益的创新与探索，汇聚诸多资源要素，通过监管制度、通关便利化、新领域拓展以及国际合作与标准探索等方面的一系列创新，河南跨境电商已逐步形成了具有自身特色的优势，为实现"买全球卖全球"战略目标奠定了坚实基础。

（一） 监管制度创新

河南率先推出多项创新举措，如首创的"1210"网购保税进口模式等，这些创新不仅提高了通关效率，降低了企业成本，还为行业树立了新的标杆，已向国内其他综试区复制推广，还复制到海外，成为行业模板，被世界贸易组织定为"中国方案"。

（二） 通关便利化创新

河南率先采用订单、运单、支付单"三单比对"，推动通关作业无纸化；创新实施"简化申报、清单核放"、查验监管"双随机"，"7×24"无休作业等措施，提高了通关效率。O2O零售商业模式创新让进口商品"立等可取"，为消费者打造家门口的万国超市，跨境电商零售进口退货中心仓模式大幅缩短跨境商品退换货时间，破解行业发展难题。

（三） 新领域拓展创新

河南获批成为全国唯一跨境电商零售进口药品试点，河南保税物流中心构建起了一套严密的监管体系，确保药品在安全的前提下从生产商直达零售企业，实施特殊税收政策，让药品进口更快、更省、更放心。吸引天猫国际、京东国际、唯品会、苏宁国际等国内知名跨境电商进口平台落地郑州，为行业发展注入了新的活力。

（四） 国际合作与标准探索创新

河南加强与国际市场的对接，推动跨境电商融入全球贸易体系。郑州加快建设RCEP示范区，加强区域经济贸易协作机制的探索，推动跨境电商抓住新机遇，融入新市场，为行业发展提供了更广阔的空间。

四 完备的产业基础筑起河南跨境电商发展的经济优势

2024年上半年，河南GDP全国排名第五，作为经济大省、工业大省、农业强省，河南工业门类齐全、体系完备，是多个产业链的发起点、支撑点、结合点。河南制造业总量稳居全国第5位、中西部地区第1位，粮食产量占全国的 1/10，小麦产量超过全国的 1/4，农业特别是粮食生产在全国占有举足轻重的地位。

（一）经济大省奠定跨境电商发展的产业基础

41 个工业大类河南有 40 个，207 个中类河南有 197 个，河南的产业完备性和多样性，使这片古老的土地在新时代焕发勃勃生机。在这片土地上，各种工业门类蓬勃发展，从传统的农业到现代高科技产业，从劳动密集型的轻工业到技术密集型的重工业，无不体现了河南经济的全面性和活力。

河南凭借其完备的产业体系和丰富的货源供给，成为跨境电商的重要节点。从郑州的航空港区到洛阳的综合保税区，再到各地的跨境电商园区，河南的跨境电商发展如火如荼，成为国内跨境电商发展高地。

（二）工业大省提供跨境电商发展的源头活水

河南的制造业涵盖了电子信息、汽车及零部件、食品、现代家居、装备制造、铝及铝精深加工、新材料、生物医药等多个领域，河南的制造业基础雄厚，产品种类丰富、品质优良，能够为跨境电商提供丰富多样的产品。既有挖隧道的盾构机、超大型风电设备、智能机器人或智能手臂等国际领先的尖端产品，也有动力机械、起重运输机械、化工机械、纺织机械、机床等常规类产品。从日常生活用品到高端机械产品，河南的制造业几乎覆盖了所有的消费品领域，为跨境电商提供了源源不断的货源，河南制造成为推动跨境电商发展的源头活水。

（三）农业强省展现跨境电商发展的巨大潜力

作为农业大省，河南的农产品种类丰富、品质上乘，如小麦、玉米、花生、肉类加工等农畜产品在国内外享有盛誉。随着消费者对健康、绿色、有机食品的需求不断增长，河南的农产品在跨境电商领域也展现了巨大的潜力。河南涌现了一大批在国内外具有影响力的企业，牧原集团成为全球"养猪大王"，三全食品、思念食品的速冻食品全国市场占有率超过 50%，白象集团位居全国方便面行业前三，产品畅销海外市场，好想你枣、仲景香菇酱成长为细分市场冠军。当前，河南的农产品产业链完整，具有规模优势、技术优势，通过"跨境电商+农产品产业链"深度融合，推动河南从

"中原粮仓" 到 "国人厨房" 再到 "世界餐桌" 的进阶。

五　特色产业集群形成河南跨境电商品牌优势

河南作为跨境电商的重要发展地区，拥有众多具有较强竞争力的特色产业带，不仅有装备机械、铝制品、电线电缆和发制品等传统强势产业，还有化妆刷、锂电池、小提琴、时尚眼镜、光学仪器、工量具等 "小而美" 的特色产业，形成推动河南跨境电商发展的特色产业优势。

（一）许昌发制品风靡全球

在发制品领域，许昌发制品以其精湛的技艺和丰富的产品种类在全球市场占据重要地位。许昌拥有超 30 万名发制品从业者和 4000 多家相关企业，形成了从收购、加工、生产到成品的许昌发制品全产业链集群，许昌发制品占全球市场份额超 60%，涌现了瑞贝卡假发这样的全球知名发制品龙头企业。

（二）河南制造硕果累累

在装备机械制造领域，以中铁装备、平高电气、黎明重工、卫华起重为代表，河南依托先进的制造技术和完善的产业链构建了河南装备机械制造特色产业优势。郑州、洛阳、新乡、许昌、焦作等城市已形成了千亿元级规模的特色装备机械制造产业带。2023 年，全省货物进出口 8108 亿元，居全国第 9 位，电动汽车、锂电池、光伏产品 "新三样" 出口增长 22.9%，全省跨境电商进出口额增长 7.3%。

（三）现代家居、户外用品畅销海外

现代家居和户外用品也是河南跨境电商优势产业。河南以其独特的设计风格和精湛的制造工艺，打造了一系列具有竞争力的产品。号称 "线上宜家" 的河南首家跨境电商上市公司致欧家居在亚马逊平台上成为欧美市场广受消费者欢迎的家居品牌，在亚马逊家居品类中品牌影响力位居欧洲市场第一、美国市场第三。在户外用品方面，河南的户外装备、运动器材等产品以其高品质和实用性赢得了全球消费者的青睐，发展了以威顺为代表的 100 多家跨境电商企业，形成特色鲜明、增长强劲的新兴产业带，年销

售额超过 40 亿元。

六 巨大的内需市场规模和潜力形成河南消费市场优势

河南拥有近 1 亿总人口，中等收入群体超 2200 万人，经营主体超 1000 万户，巨大的消费市场规模对国外商品、资金和技术具有极强的吸引力，为"买全球卖全球"跨境电商发展提供了深厚的内需市场土壤。

（一）消费市场规模持续扩大

河南的市场优势不仅体现在其庞大的人口基数上，更体现在其日益增长的消费能力和消费潜力上。随着经济的发展和人民生活水平的提高，河南的消费市场正在持续扩大。2023 年河南省社会消费品零售总额为 2.6 万亿元，同比增长 6.5%，其中实物商品网上零售额增长 21%，高于全国 12.6 个百分点。2015~2021 年，全省网上零售额年均增长 31.1%，高于全省社会消费品零售总额年均增速 22.6 个百分点。

（二）新型城镇化助推消费市场扩容升级

城市化和消费升级是经济发展的重要驱动力之一。河南正通过提升郑州都市圈和洛阳、南阳副中心城市辐射带动能力，推动中心城市起高峰、县域经济成高原的新型城镇化建设。2023 年河南省城镇化率为 59.08%，根据《河南省新型城镇化规划（2021—2035 年）》，到 2025 年河南省常住人口城镇化率将达到 63% 左右。随着河南的城镇化进程稳步推进，城镇人口占比逐年上升，人们的消费需求将更加多样化、个性化，他们更愿意购买高品质的全球产品和服务，这也使国内外优质产品进入河南成为可能，河南的巨大市场规模优势将更加明显。

（三）县乡农村成为消费市场新蓝海

近年来，河南省通过实施县域商业体系建设三年行动计划，着力推动县乡农村商业网点改造提升，健全物流配送体系，降低物流成本，推动商品和服务下沉、农产品上行，丰富农村消费市场。2022 年以来全省共确定45 个县域商业体系建设示范县，建设重点项目 610 个。河南 12 个县区入选全国首批县域商业"领跑县"，数量约占全国的十分之一，居中西部省份首位。2023 年河南省居民人均消费支出 21011 元，比上年增长 10.5%。其中城镇居民人均消费支出 25570 元，增长 8.6%；农村居民人均消费支出 16638 元，增长 12.2%，农村居民人均消费增幅明显高于城镇居民。2023 年河南乡村社会消费品零售总额 4370.90 亿元，比上年增长 7.2%，农村居民的消费潜力得到进一步释放。

第四节　劣势分析

经过十余年的发展，河南跨境电商从无到有，从有到强，在实现"买全球卖全球"目标的道路上取得了累累硕果。但是，与先进省份相比，河南跨境电商发展仍然存在通江达海的航运能力较弱、与优势产业融合不深、行业同质化低质化竞争激烈、金融服务能力不足、企业品牌建设滞后、高端复合型人才缺乏等劣势和短板，对这些问题要有清醒的认识和冷静的分析，必须积极应对，寻找新的突破口，形成新的发展思路，从而推动河南在跨境电商赛道竞争中提质进位。

一　通江达海的航运能力较弱

国际货物贸易都是由海运完成的，海运具有强大的运输能力、经济性和可靠性。因此大多数跨洋贸易和跨大陆贸易都通过海洋运输来完成。海运涉及的海上航道也是全球贸易中重要的运输通道。全球 60% 的经济总量集中在入海口，70% 的工业资本和人口集中在距海岸 100 公里以内的地区。在中国，约 95% 的进出口货物通过海运完成。

河南位于内陆地区，离海洋较远，省内没有大型海港，无法直接进行海上贸易。只能依靠周边省份的港口进行货物进出口，增加了物流成本和时间。水路交通通道相对薄弱，对海洋贸易的发展存在一定的制约。因此通江达海航运能力不足成为河南"买全球卖全球"跨境电商发展的阻碍。

（一）适合通航的河道少

河南地处黄河中游和长江中游交汇处，重要的河流水系有黄河、淮河、汉江、海河四大水系，省内河流共有 493 条，河道总里程 26245 公里，从现状来看，河南航运主要集中在淮河干支流、汉江支流唐白河，从东南出省，连接长江流域出海。唐白河航道正在建设中，淮河航道已经初具规模，黄河内沙淤泥、河势游荡制约着下游航道建设，短期难以复航。海河水系基本丧失航运功能，全省通航里程不足河道总里程的 10%。

（二）航运顶层设计与体制机制建设不足

河南省级内河航道与港口布局规划和市级航运规划、港口总体规划尚未形成完善的体系。各市县作为推动航运发展的主体，在航运设施建设、港口功能定位等方面统筹不够，存在同质化竞争的情况。部门间、市县间、上下游协同机制不健全，航运时效性得不到保证。

（三）航运基础设施建设滞后

河南内河航道里程短、等级低，截至 2020 年底，河南内河航道通航里程 1725 公里，四级航道 583 公里，占比仅 34%。淮河沙颍河航道能够通江达海，但触达的内陆腹地范围小，经济辐射范围相对有限。同时，港口规模小、专业化水平低、集疏运能力较差、枢纽功能不强、与铁路和公路衔接不顺畅、运输结构不合理。水运在大宗货物、长距离运输中占比很低，2022 年水运货物周转量占比仅为 11%。2022 年河南内河港口货物吞吐量为 0.23 亿吨，仅为全国的 0.75%，远远落后中部省份安徽（6.08 亿吨）、湖北（5.65 亿吨）、江西（2.26 亿吨）、湖南（1.41 亿吨）。

二　与优势产业融合不深

河南作为经济大省、工业大省，以构建"7+28+N"产业链群推进新型工业化，即新材料、新能源汽车、电子信息、先进装备、现代医药、现代食品、现代轻纺 7 个万亿元级产业集群，超硬材料等 28 个千亿元级重点产业链，纳米材料、合成生物等 N 个专精特新细分领域。"7+28+N"产业链群作为河南优势产业，在全球价值链中处于领先地位，具有较强的国际市场竞争力。推动河南优势产业融入全球产业链供应链是河南对外贸易提质升级的主要方向。

2023 年河南跨境电商进出口额为 2371.2 亿元，在 2023 年河南外贸进出口总额 8107.9 亿元中占比为 29.25%，而 2023 年全国跨境电商进出口额占我国货物贸易进出口总额 41.76 万亿元的 40.35%。河南跨境电商进出口额在全省外贸进出口总额中占比较低，低于全国总体水平。跨境电商与河南优势产业融合发展仍有较大的空间，跨境电商带动河南优势产业数字化转型和国际化发展的作用尚未充分发挥。

（一）跨境电商与优势产业需求存在匹配落差

河南省的优势产业和主导产业集中在农业和先进制造业，河南的工业产品出口以先进制造业产品为主，在跨境电商产品形态中，消费品、高科技产品和服务性产品占据主导地位，这种产业结构的差异导致了河南传统优势产业结构往往难以与跨境电商需求相匹配。

（二）跨境电商与人才队伍对接融合不够

跨境电商产业的技术人才往往具有国际视野和市场理念，在电子商务平台的开发与维护、国际市场的营销推广、国际物流的管理等方面都具备专业技术和能力。河南传统产业在这些领域的技术水平和人才储备相对较弱，使其在跨境电商市场上的竞争力大打折扣，影响了跨境电商与传统优势产业的相互融合和促进。

（三）跨境电商与优势产业战略和理念存在错位

跨境电商产业具有强烈的国际化特征，需要企业具备开放、创新和适应国际市场的经营理念。传统产业的企业文化和管理理念往往更加传统和保守，对于国际市场的开拓缺乏足够的理解和准备，一定程度上制约了河南传统优势产业在跨境电商领域的发展空间。

三 行业同质化低质化竞争激烈

当前，"卷"成为跨境电商出海的关键词。随着越来越多企业涌入跨境电商市场，竞争变得异常激烈。跨境电商产业已经从商品毛利率动辄50%以上的"蓝海"发展成死伤惨烈的"红海"。河南跨境电商主体众多，市场竞争日趋激烈。进口电商集中在母婴、化妆品、食品和保健品等消费品市场打造爆款，产品同质化严重，卖家更多靠拼价格、拼物流、拼服务来获得竞争力。在出口方面，热销和利润高的商品也成为众多跨境电商企业竞相抢夺的目标，竞争激烈，导致企业利润低，进而影响企业的研发创新投入，形成恶性循环，影响整个行业的高质量发展。

（一）创新能力不足导致产品同质化竞争

一些跨境电商中小企业缺乏产品创新意识，研发投入低，不重视新技术的引进和应用，企业在产品开发和设计上缺乏创新，不能提供更具竞争力的服务和产品，往往只是模仿他人的产品或者市场上已有的销售较好的产品，导致产品同质化竞争严重，缺乏差异化竞争优势。这种缺乏独特性的做法使消费者对品牌缺乏忠诚度，容易导致市场竞争混乱无序，从而使整个行业陷入了价格战的恶性循环。

（二）营销策略落后造成低质化竞争

在数字化时代，跨境电商营销的低质化趋向愈发明显，一些企业为了迅速扩大市场份额，采用一些简单粗暴的营销策略，但这些策略往往只能带来短期的效益，长期使用不仅让消费者感到厌烦，削弱营销推广的最终效果，也可能让品牌陷入困境。一些企业在推广产品时往往使用相似的营销策略，比如相似的广告文案、促销活动、优惠券等。这种同质的营销方式使消费者的选择单一，并且很难对品牌产生持久的记忆。还有少数企业为了吸引消费者，故意夸大产品功能，甚至使用虚假数据进行宣传，这种不诚信的行为将对品牌形象造成极大损害。

四　金融服务能力不足

跨境电商作为一种新型贸易模式，涉及的资金流转、结算方式以及风险控制等都与传统贸易存在显著差异，这就要求金融机构能够提供更为专业、高效的服务支持。当前，与河南跨境电商对金融服务的需求相比、与先进省份的做法相比，河南金融机构对跨境电商的支撑能力不足成为影响跨境电商发展的关键因素。

（一）对企业的融资需求支持不足

贸易型跨境电商企业普遍存在流动资金紧张的问题，同时跨境电商企业往往具有轻资产、高风险的特点，跨境电商卖家往往难以提供足够的抵押物或缺乏担保措施，导致金融机构在风险评估和贷款审批上持谨慎态度，跨境电商的发展受到一定影响。

（二）跨境支付、结算服务不完善

支付结算是跨境电商业务的关键环节，安全顺畅的支付结算渠道是跨境电商交易实现闭环的保障。由于跨境电商涉及不同国家和地区的货币结算、汇率转换等问题，支付环节往往较为复杂。而河南开展跨境支付业务的金融机构和服务商相对较少，目前河南尚没有本土持牌的第三方支付机构和办理跨境电商结算的银行，现阶段跨境电商支付仍存在流程复杂、收费高、交易结算风险高等问题。

（三）跨境保险、资管产品供给不充分

跨境电商涉及国际物流、海关清关等多个环节，风险点多且难以预测。目前河南在跨境电商保险方面的产品和服务尚不完善，无法为企业提供有效的风险保障。随着跨境电商企业的交易规模扩大，一些外贸企业延缓结汇，将资金留存海外，对短期具有高流动性的衍生金融服务产生较大需求，而金融机构在丰富资金管理产品方面发展还不够充分，无法满足外贸企业的需求。

五 企业品牌建设滞后

当前跨境电商行业正从产品时代走向品牌时代，实施品牌战略将成为跨境电商的新起点。企业通过打造与众不同的品牌，增强品牌溢价能力，提高企业盈利水平，从而在激烈竞争中构筑竞争壁垒，最终实现自身价值增长。经过多年发展，河南孕育了一批具有全球影响力的知名出口品牌，包括致欧家居、瑞贝卡假发、名扬窗饰、双彬办公家具、尔沙工艺品等，但是河南跨境电商的品牌化速度落后于当前海外市场品牌化速度，河南跨境电商的整体品牌数量与国内先进地区相比也呈现明显的滞后态势。

（一）对品牌建设的重视不够和投入不足

一些跨境电商中小企业为其他品牌做代工，以低价值商品出口为主，处于整个产业链的最末端，产品品牌认知度低，无品牌资质，又没有获得品牌授权，已经成为河南跨境电商中小企业普遍面临的困境。产品同质化，

滥打价格战，忽视品牌、质量、服务，必然造成跨境电商发展后继乏力。同时，跨境电商中小企业对品牌形象的塑造和传播缺乏足够的重视和投入，没有意识到品牌建设对企业长远发展的重要性。

（二）品牌建设的经验和能力相对欠缺

河南许多跨境电商由于处于初创阶段，在进入市场时，没有明确的品牌定位。它们可能同时追求多个市场领域，试图覆盖广泛的消费者群体，未能形成独特的品牌形象和核心竞争力。缺乏专业的品牌管理团队和人才，对于品牌建设的策略和技巧不够熟悉和了解。缺乏清晰的品牌定位和市场差异化竞争优势，难以形成具有独特性和吸引力的品牌形象。许多企业没有设立专门的品牌管理部门或团队，品牌工作往往由市场、销售或其他部门兼职负责，导致品牌建设缺乏系统性和专业性。

（三）品牌传播渠道和方式有待升级

当前，许多跨境电商企业主要依赖传统的平台广告等推广方式，而对于社交营销、直播营销、AI 人工智能营销等新型传播渠道和传播方式的运用不够充分，导致河南跨境电商品牌在国际市场上的曝光度和认知度相对较低，难以形成广泛的品牌影响力和竞争优势。

六　高端复合型人才缺乏

人才是跨境电商行业的稀缺要素，跨境电商作为融合了信息技术、国际贸易和市场营销等多个领域的产业，对人才的要求相对较高。当前河南省共有 25 个省级跨境电商人才培训暨企业孵化平台，省内各高校纷纷推出跨境电商与跨境物流等专业课程，由于起步晚于市场需求，兼具国际贸易和电子商务特征的跨境电商企业人才培养远远落后于企业对人才的需求，真正能对企业核心竞争力起到提升作用的复合型人才不足。专业型、领军型、管理型高端复合人才供给不足的问题逐渐凸显，成为影响河南跨境电商提质升级的关键因素。

（一）数据与市场分析研究专业人才匮乏

跨境电商注重数据分析，企业通过深入挖掘市场数据，洞察消费者需求，为产品定位和营销策略提供有力支持。目前河南大数据分析与全球市场研究方面的人才非常稀缺，很多跨境电商企业面临数据解读不准确、市场定位模糊的困境，造成企业决策失误。

（二）精通国际法规、贸易流程的人才稀缺

跨境电商涉及国际贸易的复杂操作，需要专业人才帮助企业规避潜在风险，确保跨境交易顺利进行，河南精通国际法规和贸易流程的专业人才储备不足，企业在处理国际贸易事务时感到力不从心，制约跨境电商企业在国际市场上的竞争力提升。

（三）物流仓储运营专业人才供给不足

跨境物流是跨境电商发展的基础，跨境物流的快慢决定着企业的回款速度，运费的变化也关系成本的高低。专业的物流管理和仓储人才通过优化物流方案、降低物流成本，为企业创造价值，提升企业的竞争力。目前，河南具备丰富经验和先进管理理念的物流人才供给不足，影响了跨境电商跨境物流效率的提升和企业市场竞争力的提高。

第六章　新形势下河南"买全球卖全球"跨境电商发展的总体思路

随着大数据、区块链、人工智能等数字技术的快速发展，全球各地跨境电商贸易规模显著扩大，成为引领外贸高质量发展的重要增长点。数字经济时代，人工智能、数字化供应链体系等新质生产力成为引领跨境电商跨越式发展的核心动力。推动河南跨境电商高质量发展，必须强化新发展理念，按照新发展格局的要求，推动跨境电商与主要产业带融合发展，培育外贸发展新动能，打造更具国际竞争力和创新形态的现代化产业体系。

第一节　指导思想

高举中国特色社会主义伟大旗帜，全面贯彻党的二十大和二十届二中全会、三中全会精神，以习近平新时代中国特色社会主义思想为指导，深入贯彻习近平总书记视察河南提出的"买全球卖全球"的重要指示，抢抓构建双循环新发展格局、"一带一路"倡议、RCEP 等国家战略机遇，锚定"两个确保"，实施"十大战略"，以科技创新为驱动，以外贸新业态新模式创新为路径，优化海外仓布局，壮大"丝路电商"，优化外贸结构，稳定外贸规模，培育外贸新动能，打造国际经济合作新优势，推动中部地区跨境电商发展，为河南打造高水平开放高地提供强大支撑。

第二节　基本原则

一　坚持政府引导与市场运作相结合

推动"买全球卖全球"跨境电商发展，需要充分发挥政府与市场两种力量的作用。坚持跨境电商企业的主体地位，遵循市场规律，发挥企业推动跨境电商发展的主体作用。健全科学的宏观调控机制，发挥政府的引导职能，强化政府在产业规划、政策扶持、环境优化、人才引育等方面的推动作用。

二　坚持创新驱动与融合发展相结合

推动先进信息技术在跨境电商全链条深度应用，促进模式、业态、产品、服务创新，形成需求牵引供给、供给创造需求的良性互动发展新局面。坚持以数据、场景等为纽带，推动跨境电商线上线下融合、城市乡村融合、国内国际融合，破除行业壁垒，鼓励跨界发展，有效推动内外贸一体化进程。

三　坚持示范引领与全面发展相结合

坚持示范引领，突出以点带面，多措并举，推动全省跨境电商发展。结合全省现有跨境电商产业布局和发展基础，以跨境电商综试区为龙头，带动自贸区、开发区、城市新区等的跨境电商产业发展，加快形成全省跨境电商全面协调发展的新格局，让"买全球卖全球"跨境电商网络覆盖中原大地。

四　坚持要素开放与制度开放相衔接

促进跨境商品贸易，推动跨境投资合作，强化跨境人文交流。深化电子商务国际合作，丰富合作层次，拓展合作渠道，建设合作载体和平台。加快跨境电商领域制度型开放，对标国际高标准经贸规则，加快对外投资领域制度创新，以商务领域数字化引领国际合作新优势，促进跨境电商跨越式发展。

五　坚持战略协同与数据赋能相结合

强化国家战略协同，充分利用"一带一路"倡议、RCEP等战略平台，统筹国内与国际两个市场，高水平融入国内国际双循环新发展格局。加强数据对流通、消费、外贸、外资、对外投资、国际合作等领域深度赋能，切实发挥数据要素对跨境电商发展的支撑作用，打造跨境电商高质量发展的数字化新引擎。

第三节 战略定位

充分发挥河南的交通区位优势,根据跨境电商发展的现实基础和发展趋势,河南发展跨境电商的战略定位是建设制度创新国家高地、进出口商品中原枢纽、产业融合创新高地、开放创新生态样板。在此定位下,河南要举全省之力,推动跨境电商高质量发展,不断开创跨境电商发展新局面,为河南建设高水平开放高地提供支撑。

一 制度创新国家高地

依托郑州跨境电商综试区等的政策优势,加快商品进出口领域的制度创新。在推广"1210"网购保税进口模式的基础上,推动跨境电商交易场景和模式创新,不断提高跨境电商发展水平。进一步强化制度集成创新,形成更多在全国有较大影响力的制度创新成果,打造跨境电商领域制度创新国家高地。

二 进出口商品中原枢纽

河南地处中原,交通区位优势突出,自古以来就是东西方商品交易的集散地。郑州航空港经济综合实验区的建立,为河南开放发展提供了空中通道。借助空中丝绸之路,加快推进进出口商品物流枢纽和通道建设,打造电子产品、生物医药等航空偏好型商品进出口的中原枢纽和集散交易中心。

三 产业融合创新高地

结合数字技术的发展,推进跨境电商发展,驱动传统产业数字化转型,加强河南装备制造、电子信息、汽车及零部件、食品、纺织服装等优势产业与跨境电商的深度融合,积极培育跨境电商产业园区和产业带,打造全国特色产业数字化转型样板,建成具有中原特色的产业融合创新高地。

四 开放创新生态样板

充分利用跨境电商综试区、河南自贸区、郑州航空港区等开放平台叠加优势，抢抓发展机遇，创新监管模式，加快构建开放创新生态，打造全球新型国际贸易产业发展高地，建成全国跨境电商开放创新生态样板。

第四节 主要目标

根据河南跨境电商发展的现状，结合河南"两个确保"的战略目标，未来一个时期，河南跨境电商发展的主要目标如下。

一 近期目标

到 2030 年，河南跨境电商交易保持全国领先地位，电子商务应用水平大幅提升，模式业态繁荣发展，产业体系完善、市场规范有序，综合竞争力全国领先，实现高质量发展。

（一）产业规模和应用水平显著提升

到 2030 年，全省跨境电商交易额力争突破 1 万亿元，年均增速力争达到 25% 以上，跨境电商产业规模和应用水平处于全国前列。

（二）载体和平台集聚效应明显

到 2030 年，郑州跨境电商综试区在全国居于前列，建成 50 个省级跨境电商示范园区、30 个省级跨境电商人才培训暨企业孵化平台，开通一批郑州至欧美、东南亚的专线包机，郑州国际邮件枢纽口岸加快建设，功能不断完善。

（三）跨境电商企业培育再创新高

到 2030 年，全省引进 20 家以上跨境电商区域型总部，培育 20 个以上垂直型跨境电商平台，培育 30 家以上销售额超亿元的本土知名跨境电商企业，打造 3~5 个年交易额不低于 10 亿元的跨境电商平台。

（四）跨境电商物流体系更加完善

到 2030 年，全省建设 2~3 个国家级跨境物流枢纽和 10 个区域性跨境物流集散中心，在主要国家建设或运营海外仓 1000 个左右，现代物流枢纽、通道、集疏运体系更加完善，对跨境电商的支撑能力更加有力。

二　远景目标

到 2050 年，河南省跨境电商产业规模持续扩大，对全省经济发展的贡献进一步增强，跨境电商推动实体经济转型升级的作用显著提升，实现与全球电子商务产业链的深度融合，河南跨境电商产业进入全国前列，在全球的地位和影响力不断提升。

第五节　战略行动

目前，我国正在构建双循环新发展格局，充分发挥跨境电商的战略新通道作用，可以有效释放国内供应链的生产力，持续增强我国统筹国内国际两个市场、两种资源的能力。事实上，跨境电商一直处于对外开放的前沿，通过跨境电商领域的主动开放，可以推动内陆大省外向型经济的发展，对于河南产业转型升级具有重要意义。河南跨境电商起步较早，但受制于河南开放条件的短板，跨境电商发展相对滞后，距离"买全球卖全球"的目标要求有较大差距。未来一个时期，推动跨境电商发展，需要举全省之力，不断优化和改善跨境电商发展的软硬件环境。具体来说，新时期，要加快实施七大行动，推动跨境电商跨越式发展。

一　市场主体培育行动

企业是跨境电商发展的主体，推进跨境电商产业发展，必须培育和引进一批有影响力的跨境电商企业。一是培育引进跨境电商龙头企业。长期以来，跨境电商龙头企业较少是制约河南跨境电商发展的重要瓶颈。未来促进河南跨境电商发展，必须打造一批龙头跨境电商企业，形成一批跨境电商产业集聚区。同时，结合数字经济发展的趋势，要引导跨境电商企业加大对先进信息技术的创新应用力度，培育一批商务领域数据服务商。二是提升服务跨境电商企业的能力。完善支持政策，支持企业申报高新技术企业或技术先进型服务企业。支持跨境电商企业推进品牌建设，鼓励跨境电商企业建设独立站、海外品牌运营中心等。三是支持跨境电商企业"借展出海"。支持跨境电商企业参加广交会、进博会、全球数字贸易博览会等。提升现有跨境电商展会办展水平，支持企业举办重点产品海外专场推介活动。支持和鼓励企业赴境外参加各种展会，为跨境电商企业提供更多展示对接平台，促进跨境电商企业更好"走出去"，扩大国际市场。

二 载体和平台打造行动

跨境电商载体从宏观层面看主要是各类跨境电商园区和产业集群，从微观层面看主要是跨境电商公共服务平台和各类支撑体系，这些载体共同构成了跨境电商发展的基础和支撑。加快跨境电商发展，离不开强大的载体和平台。一是加快完善跨境电商公共服务平台。积极完善跨境电商平台体系和支撑体系，加快建设全省跨境电商服务"单一窗口"。统筹规划服务平台建设，推动公共服务平台提供关、税、汇和信息流、物流、资金流等的一体化服务。鼓励跨境电商企业、综合服务企业与全省跨境电商服务平台建立数据通道，实现系统对接。加快完善跨境电商监管基础设施建设，提升监管服务水平。二是支持跨境电商产业园区建设。鼓励各市县结合本地产业特色，编制跨境电商产业园区发展规划，推动跨境电商产业园区建设，实现跨境电商产业集聚发展。支持跨境电商产业链条搭建，推动跨境电商链式发展、集聚发展。支持邮政快递企业、行业协会等参与跨境电商产业园区建设，加强跨境电商发展的专业服务保障。三是支持跨境电商孵化基地建设。加快跨境电商企业、人才、资本等要素集聚，促进跨境电商初创企业、小微企业做大做强。鼓励孵化基地提供跨境电商企业注册、平台备案、报关物流等跨境电商全流程"保姆式"服务。

三 跨境电商赋能产业行动

大力发展跨境电商是优化外贸结构、扩大外贸规模的重要抓手，也是推动产业转型升级的重要途径。以跨境电商高质量发展为依托，推动河南产业结构转型升级，是河南提高对外开放度、实现高质量发展的重要路径。一是打造跨境电商产业集群。依托跨境电商综合试验区、产业园区等，人力培育跨境电商产业带和示范区，打造一批跨境电商优势产业集群，不断提升河南跨境电商发展的微观基础。二是支持推动"豫品出海出境"。积极与跨境电商平台开展合作，建设河南产业带展示选品中心，促进河南产品进入跨境电商平台，推动更多河南产品进入国际市场。支持通过跨境电商平台网络直播、虚拟现实等方式拓展产品销售渠道，带动河南地方特色产品出口。三是鼓励和支持传统外贸企业发展跨境电商。通过税收、信贷等优惠政策，支持传统外贸企业建立线上线下融合、境内境外联动的营销服务体系，促进传统外贸企业发展跨境电商，推动河南产品扩大出口。四是建设一批数字化国际供应链平台。推动出海消费端平台和国内产业端平台协同，完善平台信用评价、国际物流、支付结算、信息服务、跨境数据流动等供应链综合服务功能，鼓励电商平台带动智慧物流、移动支付等产业链上下游出海出境。

四　物流通道建设行动

通过跨境电商完成线上交易后，商品配送需要依赖高效便捷的国际物流通道。高效率的物流运输是跨境电商发展的基础，加快物流通道建设是跨境电商发展的重要途径。一是支持发展跨境电商海外仓。用好用足出口退税、产业发展基金等政策，加大对跨境电商海外仓企业的支持力度，强化跨境电商发展的基础设施建设。二是增强跨境电商物流保障能力。积极发展"中欧班列+跨境电商"模式，促进中欧班列沿线海外仓建设，完善跨境电商发展的基础设施。支持跨境物流企业运输保障能力建设，积极推进陆、海、空、铁多式联运，提高跨境电商物流配送效率和能力。鼓励和支持跨境电商物流企业与东道国寄递企业开展合作，提升"最后一公里"履约能力，不断提升顾客的购物体验。三是推动跨境电商企业"走出去"开拓国际市场。支持郑州、洛阳等跨境电商综试区加强与各类境外经贸合作区合作，推动国内外产业协同联动。支持跨境电商海外仓企业入驻境外经贸合作区，不断提高跨境电商企业服务能力和竞争优势。

五　"丝路电商"跨境合作行动

近年来，依托空中丝绸之路，河南大力发展跨境电商，不仅拉近了河南与世界的距离，也为河南推动经济结构优化提供了新的契机。未来一个时期,河南要大力推动"丝路电商"发展,推动跨境电商龙头企业与"一带一路"共建伙伴合作,促进河南跨境电商不断提高竞争力。一是拓展"丝路电商"合作空间。依托"一带一路"倡议,拓展"丝路电商"朋友圈,加快与共建国家开展政策沟通、产业对接、地方合作,打造一批"丝路电商"合作品牌。二是推动"丝路电商"先行先试。积极对接国际高标准经贸规则,推进体制机制创新,扩大制度型开放,培育功能性服务主体,推动先行先试举措落地生效。三是参与"丝路电商"合作项目。围绕贸易投资促进、政策交流、技能培训等推出一批"丝路电商"合作项目,促进跨境电商对外开展合作,为跨境电商发展提供良好的项目支持。四是支持境外"丝路电商"在河南开展经营。支持境外"丝路电商"在河南举办特色活动,共享河南电子商务大市场。引导电商平台设立外贸优品内销专区,帮助境外"丝路电商"拓展河南市场。

六 行业组织建设与人才培育行动

行业组织建设和人才培育是跨境电商发展的重要任务,是跨境电商发展壮大的重要保障。推动"买全球卖全球"目标实现,离不开行业组织的引导,也需要大批跨境电商高层次人才。一是加快跨境电商行业组织建设。发挥地方性行业组织的作用,加强跨境电商行业自律,引导有序竞争。推动申请建立全省跨境电商行业协会,并依托行业协会建立跨境电商产业联盟。加强跨境电商行业交流合作,引导行业组织在信息服务、业务培训、人才培育等方面提供专业服务,在经验推广、诚信建设、贸易风险预警等方面发挥积极作用。二是加快跨境电商人才培育。跨境电商发展,人才培育是关键。积极开展跨境电商专项培训,支持开展定制式、公司式人才培养,加强跨境电商人才储备。建立跨境电商人才培训体系,支持高校开设跨境电商课程,培养跨境电商人才。鼓励高校通过全日制和非全日制方式开设"跨境电商+小语种"相关课程。支持高等院校和国内外跨境电商平台开展多层次的跨境电商人才培养合作。鼓励跨境电商企业引进跨境电商专业人才,结合实际出台配套支持举措。

七 财政金融政策支持行动

强化政策集成创新,用足用活金融、税收、监管等政策工具,优化跨境电商发展的政策支持体系，精准施策、统筹兼顾，推进全省跨境电商做大做强。一是优化跨境资金结算服务。支持跨境电商企业按规定将出口货物在境外发生的营销、仓储、物流等费用与出口货款轧差结算，使资金结算更便利。简化小微跨境电商企业外汇收支手续，进一步拓宽结算渠道。支持金融机构为跨境电商企业提供高效的跨境资金结算服务。二是推动跨境电商供应链降本增效。推动头部跨境电商企业加强信息共享，鼓励金融机构充分利用企业相关信息，依法依规开展供应链金融服务，赋能跨境电商上下游产业链发展。鼓励跨境电商企业积极运用大数据、云计算、人工智能等新一代信息技术，提高数据分析、研发设计、营销服务等能力。三是落实跨境电商的税收优惠政策。落实好跨境电商零售出口货物增值税、消费税优惠政策及跨境电商企业零售出口货物"无票免税"政策。进一步做好跨境电商税收政策宣传和辅导服务，探索与河南跨境电商发展相适应的税收监管模式，营造宽松有度的监管环境。

第七章 完善"买全球卖全球"跨境电商发展的平台体系

随着经贸全球化步伐的日益加快和新一代信息科技的广泛普及,跨境电商在全球商业领域中的地位愈发重要,已然成为全球商贸活动中不可或缺的组成部分。根据河南省商务厅相关统计,2023年,河南跨境电商进出口额为2371.2亿元,同比增长7.3%,2015~2023年的年均增速更是达到了25%以上,实现了跨越式发展。其中,郑州、洛阳、南阳、焦作、许昌5个跨境电商综试区进出口额为1723.9亿元,占全省跨境电商进出口总额的72.7%。此外,河南国际贸易"单一窗口"平台跨境电商业务峰值处理能力为1000单/秒,日承载能力达3000万单以上,进出口商品从申报到放行时间缩短至5分钟。对于众多企业来说,跨境电商平台不仅为其打开了通往国际市场的大门,更成为其提升品牌影响力的重要途径,进一步完善跨境电商平台体系,能够帮助企业更有效地管理供应链,减少中间环节、降低运营成本、提高物流效率,进而实现外贸的高质量发展。

第一节 建设线上综合服务平台

近年来,河南依托网上丝绸之路与空中、陆上、海上丝绸之路协同发展的优势,更加便捷高效地发展跨境电商,进出口商品数量从最初的100多种,增加到目前的10万多种,消费群体遍布全国各地,也吸引了亚马逊、eBay、谷歌、阿里巴巴、京东、唯品会等国内外电商巨头纷纷布局河南。为推动河南跨境电商蓬勃发展,在完善跨境电商平台体系方面,注重建设完善跨境电商线上综合服务平台,即以中国(河南)国际贸易"单一窗口"为基础,通过推动与商务、海关、税务、外汇、监管等多个政府部门的信息共享,持续优化并完善通关、物流、金融、保险以及退税等各项服务功能，打造更为全面、高效的一体化跨境电商线上综合服务平台体系，为跨境电商企业提供全方位服务。

一　夯实跨境电商线上综合服务平台技术支撑

跨境电商线上综合服务平台建设是一项跨越多个实体、整合不同平台资源、分层次构建的庞大系统工程，为提升跨境电商线上综合服务平台的服务质量和效率，必须夯实跨境电商线上平台技术支撑。通过持续优化技术架构，积极引进应用云计算、大数据、人工智能等前沿技术，提升跨境电商线上综合服务平台的稳定性和可扩展性，加强数据加密和网络安全防护，保障用户信息和交易数据的安全，为用户带来更加便捷、高效、安全的跨境购物体验。

（一）完善线上综合服务平台的系统总体架构

1. 提升系统的稳定可靠性

跨境电商线上综合服务平台的稳定性和可靠性关乎平台的顺畅运营，更是为用户提供良好购物体验的重要一环。对此，完善河南跨境电商线上综合服务平台的系统总体构架，一是要注重对线上综合服务平台进行系统分析和评估。采用先进的云计算技术，实现资源的动态分配和高效利用，对系统的性能、稳定性、可扩展性、安全性等进行全面评估和分析，从而提升系统的整体性能。二是引入先进的技术和设计理念。通过引入新技术框架、优化数据库设计、提升系统安全性等举措，推动制定平台优化改进方案；对线上综合服务平台的服务器进行扩容和升级，提升服务器的承载力和数据处理速度；采用微服务架构增强系统的灵活性和可维护性，通过分布式部署来提高系统的容错能力和弹性。

2. 确保系统的可扩展性

一是涉及灵活且模块化的系统架构。针对不同功能模块，对跨境电商线上综合服务平台系统进行划分，明确每个模块的具体职责和对应接口，方便在遇到问题时，在不影响整个系统的前提下，针对特定模块进行扩展或修改。二是逐步进行技术升级和优化。通过重构系统代码、引入高效的缓存机制、优化数据库查询等，确保与相关业务部门的沟通和协作；建立高效、协作团队，能够快速响应业务需求并持续进行系统优化和升级扩展。

三是定期对线上综合服务平台系统进行测试和验证。通过性能测试、压力测试和兼容性测试等，确保系统在各种情况下都能保持稳定和高效，构建灵活、可扩展的跨境电商线上综合服务平台系统。尤其关注跨境电商线上综合服务平台系统的国际化拓展能力，通过引入国际化标准和接口，设置支持多种语言、货币和支付方式等，适应不同国家和地区用户的需求。

3. 定期评估和调整系统

跨境电商业务是不断发展的，为确保跨境电商线上综合服务平台系统的持续优化和高效运行，需要定期评估系统的性能和功能是否满足业务需求，并根据实际情况进行调整和优化。一是对线上综合服务平台进行全面综合检查。围绕系统性能、用户体验、数据安全以及营销策略等，对平台的页面加载速度、交易处理能力和客户服务响应等进行细致测试，以确保用户能够享受流畅、便捷的购物体验。二是对发现的问题进行及时调整与优化。如果发现系统存在性能瓶颈，可考虑引入更高效的服务器或优化数据库结构；如果用户体验不佳，可重新设计界面或增加个性化推荐功能；如果营销策略效果不佳，可尝试新的推广渠道或活动形式。三是密切关注平台用户反馈。通过调查问卷、用户访谈等方式收集意见和建议，广泛地收集用户对于平台功能、服务质量以及用户体验等方面的看法，从而有针对性地改进平台功能和服务。

（二）优化线上综合服务平台相关技术路线

1. 广泛应用区块链技术

区块链技术的去中心化、数据不可篡改和可追溯等特点，使其在跨境电商线上综合服务平台建设中具有独特的优势。通过应用区块链技术，可以实现交易信息的实时记录和共享，确保数据的真实性和完整性，提高交易的透明度和安全性，简化跨境支付流程，降低运营成本，提高资金流转效率，从而为企业创造更大的商业价值。一是加强技术研发与创新。加大对区块链技术的研发投入，加快成果转化；成立专业的区块链技术团队，专注于研发、测试和优化基于区块链的跨境电商线上综合服务平台解决方案；与国内外在区块链技术领域领先的企业或研究机构进行合作与交流，共同推动技术创新和应用。建立稳固可靠的区块链网络。选择 FISCO BCOS 等成熟的国产开源区块链底层技术，确保平台的安全性和稳定性；利用区块链加密技术建立数据保护机制，保障交易数据和用户信息的安全传输与存储。二是推动区块链技术在跨境电商线上综合服务平台建设中的应用。政府、企业和研究机构需要共同努力，政府可以出台相关政策，鼓励和支持区块链技术的研发和应用，为企业提供良好的创新环境；企业应加大研发投入，积极探索区块链技术与自身业务的结合点，提升企业的核心竞争力；研究机构则可以深入研究优化区块链技术，拓展其应用场景，为行业提供更多创新思路。

2. 优化提升数据库技术

对于跨境电商线上综合服务平台，数据是最宝贵的资产之一，一旦发生数据丢失或损坏，将对平台的运营和用户信任度造成严重影响。因此，需要制订详细的数据备份计划，并定期进行测试和验证，确保在紧急情况下能够迅速恢复数据，保障平台的持续运营。为此需要做到以下几点。一是选择高性能的数据库系统。优先考虑 MySQL 等被广泛应用的关系型数据库，同时引入 MongoDB 或 Elasticsearch 等处理非结构化数据的数据库，优化搜索功能。二是优化数据库架构。利用 Spring Boot 和 Spring Cloud 等开发框架，为跨境电商线上综合服务平台提供丰富的服务治理和扩展功能，简化平台的服务管理和维护工作。三是提升数据库性能。合理设计数据库的搜索引擎，通过设置常用查询字段索引，减少查询响应时间，并围绕优化查询语句、调整内存分配等定期对数据库性能进行提升。

3. 不断强化安全防护技术

跨境电商线上综合服务平台面临各种安全威胁，如黑客攻击、数据泄露等，必须不断强化平台的安全防护技术，构建多层次、全方位的安全保障体系。一是确保用户数据和交易信息的安全。采用多重安全防护策略，包括加密技术、防火墙设置、定期的安全漏洞扫描等，有效阻止外部恶意攻击和非法入侵，确保敏感数据不会被非法获取或篡改。二是注重应用层面的安全防护。建立完善的用户身份管理体系；构建完善的定期数据备份和恢复机制；实施严格的代码审计和测试流程，确保平台系统上线前不存在已知的安全隐患；加强对员工的信息安全培训，提高其风险防范能力。此外，还应建立完善安全事件应急响应机制，通过实时监测、快速响应和有效处置各类安全事件，最大限度地降低安全风险，保障跨境电商线上综合服务平台的稳定运行和用户数据安全。

（三） 推动平台标准化、集约化建设

1. 制定完善跨境电商线上综合服务平台运营标准

跨境电商线上综合服务平台建设运营标准应包括商品信息展示、交易流程、支付结算、物流配送、售后服务等各个环节，是对这些环节的统一规范。一是制定商品信息展示标准。规定商品描述格式、图片尺寸等，确保展示信息准确、与实物一致；引入标准化商品分类体系，便于用户快速找到所需商品。二是统一交易流程和支付结算标准。标准化购物流程，简化购物程序，降低用户操作难度；为用户提供多样化的支付方式，并确保支付过程的安全性和便捷性。三是规范物流配送服务。建立统一的物流信息追踪系统，设定明确的配送时效标准，提高物流服务的可预测性，让用户能够实时了解订单状态。四是完善售后服务体系。制定标准化的退换货政策和流程，保障消费者权益；设立专门的客户服务团队，提供及时、专业的售后支持。

2. 实现平台资源的集中管理和优化配置

充分利用现代信息技术，围绕数据中心集约化、物流体系集约化以及客户服务体系集约化等，实现平台资源的集中管理和优化配置。一是数据中心集约化。构建高效的数据处理中心，实现数据的集中存储、分析和处理；利用云计算技术，提高数据处理的弹性和可扩展性。二是物流体系集约化。整合多家物流服务商，建立统一的物流服务平台；通过智能化技术优化配送路线，降低物流成本，提高配送效率。三是客户服务体系集约化。建立集中的客户服务呼叫中心，统一处理用户咨询和投诉；利用 AI 技术辅助客户服务，提高响应速度和服务质量。四是技术平台集约化。采用统一的电商平台技术框架，便于系统的维护和升级；引入模块化设计，使平台功能更加灵活可扩展。

3. 将平台分为商务和公共服务两个部分

跨境电商线上综合服务平台的核心任务是为电商企业提供一系列高度定制化的跨境物流解决方案，包括但不限于金融服务、保税直销服务等。在该平台，电商企业可以根据自身的经营特点和市场需求，灵活选择适合自身的服务产品，从而实现更为精细化的运营管理。跨境电商线上公共服务平台则主要通过与海关、国检、税务局、外管局等政府部门的系统对接，

为邮包、商业快件、个人物品以及跨境直邮等多种物流模式提供便捷的申报作业服务。无论是企业还是个人用户，都可以通过该平台轻松完成备案、公共政策咨询、通关申报、关税处理以及物流跟踪查询等操作，进而简化跨境贸易流程。

二 完善跨境电商线上综合服务平台服务功能

跨境电商线上综合服务平台作为连接国内外市场的桥梁，其服务功能的完善不仅关乎用户的购物体验，更直接影响着平台的声誉和市场份额。在未来的发展中，跨境电商线上综合服务平台建设应通过持续关注用户需求变化，不断完善服务功能，为用户带来更加卓越的购物体验，为跨境电商发展提供更为便捷有效的服务支撑。

（一）为线上综合服务平台提供全链条服务支撑

为跨境电商线上综合服务平台提供全链条服务支撑，意味着构建一个从商品上架到用户收货，再到售后服务的全方位、无死角的服务体系，涵盖商品信息展示、交易处理、物流配送、售后服务等多个关键环节。一是在商品信息展示方面，通过优化商品详情页设计，提供详尽且吸引人的商品描述和展示，使用户能够轻松获取商品详情，充分了解产品的特点和优势，从而做出明智的购买选择。二是在交易处理环节，提供安全、稳定、可靠的交易系统，在保障每一笔交易的安全性和准确性的同时，丰富交易方式，优化交易流程，提高处理速度，为用户带来更加便捷的购物体验。三是在物流配送方面，积极与一流、优质的物流合作伙伴合作，构建高效的配送网络；构建完善智能物流管理系统，为用户提供快速、准确、高效的订单处理与配送服务。四是在售后服务方面，售后服务的质量直接关系用户的忠诚度和口碑。因此，应设立专业的客户服务团队，探索建立完善的售后服务体系，包括退换货政策、产品维修以及客户咨询等多个方面，为用户提供及时、专业、全方位的售后支持，以确保用户在跨境电商线上平台的每一次购物都能获得满意的体验。

（二）实现"一点接入、一站接入、一平台汇总"

1. 健全跨境电商线上综合服务平台贸易便利化服务功能

跨境电商线上综合服务平台不仅是一个功能全面的电子商务平台，更是连接全球消费者与卖家的桥梁。对此，应进一步健全跨境电商线上综合服务平台的贸易便利化信息服务功能，高标准设置订单管理系统（OMS）、仓库管理系统（WMS）、计费管理系统（BMS）等多个系统模块，实现这些模块与海关和国检部门、跨境电商企业、物流企业以及银行机构等的系统全面对接，允许参与各方通过一个接入口提交标准化的信息和单证，实现一个接入点完成多个环节的操作，提高工作效率。此外，还应积极推动平台在通关、物流、金融等各个业务流程实现全程信息化作业，让整个流程更加透明和高效，为用户提供供应链全程可视的综合服务。最终通过功能集成，高标准建设功能完善、用户体验优良、安全合规的跨境电商线上综合服务平台，助力通关贸易"单一窗口"建设。

2. 利用大数据助推智慧政务便企服务建设

在信息化时代，大数据技术正逐步深入各个行业领域，利用大数据技术优势助推智慧政务发展，不仅是一个技术创新的过程，更是政务服务理念和模式的转型升级。一是搭建统一高效的数据收集平台，对跨境电商线上综合服务平台的海量数据进行收集、整合、分析和挖掘，对政务服务的各个环节进行精细化、智能化管理，提升服务效率和质量，提升政务透明度。二是通过大数据分析，预测企业对政务服务的需求趋势，从而提前做好服务准备，同时及时发现政务服务过程中存在的问题，进行针对性改进。三是建立完善基于大数据的决策支持系统，通过对历史及实时数据的分析，准确预测未来发展趋势，为政府部门提供科学、准确的决策依据和前瞻性的政策指引。

（三）构建线上综合服务平台与各方的协同发展机制

1. 构建跨境电商线上线下协同机制

跨境电商平台主要分为线上和线下两部分，线上和线下紧密协同，共同推进全流程高效运转。线上环节主要以跨境电商线上综合服务平台为运作主体，充分利用网络平台进行广泛的营销活动，大规模收集线上用户的信息和交易数据，准确把握市场发展趋势；线下环节主要以实体店面交易为核心，注重优化消费者购物体验。线上线下的有效协同是跨境电商能够高效运行的关键。一是在产品选择的协同方面，精心挑选线上线下的产品品类，在线上线下差异化发展的同时努力提升线上线下产品的重叠率，满足消费者多元化的购物需求。二是在价格协同方面，通过合理控制线上线下的价格差距，确保价格体系的稳定，维护市场的公平竞争。三是在商品促销协同方面，线上线下采取不同的促销方式，如实体店可通过优惠券、积分换购等手段吸引消费者，而线上则可通过团购、抢购等促销活动刺激消费。四是在物流信息协同方面，跨境电商线上综合服务平台通过对消费者偏好和订单数据的深入分析，能够更精准地预测市场需求，从而根据消费者的实际需求，灵活选择是由实体店面提取商品还是直接通过物流配送到消费者手中。

2. 构建跨境电商线上综合服务平台与供应商协同机制

跨境电商线上综合服务平台与供应商协同机制涵盖了两种主要模式：平台跨境采购和平台招商。在平台跨境采购模式中，存在两种具体的采购途径：一是直接从国外进行采购；二是与国外商家携手合作，共同供货。平台招商模式则是通过一系列定制化的招商策略，与国外商家建立稳固的合作关系，商家可以在跨境电商线上综合服务平台上实现自营。一方面，在平台跨境采购模式下，电商平台应充分发挥其在供应商、海关、跨境物流信息平台及消费者等主体之间的协同作用，确保从采购到最终消费者之间的所有环节都能紧密配合、无缝衔接，顺利完成询价、线下签订合同与交易、商品入库等一系列重要的商务活动。另一方面，在平台招商模式下，跨境电商线上综合服务平台应为供应商提供开放、公平且能够直面消费市场的竞争环境，激发供应商主动创新的热情，深入挖掘用户的需求，从而助推产品竞争力提升。

3. 构建跨境电商线上综合服务平台与物流协同机制

跨境电商线上综合服务平台与物流协同机制的构建主要涵盖三个核心服务模式，即智能仓储服务模式、物流服务模式以及跨境电商通关服务模式。具体来说，智能仓储服务模式主要包含海外仓和保税仓两种模式，商品提前大批量运输至海外仓和保税仓，随后进行跨境销售，能有效解决物流成本、时效、海关通关以及退换货等一系列问题，为消费者提供了更为便捷的购物体验。物流服务模式则更为灵活，能够充分发挥不同物流方式的优势，如国际物流专线、邮政小包等，并与智能仓储服务形成互补。同时，通过外包给专业的第三方或第四方物流企业，积极寻求物流本土化运作，该模式能够实现不同物流方式的优化组合，达到"1+1>2"的效果。跨境电商通关服务模式提供了包括海关通关、外汇管理、国检通关以及税务管理等的全方位服务，通过线上申报、征税、结关以及线下检验和放行，提升通关效率，为跨境电商的顺畅运营提供了有力保障。此外，在跨境电商线上综合服务平台与物流协同方面，双方应基于共同发展目标，在信息沟通、技术共享以及供应链整合等方面，积极推动实现相关资源的共享。

三 加强跨境电商线上综合服务平台跨区域联动

对河南而言，要在跨境电商领域取得长足发展，必须积极拓展多层次、多形式、多领域的区域合作。为推动实现跨境电商的高质量发展，应积极加强跨境电商线上综合服务平台的跨区域联动，这种联动不仅体现在不同地区平台之间的资源共享和信息互通上，更体现在深化业务流程的协同与整合上。加强跨境电商线上综合服务平台的跨区域联动，不仅有助于各平台协同开展市场营销活动，扩大品牌知名度，吸引更多消费者，还有助于跨境电商及时调整商品结构和市场策略，为消费者创造安全、便捷的跨境电商购物环境。

（一）做大做强本土优质跨境电商线上综合服务平台

1. 积极打造"小而美"跨境电商线上综合服务平台

积极打造"小而美"跨境电商线上综合服务平台，不仅符合当前电商精细化、个性化的发展趋势，更是推动河南特色产品走向国际市场的关键所在。一是明确"小而美"并非指规模上的限制，而是强调平台的精准定位和优质服务。以河南丰富的农产品资源为例，可积极构建专注于河南特色农产品的跨境电商线上综合服务平台，通过精准的市场分析和用户画像，为消费者提供个性化的购物体验。二是为提升平台的竞争力和吸引力，应充分利用河南的文化底蕴和旅游资源，在平台上开设特色文化专栏，介绍河南的历史文化、风土人情，甚至与旅游机构合作，推出"购农产品，游河南"特色旅游套餐，从而增加平台的用户黏性和活跃度。三是为进一步扩大影响力，可以与河南当地知名企业、业界领袖进行合作，通过推广和宣传，吸引更多用户关注和注册，同时定期举办促销活动、限时折扣等，刺激消费者的购买欲望，提升平台的销售额。

2. 规范发展社区跨境电商线上综合服务平台

随着河南跨境电商的蓬勃发展，社区跨境电商线上综合服务平台作为连接消费者与海外商品的桥梁，其重要性日益凸显，规范平台运营是提升服务质量的关键。一是社区跨境电商线上综合服务平台应建立完善的运营管理制度，包括商品质量审核、售后服务、用户反馈处理等，通过严格筛选入驻商家，确保所售商品的质量和安全，同时建立完善的售后服务体系，及时解决消费者的问题。二是加强物流配送体系建设，平台应与可靠的物流合作伙伴建立长期稳定的合作关系，确保商品能够快速、安全地送达消费者，并利用物联网、大数据等新一代信息技术，提升物流配送的智能化水平，进一步提高配送效率。三是注重用户隐私保护和数据安全。平台应采取严格的数据加密措施，确保用户信息不被泄露；建立完善的数据备份和恢复机制，以防数据丢失或损坏。四是政府可以出台相关政策，鼓励和支持社区跨境电商线上综合服务平台的发展，为平台提供税收、金融等方面的优惠政策，降低其运营成本；同时加强对平台的日常监管和定期检查，确保其遵守相关法律法规和行业规范。

3. 高标准建设农村跨境电商线上平台

在河南跨境电商快速发展的背景下，农村市场作为一片广阔的蓝海，正逐渐显露巨大的潜力。为了更好地开发这片市场，需要高标准建设农村跨境电商线上平台，以适应日益增长的消费需求，推动农村经济与全球市场的深度融合。一是加强基础设施建设。优化农村地区网络环境，提升这类地区的网络覆盖率和数据处理能力，确保农村地区的网络覆盖率和网络速度达到标准要求。二是构建完善的商品供应链体系。与优质供应商建立长期合作关系，确保商品来源可靠和品质优良；建立智能化的库存管理系统，实时掌握商品库存情况，避免缺货或商品积压现象的发生。三是加强品牌建设和营销推广。利用社交媒体、短视频等新兴渠道对农村优质商品进行广泛宣传和推广；同时，结合农村地区的实际情况，开展线下推广活动，如农村集市宣传、农产品进城等。四是强化政策支持和监管力度。政府应出台税收优惠、金融扶持等相关政策措施，为农村跨境电商线上平台的发展提供有力支持。

(二) 创新打造跨境电商跨区域联动合作平台

1. 高标准打造跨境电商跨区域信息共享平台

为促进河南跨境电商的稳步发展，政府部门应牵头高标准建设河南跨境电商跨区域信息共享平台。一是明确信息共享平台的核心功能与定位，将其打造为连接政府、跨境电商企业、物流服务商、支付机构等的桥梁，实现数据共享、信息交流、业务协同等多重功能。二是积极引导并支持跨境电商企业、行业协会等发布行业报告、市场分析等有价值的信息，邀请专家解答企业在跨境电商运营过程中遇到的问题，帮助企业更好地把握市场趋势，为政府决策提供参考依据。三是采取多种措施吸引用户。例如，通过举办线上线下培训活动，提高企业对平台的认知度和使用意愿；借助与主流媒体的合作，扩大平台的宣传覆盖面和影响力。四是充分发挥信息共享平台的作用。探索出台数据共享标准，规范各方在平台上的行为；设立专项资金，支持平台技术研发和升级；加强与国内外电商平台的合作，拓宽信息来源。

2. 探索设立中部地区跨境电商区域性总部

河南作为中部地区重要省份，凭借优越的地理位置、便捷的交通优势和丰富的资源，逐渐成为跨境电商发展的新热土。为进一步提升河南跨境电商的竞争力，探索设立中部地区跨境电商区域性总部尤为重要。一是要明确跨境电商区域性总部的定位和功能。该总部不仅应是电商运营的中心，还应成为信息、人才、物流等的集聚地，能够实时掌握市场动态，引领行业发展趋势。二是进一步优化提升物流配送体系。物流配送是跨境电商的重要组成部分，应充分利用河南的交通和地理优势，积极探索构建高效、便捷的物流配送网络，把河南打造成为中部地区的物流枢纽中心。此外，跨境电商是一个高度依赖人才和技术的行业，区域性总部还应承担人才培养、信息交流、物流协调等重要职责，通过提供坚实的人才保障促进整个中部地区跨境电商的健康发展。

（三）构建跨境电商跨区域联动合作发展机制

1. 构建跨境电商跨区域合作互助机制

跨境电商跨区域联动合作的核心目标是实现资源共享、优势互补，提升整体竞争力。为保障跨境电商跨区域联动合作的顺利进行，应积极创新区域合作的组织保障、规划衔接、利益协调、激励约束、资金分担、信息共享、政策协调等机制。具体来说，可以成立专门的跨境电商合作委员会，负责协调各方利益，确保合作项目的顺利推进。同时，制订详细的合作规划，明确各阶段的目标和任务，确保合作的有序进行。在资金分担方面，可以根据各方投入和贡献进行合理分配，确保合作的公平性和可持续性。此外，建立信息共享平台，及时分享市场动态和行业信息，提高决策的准确性和时效性。在政策协调方面，可以争取政府出台更多支持跨境电商发展的政策措施，为合作提供有力的政策保障。

2. 构建跨境电商跨区域物流合作机制

跨境电商的蓬勃发展对物流体系建设提出了更高的要求，尤其是在跨区域物流合作方面，急需探索构建高效、顺畅的跨境电商跨区域物流合作机制。一是加强物流基础设施建设。扩建和改造现有的物流园区、仓库和配送中心，以适应跨境电商的快速发展；加大对冷链物流、智能仓储等先进物流技术的投入，提高物流服务的专业化和智能化水平。二是推动物流企业间形成合作联盟。鼓励河南本地物流企业与国内外知名物流企业建立战略合作关系，共享资源、互通有无，促进信息共享、协同配送，降低物流成本，提高物流效率。三是建立跨境电商物流公共服务平台。该平台应集信息发布、交易撮合、服务评价等功能于一体，为跨境电商企业和物流企业提供一站式服务，并通过平台的集聚效应，推动物流服务的标准化、规范化和高效化。

3. 构建跨境电商跨区域人才培养和引进机制

构建跨境电商跨区域人才培养和引进机制是河南跨境电商发展的关键一环。一是建立多层次的人才培养体系。河南应充分利用省内教育资源，与国内其他地区的高等院校、职业院校等教育机构紧密合作，开设跨境电商相关课程，为行业输送专业人才。二是实施人才引进计划。针对高端跨境电商人才的需求，河南应制定更具吸引力的人才引进政策，如提供优厚的薪酬待遇、住房补贴、子女教育等福利，吸引国内外优秀的跨境电商人才来河南发展；建立人才引进的绿色通道，简化人才引进流程，提高引进效率。三是搭建人才交流平台。河南可以定期举办跨境电商人才交流会、研讨会等活动，邀请行业专家、企业代表和人才机构共同参与，分享行业前沿动态和最新技术，为人才提供更多职业发展机会和更大发展空间。四是完善人才激励机制。设立跨境电商人才奖励基金，对在行业内做出突出贡献的人才给予物质和精神上的双重奖励；鼓励企业实行股权激励、分红奖励等多元化的激励机制，让人才与企业共享发展成果。五是加强跨境电商技能培训。通过政府购买服务、企业自主培训等多种形式，提供从基础知识到实战技能的全方位培训服务，提升从业人员的专业素养和综合能力。

第二节　建设线下综合园区平台

线下综合园区平台建设是跨境电商发展的重要一环，通过融合通关监管、商务服务、运营支持和圈层构筑等多重功能，构建若干个具有显著集聚效应和高度代表性的跨境电商产业园，不仅可以作为电商企业的集聚地，更将成为综合性服务的高地，对地区产业高质量发展也将产生深远影响。根据河南省商务厅相关统计数据，截至 2023 年底，河南全省培育认定的省级跨境电商示范园区数量已经达到 36 个，省级海外仓示范企业共计 12 家，省级外综服企业 36 家。未来，河南高质量打造跨境电商线下产业园区平台，对促进跨境电商行业健康发展、推动地方经济增长、培养和吸引人才以及提升国际竞争力都具有十分重要的意义。

一　优化完善跨境电商综合园区管理模式

跨境电商线下综合园区不仅是一个简单的商品集散地，更是一个集采购、仓储、物流、展示、交易等多种功能于一体的综合性服务平台。优化完善跨境电商园区管理模式是一项系统工程，其首要任务是明确园区的各项功能，确保各项服务能够高效、有序进行。对此，需要从多个方面入手，通过建立科学的管理体系、加强信息化建设、强化人才培养和引进、推动政策创新以及加强国际合作与交流等措施，实现跨境电商园区的管理水平和运营效率显著提升。

（一）构建以市场化为导向的园区管理模式

1. 确立市场化导向的核心地位

一是明确市场化导向的基本原则。在优化完善跨境电商园区管理模式时，应明确市场化的核心导向，园区的管理和运营应以市场需求为基础，充分发挥市场机制的作用，建立灵活的市场反应机制，及时调整产业结构和业务模式，减少政府对园区的行政干预。二是优化园区服务与管理机制。建立完善的服务体系，为跨境电商企业提供包括政务服务、商务服务、金融服务等的一站式服务，以满足企业的多样化需求；加强与企业的沟通与联系，及时了解并解决企业在运营过程中遇到的问题；建立健全管理机制，确保园区的有序运营和持续发展。三是建立灵活高效的运营机制。设立专门的市场研究团队，实时监测市场动态，为园区的运营提供决策支持；简化决策流程，提高决策效率，确保园区能够在激烈的市场竞争中抢占先机。

2. 构建科学的园区管理体系

跨境电商园区应建立一套科学、完善的管理体系，包括入驻企业管理、商品质量管理、物流配送管理、监督管理等多个方面，确保园区的日常运营能够规范、高效地进行。一是在入驻企业管理方面，园区应设立严格的入驻标准，引入第三方评估机构，对申请入驻的企业进行经营范围、资金实力、信誉记录和市场口碑等方面的全方位资质审核和客观、全面的评估；定期对入驻企业进行复查，确保其持续符合入驻标准。二是在商品质量管理方面，跨境电商园区应建立严格的商品质量检验制度，对所有入驻企业销售的商品进行定期抽检，不合格商品立即下架并责令企业整改；鼓励企业自主建立质量管理体系，通过引入国际质量标准认证等方式，提升商品的整体质量；设立质量管理奖励机制，对在商品质量方面表现突出的企业进行表彰和奖励。三是在物流配送管理方面，跨境电商园区内部应建立完善的物流配送信息系统，实现订单信息的实时更新和查询；加强与国内外一流物流公司的战略合作，推动物流配送服务的升级和优化；引入智能物流系统，实现订单的自动化处理和实时跟踪。四是在监督管理方面，跨境电商产业园区应设立专门的监督机构，对入驻企业的日常运营进行全方位监管；建立完善的监管制度和流程，确保监管工作有序进行；建立完善的投诉处理机制，及时回应消费者的投诉和建议；加强监管人员的培训和管理，提高其专业素养和工作效率。

3. 推行园区"管委会+公司"管理模式

随着河南跨境电商的蓬勃发展，产业园区作为推动行业进步的重要载体，其管理模式的选择尤为关键。"管委会+公司"作为一种创新的管理模式，已在多领域展现其独特的优势，在实施"管委会+公司"管理模式时，应关注以下几个关键方面。一是管委会应明确自身定位，既要作为政府的代表行使管理职能，又要与市场接轨，以市场化方式推动园区发展。这就要求管委会具备一支专业化、市场化的管理团队，能够深刻理解跨境电商行业的特点和发展趋势，为园区内的企业提供有针对性的指导和支持。二是投资开发公司应充分发挥其在市场开发、运营管理和资本运作等方面的专业优势。公司可以通过与国内外知名的跨境电商企业合作，引入先进的经营理念和技术手段，提升园区的整体运营水平。三是公司还应积极探索多元化的融资渠道，为园区的可持续发展提供稳定的资金支持。

（二）为园区企业提供"一揽子"服务

1. 构建园区全要素综合服务体系

随着河南跨境电商的迅猛发展，构建产业园全要素综合服务体系已成为推动跨境电商高质量发展的重要一环。一是优化政务服务。加强政府与园区之间的协同合作，实现政务服务的无缝对接；设立园区行政服务中心，处理行政许可、税务征缴等事务，提供信息服务、产业与人才政策宣传对接等多元化服务，打通政务服务"最后一公里"。二是深化专业服务。积极寻求与专业服务机构的合作，共同打造高品质的专业服务平台，汇聚财税、法律、工商、人力资源、市场营销等多个领域的专家团队以及第三方专业服务机构，为企业提供全方位经营管理支持。三是创新金融服务。搭建金融信息共享交流平台，推动实现园区企业和金融机构的高效、双向沟通，帮助企业拓宽融资渠道，降低融资成本；针对创新成长型中小企业，园区应积极提供覆盖企业全生命周期的科创金融服务。四是加强科创服务。园区围绕技术研发、成果转化、创业孵化等创新链的各个环节，通过联合打造和引入科技服务平台企业的方式，加大科创服务投入，引进和培养更多科技创新人才。

2. 积极推动相关政策机制创新

政策是推动跨境电商园区健康、持续发展的重要驱动力，为充分挖掘这一潜力并推动跨境电商的蓬勃发展，河南应积极着手政策创新与优化，为跨境电商园区打造更为优越的发展环境。一是在税收政策方面，为跨境电商企业提供更具吸引力的优惠政策，对于入驻园区的跨境电商企业，符合一定条件的可以享受一定期限的免税或减税政策。同时，为鼓励更多本土品牌"走出去"，还可以设立专项出口退税，减轻企业在国际市场上的税负，助力其更好地开拓海外市场。二是在投融资方面，应充分利用金融政策工具，为跨境电商企业提供多元化的融资渠道和降低融资成本的方案；可以设立跨境电商专项贷款或担保基金，为企业提供低息或无息贷款以及贷款担保服务；鼓励社会资本进入跨境电商领域，通过设立风险投资基金或股权投资基金等方式，为企业提供更多资金支持。三是在提高通关效率方面，应加强与海关、检验检疫等部门的沟通协调，共同推进"单一窗口"通关模式进一步优化；利用新一代信息技术手段，加强海关风险防控力度，提升查验的精准度。

3. 加强园区信息化建设

要进一步提升跨境电商园区运营效率和服务质量，信息化是不可或缺的手段。一是园区应该大幅度增加对信息化建设的投入，不仅是资金上的投入，更包括人力资源的投入和技术支持，逐步实现园区内各个环节的信息共享，优化运营流程，减少不必要的沟通和协调成本。二是推动园区自动化和智能化运营。为园区引入自动化设备和智能算法，减少人工干预，提高作业精度；园区为入驻企业提供在线咨询、在线订单处理、在线支付等一站式服务，提升企业的运营效率和客户满意度。三是深化园区企业与电商平台的合作。通过数据互通和共享，进一步提升园区的运营效率和服务质量，为入驻企业提供更多市场机会和销售渠道。

（三）积极构建多元化的园区盈利模式

1. 构建多层次立体化的精准招商网络

构建多层次立体化的精准招商网络是推动河南跨境电商发展的关键所在，不仅有助于吸引更多优质跨境电商企业入驻，还能为河南的经济发展注入新的活力。一是探索建立全面的企业信息库。该信息库应涵盖全球范围内的跨境电商企业，包括但不限于企业的基本信息、经营状况、市场布局、产品线等，能更准确地了解企业的需求和意向。二是制定差异化的招商策略。对规模较大、实力雄厚的跨境电商企业，提供更为优惠的政策和更加完善的服务，以吸引其入驻河南；对初创型或中小型跨境电商企业，通过提供孵化平台、技术支持等方式，帮助其快速成长。三是搭建多元化的招商渠道。除传统线下招商活动，利用互联网和社交媒体等新兴渠道，扩大招商信息的传播范围。通过建立官方网站、发布招商微博、开设微信公众号等方式，实时更新河南跨境电商线下综合园区的招商政策、投资环境等信息，让更多跨境电商企业了解河南、关注河南。

2. 建设智慧园区，拓展盈利空间

随着信息技术的迅猛发展和全球贸易的深度融合，建设智慧园区，能够有效拓展河南跨境电商的盈利空间，推动其持续、健康、快速发展。一是加强智慧园区基础设施建设。加大对园区网络、数据中心、物联网等核心设施的投入，在河南的跨境电商园区部署先进的物联网设备，实现货物的实时追踪与监控，提高物流效率，降低成本，构建高速、稳定、安全的信息化环境。二是推动数据驱动的决策支持系统建设。利用大数据、云计算等技术，建立数据驱动的决策支持系统，帮助跨境电商企业更好地分析市场需求、优化库存管理、预测销售趋势。三是优化供应链管理，提升协同效率。通过智慧园区信息平台，整合跨境电商的上下游资源，优化供应链管理，实现供应商、生产商、物流商和销售商之间的无缝对接，提升整体协同效率。四是创新金融服务模式，降低资金成本。针对跨境电商的资金需求，智慧园区可以引入多元化的金融服务机构，提供定制化的金融解决方案，如供应链金融、跨境电商贷款等，降低企业的资金成本，打造集电商、物流、金融、科技等多种功能于一体的跨境电商生态圈，提高园区整体竞争力。

3. 形成轻资产或轻重结合的盈利模式

在河南跨境电商蓬勃发展的背景下，构建轻资产或轻重结合的盈利模式对于河南跨境电商企业的长远发展具有重要意义。一是河南跨境电商企业应审视并优化自身的资产配置。轻资产模式的核心在于以最少的资金投入，实现最大的经济效益。因此，企业可以考虑通过外包或租赁等方式，减少在非核心业务上的资金投入，从而将更多资源和精力集中在核心业务和市场开拓上。二是追求轻资产的同时，注重轻重结合。企业应根据自身的发展战略和市场定位，在轻资产运营的基础上，适当投资一些重资产项目，建立自有仓储设施或数据中心，以提升供应链管理和数据分析能力，增强核心竞争力和市场话语权。三是以技术创新推动盈利模式的升级。利用大数据和人工智能技术，对消费者行为进行深入分析，实现精准营销和个性化推荐；通过云计算等技术手段，实现业务数据的快速处理和存储，提高企业的运营效率和响应速度。

二　积极打造中西部跨境电商物流枢纽

积极打造中西部跨境电商物流枢纽不仅有助于促进区域经济发展，还能提升我国跨境电商的整体竞争力。一方面，中西部地区作为我国的重要经济板块，拥有丰富的资源和巨大的市场潜力，通过建设高效的跨境电商物流枢纽，可以吸引更多电商企业入驻，带动仓储、运输、信息技术等相关产业发展，助推中西部地区的经济繁荣发展。另一方面，中西部地区地理位置优越，连接东西，贯通南北，是重要的物流运输节点，通过打造跨境电商物流枢纽，可以优化物流配送路线，缩短商品从生产地到消费者手中的时间，提高物流效率，进而提升消费者购物体验，增强我国跨境电商的国际竞争力。

（一）持续推进郑州国际邮件枢纽口岸建设

1. 强化郑州国际邮件枢纽口岸基础设施建设

强化郑州国际邮件枢纽口岸基础设施建设，是推动河南跨境电商发展的关键一环。一是加强物流体系建设，包括扩建邮件处理中心、增加自动化设备、优化物流配送网络等。可以引入先进的分拣系统，提高邮件分拣速度和准确率；完善与国内外主要物流公司的合作，确保邮件能够快速、准确地送达目的地。二是提升信息化水平。应用先进的信息技术，如大数据、云计算等，建立智能化的邮件管理系统，实现邮件信息的实时跟踪和查询，提高邮件处理效率和服务质量。三是政府应加大政策扶持力度，为郑州国际邮件枢纽口岸的基础设施建设提供资金和技术支持，设立专项资金，用于支持物流体系信息化升级改造。

2. 优化提升郑州国际邮件枢纽口岸服务质量

优化提升郑州国际邮件枢纽口岸服务质量需要从硬件设施、信息化建设、人员管理、合作与交流、通关效率、绿色发展以及持续改进等多个方面入手，为河南跨境电商的发展提供更加优质、高效的服务支持。一是对口岸的硬件设施进行升级。引进先进的自动化分拣系统、扩大仓储容量，并建立完善的监控系统以确保邮件的安全，提高邮件处理的准确性和效率，缩短客户等待时间，提升服务质量。二是加强信息化建设。引入云计算、大数据等先进技术，构建智能化的邮件管理系统，实时监控邮件的流转状态，为客户提供精准的物流信息，同时帮助企业进行数据分析，优化运营策略；利用移动应用、电子商务平台等，为客户提供便捷的查询、支付等服务，进一步提升客户满意度。三是在人员管理方面，注重提升员工的专业素养和服务意识。定期举办培训活动，提高员工在邮件处理、客户服务等方面的专业技能；建立健全激励机制，鼓励员工积极创新、提升服务质量。四是加强与海关、税务等相关部门的沟通协调。通过优化通关流程、简化手续，缩短通关时间，降低企业的运营成本，提升口岸的整体竞争力，获得更多跨境电商业务。五是注重绿色发展。通过采用环保材料、节能设备等，降低运营过程中的能耗和排放；推广绿色包装、回收再利用等理念，引导客户和企业共同参与环保行动。

3. 进一步加强与国际邮政组织的项目合作

加强与国际邮政组织的项目合作是推进项目建设的重要路径，通过与国际邮政组织建立紧密的合作关系，不仅可以引进国际先进的邮件处理技术和管理经验，提高郑州国际邮件枢纽口岸的运营水平，还可以拓展更多国际邮件业务，提高口岸的国际影响力。一是要深化与国际邮政组织的沟通与交流。建立定期会晤机制，加强双方高层互访与交流，及时了解国际邮政组织的最新动态和发展趋势；积极邀请国际邮政组织的专家来河南进行考察和指导，为跨境电商发展提供宝贵的建议和经验分享。二是共同推进邮件处理技术的创新与应用。与国际邮政组织合作，引进先进的邮件处理技术，如自动化分拣、智能追踪等，提高河南跨境电商的物流效率。三是与国际邮政组织共同开展培训项目。通过组织专题培训班、研讨会等形式，提升河南跨境电商从业人员的专业技能和国际化视野；选派优秀人员到国际邮政组织进行实习和交流，学习其先进的运营理念和管理经验，为河南跨境电商的发展注入新的活力。四是积极推动与国际邮政组织的数据共享，优化物流路径，提高通关效率；探索与国际邮政组织在绿色金融、可持续发展等领域的合作。例如，推动绿色包装、电动车投递等环保措施在河南的实施。

（二）深化中欧班列集结中心示范工程建设

1. 提升中欧班列运营效率

中欧班列作为共建"一带一路"倡议的重要物流通道，对推动河南跨境电商发展具有举足轻重的作用，能够为跨境电商发展提供坚实的物流支撑。提升中欧班列运营效率，一是要明确深化中欧班列集结中心示范工程建设的目标定位，围绕提高中欧班列运营效率、优化物流流程、降低运输成本以及提升服务质量等，制定详细的建设规划，明确各阶段的任务和时间表，确保项目有序进行。二是要加强基础设施建设与维护。加强铁路基础设施的建设与维护，包括优化铁路线路，提高线路的承载能力和运行效率；完善配套设施，如扩建货运站场、增设现代化装卸设备等，以提高货物的装卸效率。三是要推进信息化建设与智能化管理。引入先进的物流信息系统，实现货物运输信息的实时更新与共享，使货主、承运商和相关部门能够随时掌握货物的运输状态；利用大数据、云计算等技术手段，对运输需求进行精准预测，优化运输计划和调度安排。四是优化运输组织与流程。完善运输组织模式，根据货物类型、运输距离和时限要求等，制定合理的运输方案；优化运输流程，简化手续，缩短货物在途时间和中转时间；加强与海关、检验检疫等部门的沟通协调，提高通关效率，确保货物快速、顺畅地进出境。五是加强国际合作与交流。通过与国际铁路组织、沿线国家政府和相关部门建立紧密的合作关系，共同推动中欧班列的发展；积极参与国际铁路货运规则的制定与修订，提高在国际铁路货运领域的话语权和影响力；加强与沿线国家的经贸合作，拓展货源渠道，推动中欧班列的运输需求和市场份额增长。

2. 积极拓展国外市场资源

随着河南跨境电商的蓬勃发展，积极拓展国外市场资源显得尤为重要。一是深入市场调研，明确定位。进行深入的市场调研，了解目标国市场的消费习惯、需求特点和文化背景；通过收集和分析相关数据，确定河南跨境电商适合进入的市场细分领域和定位。二是建立国际化品牌形象。设计专业的品牌标识，打造独特的品牌故事，提升产品品质，塑造具有国际竞争力的品牌形象；积极参与国际展览、商务洽谈等活动，提升品牌的知名度和影响力。三是优化产品策略。改进产品设计、提升产品质量、丰富产品线等，关注产品的包装和物流环节，确保产品能够安全、快速地送达消费者。四是加强营销推广。利用社交媒体、搜索引擎优化（SEO）、网络广告等方式，精准触达目标客户群体；与国外当地知名网红、意见领袖合作，开展口碑营销，扩大品牌影响力。五是构建跨境电商生态圈。积极与国外的电商平台、物流公司等合作伙伴建立良好的合作关系，通过与合作伙伴的资源共享和优势互补，了解行业动态和最新趋势，提高整体运营效率，降低市场拓展成本。六是关注国际政策与法规变化。及时了解并遵守目标市场的法律法规和贸易规则，避免因不了解当地政策而导致的风险；积极利用国际政策红利，如自由贸易协定等，降低关税成本，提高市场竞争力。

3. 提供个性化的物流服务

在河南跨境电商迅猛发展的背景下，提供个性化的物流服务已成为推动行业发展的重要动力。一是要深入了解客户需求。通过市场调研、客户访谈等方式，收集并分析客户的期望、偏好和痛点，针对差异化需求，为客户提供更加精准的个性化服务。二是探索建立客户画像与数据库。基于客户需求的分析结果，建立包括客户的购买历史、收货地址、偏好的送货时间等信息的详细客户画像和数据库，预测客户的物流需求，提前做好准备。三是优化配送网络与路线。根据客户的地理分布和购买习惯，优化配送网络和路线，如在河南的主要城市和地区设立更多配送中心，缩短配送时间；利用先进的路径规划算法，为每个订单选择最优配送路线，确保货物能够高效、准时地送达客户。四是提供多样化的配送选项。为急需货物的客户提供加急配送服务，为对价格敏感的客户提供经济型配送方案；提供定时配送、自提点取货等灵活的配送方式，让客户能够根据自己的需求选择合适的配送方式。五是建立快速响应机制。为应对突发情况，如天气变化、交通拥堵等，建立快速响应机制，通过实时调整配送计划和路线，确保货物能够按时送达客户。六是加强与客户的沟通与反馈。定期与客户进行沟通，通过问卷调查、客户满意度评分等方式，了解客户对物流服务的满意度和改进意见，根据客户的反馈，及时调整和改进物流服务策略，满足客户的期望和需求。

（三）推进高水平互联互通与多式联运发展

1. 提升多式联运承载力与衔接水平

随着河南跨境电商的蓬勃发展，多式联运作为提高物流效率的重要手段，提升其承载力和衔接水平尤为重要。一是要加强和完善综合立体交通网络。完善铁路、公路、水路和航空等交通网络，加强各种运输方式的互联互通，如加强郑州航空港区、洛阳机场等航空枢纽的建设，提高空运能力，优化省内铁路和公路运输网络，形成高效、便捷的多式联运体系。二是推进信息化建设。建立统一的多式联运信息平台，实现运输信息的实时更新和共享，为电商企业、物流公司等提供便捷的信息查询和服务，推动各运输环节更加紧密衔接，提高整体运输效率，提高物流运作的透明度和可追溯性。三是优化运输组织与管理。制定合理的运输计划，协调各种运输方式之间的衔接，减少等待和转运时间；加强对运输过程的监控和管理，确保货物能够按时、安全地到达目的地。四是加强政策引导与支持。政府部门可以制定优惠政策、提供资金支持等，如设立跨境电商物流发展专项资金等，鼓励企业加大对多式联运的投入和创新；政府还可以加强与相关国家和地区的合作与交流，推动国际多式联运的发展，推动河南跨境电商走向世界。

2. 创新多式联运组织模式

随着河南跨境电商的快速发展，传统的物流组织模式已无法满足高效、灵活、多元化的运输需求，创新多式联运组织模式尤为重要。一是推广"一单制"联运服务。"一单制"联运服务是指通过一份运输单据，实现多种运输方式的连贯运输，可以大大简化运输手续，提高运输效率，并降低运输过程中的风险，提高跨境电商物流的便捷性和可靠性。二是发展智能化多式联运系统。引入物联网、大数据、人工智能等先进技术，打造智能化多式联运系统，实时收集、分析和处理各种运输数据，为跨境电商企业提供最优的运输方案和决策支持，降低物流风险。三是探索跨境合作新模式。随着"一带一路"倡议的深入推进，河南跨境电商面临着更广阔的国际市场和更多的发展机遇。因此，应积极探索跨境电商境外合作新模式，与友好国家建立更紧密的物流合作，通过共享资源、互通有无，实现跨境电商物流的高效运作和互利共赢。

3. 强化多式联运标准制定和推广

为确保多式联运高效运作,强化多式联运标准制定和推广,一是要建立全面、统一的多式联运标准体系。该体系应该涵盖各种运输方式的衔接、货物装载与固定、信息交换等关键环节,制定一系列关于多式联运的操作规范、技术要求和安全标准,确保各运输环节能够无缝对接,提高整体运输效率;积极对接国际标准,确保河南的多式联运服务能够与国际接轨,提升跨境电商的国际竞争力。二是加强标准的宣传与推广。通过在跨境电商园区、物流集散地等关键节点设置宣传栏,定期举办培训班、研讨会等活动,向相关企业和从业人员普及多式联运的标准要求和操作技能,提高社会对多式联运标准的认知度和重视程度。三是注重科技创新引领。随着科技不断进步,多式联运标准化工作也需要与时俱进,应充分利用物联网、大数据、人工智能等先进技术,推动多式联运智能化、自动化,实现运输过程的实时监控和数据分析,提高运输效率和安全性。

三 高标准建设跨境电商海外仓

在全球化背景下,海外仓建设能够极大提升物流配送的效率和消费者的购物体验,有效降低物流成本,满足消费者对快速、便捷购物的需求。截至 2022 年底,河南已经有 80 家企业在全球 47 个国家和地区建设了共计 206 个海外仓,总面积超过 100 万平方米,构建起了河南跨境电商的海外"大本营"。现阶段,海外仓已成为河南"买全球卖全球"实践的重要平台抓手和对外投资合作的关键领域。综合来看,规范、高效的海外仓储系统展示了跨境电商企业的专业性和实力,高标准建设跨境电商海外仓对提升我国跨境电商的全球竞争力意义重大。

(一)完善海外仓服务网络

1. 面向全球扩大海外仓布局

近年来,河南跨境电商取得了显著成效,贸易规模持续扩大,业务模式不断创新,然而也面临海外仓布局不足的问题。一是要深入了解全球市场。深入了解目标市场的消费者需求、政策法规、竞争格局等,通过市场调研和数据分析,为海外仓的选址、规模、功能等提供科学依据。二是优化海外仓网络。根据全球市场分布和物流需求，通过合理布局构建覆盖主要市场的海外仓网络，实现快速响应、高效配送，降低成本。三是提升仓储和配送能力。海外仓应具备高效的仓储管理系统和先进的配送技术，以满足跨境电商对快速、准确、安全的物流的需求。四是加强风险管理。河南跨境电商在布局海外仓时面临政治风险、汇率风险、税收风险等诸多风险挑战，应充分考虑这些因素，制定相应的风险应对措施，确保海外仓的稳定运营。

2. 完善海外仓客户服务体系

随着全球电商市场的蓬勃发展和河南跨境电商业务的迅速崛起，海外仓作为连接国内国外市场的关键节点，其客户服务体系的重要性日益凸显。一是要优化海外仓服务流程。建立快速响应机制，确保客户咨询和问题能够得到及时处理和解决；简化退换货流程，降低客户退货成本和时间成本；引入 AI 客服、自助查询系统等，通过智能化提高服务效率和质量。二是提升海外仓客户服务人员专业素质。建立完善的培训体系，定期对客户服务人员进行专业知识和技能培训；制定严格的考核标准，建立激励机制，鼓励员工积极提升自我能力。三是加强多语言、多文化背景的服务能力。招聘具备多语言能力的客户服务人员，以满足不同国家和地区消费者的需求；加强文化敏感性和跨文化沟通能力的培训，确保客户服务人员能够准确理解并满足客户的不同需求。四是建立完善的客户反馈机制。通过调查问卷、客户评价等方式收集客户意见和建议，并及时进行分析和处理；建立完善的客户投诉处理流程，确保客户投诉能够得到及时、公正、合理的处理。

3. 高水平建设公共海外仓

作为跨境电商生态链的关键一环，公共海外仓不仅能够提升物流效率，降低运营成本，还能增强河南跨境电商在国际市场上的竞争力。一是要注重优化海外仓选址与布局。充分考虑河南跨境电商的主要出口市场、物流运输成本以及海外仓的辐射范围，科学合理地选择海外仓的地理位置，并根据市场变化和产品特性，适时调整海外仓的布局，确保海外仓能够满足跨境电商的多元化需求。二是加强海外仓硬件设施建设。引进先进的仓储管理系统、自动化分拣设备、智能搬运机器人等，提高海外仓的自动化、智能化水平，高度关注海外仓安全性、环保性。三是强化供应链管理。强化海外仓与供应商、物流服务商等合作伙伴之间的协同合作，共同打造高效、稳定的供应链体系。四是加强政策支持和监管。出台相关政策支持跨境电商公共海外仓的建设和运营；加强对海外仓的监督和管理力度，确保海外仓在运营过程中符合相关法规和标准；加强与相关部门的沟通和协调，共同推动跨境电商公共海外仓的健康发展。

（二）推动海外仓数字化建设

1. 引入先进的仓储管理系统

为提高仓储效率、降低运营成本，增强河南跨境电商的竞争力，引入先进的跨境电商仓储管理系统尤为关键。一是对现有海外仓仓储管理状况进行全面准确评估。围绕仓库布局、设备配置、人员配备、作业流程等，明确现有系统的优势和不足，为引入新系统提供准确的参考依据。二是选择合适的仓储管理系统。根据评估结果，结合河南跨境电商企业的实际需求和特点，充分考虑系统的功能、性能、易用性、扩展性等因素，确保所选系统与企业的其他信息系统能够良好集成，实现数据的共享和交换。三是优化仓库布局和设备配置。通过合理规划仓库空间、调整货架布局、引入先进的物流设备等方式，提高仓库的存储能力和作业效率，确保新系统与现有设备的兼容性，充分发挥系统的优势。四是完善作业流程和质量控制。应制定详细的作业指导书、加强对作业过程的监控和记录、建立质量检查和反馈机制等，通过完善作业流程和质量控制机制，确保新系统的稳定运行和作业质量的提升。

2. 探索建设海外物流智慧平台

海外物流智慧平台作为河南跨境电商物流的"大脑"，集信息、数据、资源、技术于一体，实现物流信息的实时共享、物流资源的优化配置、物流过程的智能监控与决策。一是应构建完善的平台架构。围绕物流信息管理模块、物流资源调度模块、智能监控与决策模块、客户服务与支持模块等的建设，实现模块之间的无缝衔接。二是引入先进的信息技术。利用物联网技术实现物流信息的实时采集与传输；利用大数据技术对海量物流数据进行分析与挖掘，发现潜在的市场需求与运营问题；利用人工智能技术优化物流路径、提高配送效率等。三是提升智能监控与决策能力。对物流过程进行实时监控与预警，根据历史数据与实时数据进行智能分析与预测，根据历史销售数据预测未来的订单量等。

3. 强化数据分析与预测功能

强化海外仓的数据分析与预测功能,有助于实现更精准的市场预测、更高效的库存管理以及更优质的客户服务。一是构建全面且精细化的数据分析体系。该体系应涵盖库存数据、销售数据、物流数据等,通过实时采集、整合和分析数据,准确掌握海外仓的运营状况和市场动态。二是加强市场趋势预测与分析。通过对历史销售数据、市场趋势、消费者行为等因素的综合分析,预测未来市场的需求和变化,为海外仓的库存管理、产品选择等提供有力支持。三是优化库存管理与调配策略。利用数据分析技术,对库存进行实时监控和预警,及时发现并解决库存问题,实现库存的快速调配和补货。

(三) 深化海外仓国际合作

1. 强化与国际知名物流公司的深度合作

在河南跨境电商迅速崛起的背景下,与国际知名物流公司建立深度合作,对于提升河南跨境电商的物流效率、优化全球供应链布局、增强国际竞争力具有至关重要的意义。一是要明确合作目标,确立长期战略。围绕提升物流服务品质、降低物流成本、提升物流速度、增强供应链稳定性等与国际知名物流公司明确合作目标,确保合作的可持续性。二是深入市场调研,选择优质合作伙伴。全面了解目标物流公司的业务规模、服务水平、技术优势、市场口碑等,选择与自身业务需求高度契合、具备强大实力和良好信誉的物流公司作为合作伙伴。三是加强沟通协作,建立紧密合作关系。建立定期沟通机制,及时分享市场信息、业务需求、运营数据等方面的信息;共同制定物流方案,优化物流流程,提高物流效率;加强在物流技术、供应链管理等方面的交流与合作,共同推动物流行业的发展。

2. 构建国家间跨境物流谈判和协调机制

跨境电商发展离不开高效、顺畅的跨境物流支持,构建跨境物流谈判与协调机制,对于促进河南省跨境电商产业发展具有重要意义。一是推动政府间谈判与协调,河南省政府应积极与国内外相关政府部门进行沟通,就跨境物流政策、法规等进行谈判与协调,为河南省跨境电商的发展创造有利条件。二是推动企业间谈判与协调,河南省跨境电商企业应积极与国内外物流企业进行谈判与协调,建立长期稳定的合作关系,实现资源共享、优势互补。三是推动行业组织间谈判与协调,河南省跨境电商行业协会等组织应加强与国内外相关行业组织的联系,共同推动跨境物流标准的制定与推广,提高跨境物流服务水平。

3. 强化海外仓风险管理与安全保障

强化河南跨境电商海外仓风险管理与安全保障包括以下几点。一是建立健全海外仓风险管理体系。建立完善的风险评估机制,对海外仓所在地的政治、经济、法律环境进行全面分析,识别潜在风险点,并制定相应的风险应对策略;实施精细化的风险控制措施,在货物存储、运输、配送等各个环节,建立严格的操作流程和标准,确保货物的安全和质量。二是强化海外仓安全保障措施。海外仓应配备先进的监控设备和报警系统,对仓库内外进行实时监控和报警处理,确保货物的安全存储;建立完善的网络安全防护体系,防止黑客攻击、数据泄露等网络安全事件的发生。三是加强数据安全与隐私保护。采用数据加密、访问控制等技术手段保障数据安全;建立数据备份和恢复机制以防止数据丢失;加强员工的数据安全培训和教育;与合作伙伴签订数据保密协议以确保数据不被泄露。四是加强海外仓合规性管理。确保在运营过程中遵守当地法律法规和国际惯例;加强知识产权保护,防止侵权事件发生。五是建立海外仓的应急响应机制。制定详细的应急预案和流程,明确应急响应的各个环节和责任人;加强应急演练和培训,提高员工的应急处理能力和水平;与当地应急救援机构建立紧密的合作关系,确保在紧急情况下能够及时获得支持和帮助。

第三节 建设优质企业孵化平台

现阶段,跨境电商已经成为推动国际贸易和经济增长的重要力量。然而,许多初创企业在进军跨境电商领域时,由于缺乏经验、资源和专业知识,面临着巨大的挑战。打造优质的跨境电商企业孵化平台,不仅能够为初创企业提供全方位的支持和帮助,也有助于促进国内国外市场的交流与融合,对整个跨境电商行业的繁荣与进步都具有积极的推动作用。根据河南省商务厅相关统计数据,截至 2023 年底,河南培育认定的跨境电商人才培训暨企业孵化平台有 25 个,开设跨境电商专业的院校数量为 19 个,为跨境电商产业发展注入了活力。未来,河南跨境电商发展应以建设优质跨境电商企业孵化平台为依托，在为初创企业提供宝贵资源和指导的同时，发挥其专业优势推动本土品牌的全球化发展。

一　实施跨境电商市场主体培育行动

当前，河南跨境电商市场主体发展不平衡、不充分的问题仍然突出，许多潜在的市场主体由于缺乏必要的资源和支持，难以在激烈的市场竞争中立足，实施跨境电商市场主体培育行动非常迫切和重要。实施跨境电商市场主体培育行动，不仅有助于优化市场结构，还能激发市场主体的创新精神和竞争意识，更有助于打造一批具有国际竞争力的跨境电商企业，推动行业整体水平提升，从而营造良好的市场环境和氛围，助推跨境电商行业的持续健康发展。

（一）推动农村电商企业提质增效

1. 优化提升农村基础设施建设

优化和提升农村基础设施建设是推动河南跨境电商发展的关键一环。一是加大对农村基础设施的资金投入，推动农村道路升级改造，特别是加强偏远地区与主要交通干线的连接，提高道路通行能力和质量，缩短物流时间，降低物流成本。二是加强农村信息化建设。加快农村地区的宽带网络建设和升级，提高网络速度，扩大覆盖范围，为农村居民提供便捷、高效的网络服务。三是在农村地区建设更多物流配送中心。科学合理规划布局农村物流配送中心，积极承担商品集散、分拣和配送等功能，提高配送效率，降低物流成本。政府还可以出台相关政策，鼓励和支持电商企业在农村地区设立服务站点，提供更加便捷的电商服务。四是加强农村地区的金融服务。政府积极引导金融机构加大对农村电商的信贷支持力度，为农村居民提供创业贷款、流动资金贷款等金融服务，推动移动支付在农村地区的普及。

2. 提高农村电商产业发展水平

随着全球化的深入推进和新一代信息技术的飞速发展，跨境电商已成为推动农村经济发展的新引擎，高水平推动河南农村跨境电商相关产业的发展需要政府、企业和社会各界的共同努力。一是加强跨境电商线上综合服务平台建设与推广。打造具有地方特色的跨境电商线上综合服务平台，加大河南地理标志产品、有机产品等特色农产品的宣传力度,提高其知名度和美誉度。二是完善农村电商服务体系。加强农村物流配送体系建设,提高物流配送效率;建立电商服务中心,为农民提供电商培训、产品拍摄、网店运营等一站式服务;加强与金融机构合作,为农村电商提供便捷的支付和融资服务。三是优化农村电商政策环境。政府应出台一系列优惠政策,如税收优惠、资金扶持等,降低农村电商的运营成本;加强知识产权保护,维护市场秩序;推动跨境电商与海关、税务等部门的协同合作,简化进出口手续,提高通关效率。四是加强国际合作与交流。河南应积极鼓励农村电商参与国际电商组织的活动,与全球电商企业和机构建立合作关系,共享资源、技术和市场信息;鼓励河南农村电商企业走出国门,参加国际展览和交流活动,拓展国际市场。

3. 培育多元化新型农村电商主体

积极培育多元化新型农村电商主体,不仅有助于推动农村经济的转型升级,还能为农民开辟新的增收渠道,进一步缩小城乡差距。一是要大力培育农村电商供应链服务企业。积极引导和支持农村批发企业、运营服务商以及产地经纪人等向生产、零售环节延伸,推动其角色定位从提供传统的商品批发和中介服务向提供全方位供应链管理服务转型。将农资经销商纳入农村电商的培育范畴,通过创新营销与服务模式,推动传统的农资流通企业向现代农资综合服务商转型,并利用电商平台开展线上销售、技术咨询和售后服务,为农民提供更加便捷高效的农资采购体验。二是着力培养农村跨境电商带头人。推动实施青年农村电商培育工程,通过开展"青耘河南"直播助农等活动,激发青年人对农村电商的热情和创造力,为行业发展注入新的活力。同时,鼓励各地根据实际情况制定农村直播电商人才支持政策,如提供创业扶持资金、税收减免等优惠措施,吸引和留住更多优秀电商人才。此外,省级商务主管部门还应编制一套符合当地实际的农村电商培训教材,并免费向社会公开,有效降低学习成本,提高农村跨境电商培训的普及率和效果。

(二)创新打造跨境电商出海孵化器

1. 提供全方位、一站式跨境电商解决方案

提供全方位、一站式跨境电商解决方案对创新打造河南跨境电商出海

孵化器至关重要，应围绕构建完善的集电商平台、支付、物流仓储、清关、税务等服务于一体的跨境电商生态体系集中发力。一是在支付环节为跨境电商提供灵活多样的支付方式和结算服务，并确保交易的安全性和便捷性，防范支付风险。二是在物流环节，一站式解决方案应涵盖从仓储管理到配送追踪的全流程服务，通过建立全球化的仓储网络和高效的物流配送系统，缩短商品运输时间，提高客户收货体验。三是在清关环节，应提供专业的报关服务，确保商品能够顺利通过海关检查，并及时送达消费者。四是在税务处理环节，为跨境电商提供专业的税务咨询服务，帮助其合理避税，并确保税务合规。此外，市场营销是提升跨境电商销售业绩的关键，应通过大数据分析为电商提供精准的市场定位和营销策略，并结合社交媒体和搜索引擎优化（SEO）等手段，提高电商的品牌知名度和市场占有率；还应积极创新跨境电商营销模式，鼓励跨境电商企业创新营销模式，充分利用社交媒体、大数据、人工智能等先进技术，提高营销效果。例如，通过社交媒体平台精准推送广告信息，吸引更多潜在客户；利用大数据分析消费者行为，制定个性化的营销策略；借助人工智能技术优化客户服务，提升消费者满意度。

2. 与政府、行业协会、高校等密切合作

河南的跨境电商要想取得长足的发展，必须与政府、行业协会、高校等密切合作，通过多元化合作模式，推动河南跨境电商行业的持续繁荣与进步。一是与政府的合作不可或缺。跨境电商企业应主动与政府部门建立良好的沟通机制，及时反馈行业发展的痛点和需求；政府应出台更加精准的扶持政策，支持跨境电商企业的创新与发展。二是与行业协会合作至关重要。行业协会作为行业的"领头羊"，应充分汇聚众多业内专家和资深从业者，并通过为企业提供专业培训、市场拓展等多元化服务等，帮助跨境电商企业及时了解行业动态，把握市场脉搏，避免盲目跟风，降低市场风险。三是与高校合作不容忽视。跨境电商企业可以通过与高校建立产学研用一体化的合作模式，共同推进跨境电商领域的技术创新和人才培养，借助高校的科研力量，共同研发符合市场需求的跨境电商解决方案，提升企业的核心竞争力。四是在合作过程中还应建立完善多方沟通协调机制、评估合作机制和利益分配机制，确保各方能够在平等、互利的基础上开展合作，定期召开政府、行业协会、高校和企业四方参与的联席会议，共同商讨跨境电商发展的重大问题。

3. 积极引进具备国际视野和专业技能的复合型人才

积极引进具备国际视野和专业技能的复合型人才是推动河南跨境电商发展的关键所在，不仅有助于提升河南跨境电商行业的整体竞争力，还能为行业的长远发展注入源源不断的活力。一是应建立多渠道的人才引进机制。通过与国内外知名高校、研究机构以及跨境电商企业建立紧密的合作关系，定期举办跨境电商人才招聘会，吸引海内外优秀人才来河南发展；利用社交媒体、专业招聘网站等多种渠道发布招聘信息，扩大人才搜索范围。二是提供具有竞争力的薪资待遇和福利。在制定薪资待遇时，要充分考虑行业标准和人才的市场价值，确保提供的薪资具有足够的吸引力；提供完善的福利待遇，如住房补贴、子女教育等，解决人才的后顾之忧。三是打造良好的工作环境和发展平台。跨境电商企业应注重团队建设和企业文化塑造，积极营造充满活力、创新氛围浓厚的工作环境，在激发人才的创造力和工作热情的同时，为员工提供良好的职业发展空间和晋升机会。四是加强人才培养和激励机制。对已引进的人才，注重培养其专业技能和领导能力，提供丰富的培训和学习资源；建立科学的绩效考核体系，对表现优秀的员工给予及时的奖励和晋升机会，以保持人才的积极性和忠诚度。在实施这些政策的过程中，还应注重确保人才引进的公平性和透明度，根据河南跨境电商的实际发展需求灵活调整人才引进策略和方向。

（三）打造跨境电商外贸综合服务企业

1. 提升外贸综合服务企业专业化、规模化、智能化水平

近年来，随着我国经济的蓬勃发展和全球化进程的加速推进，外贸综合服务企业在我国对外贸易中扮演着越来越重要的角色，其通过整合各方资源，提升服务效率和质量，为跨境电商企业发展提供了强有力的支持，而提升河南跨境电商外综服企业的专业化、规模化、智能化水平则是推动跨境电商行业持续健康发展的关键所在。一是在提升专业化水平方面，河南跨境电商外综服企业可以与高等院校、职业培训机构等紧密合作，共同打造跨境电商专业化人才队伍；还应深入了解国际市场动态，密切关注消费者需求变化，以便及时调整业务策略，提供更具针对性的服务，不断优化服务流程和质量。二是在实现规模化发展方面，河南跨境电商外综服企

业可以通过并购、重组等方式整合资源，扩大经营规模；同时，积极拓展国内外市场，与更多优质的供应商和客户建立长期稳定的合作关系，形成产业链上下游良性互动；打造具有影响力的企业形象和品牌形象，提升企业的知名度和美誉度。三是在推进智能化升级方面，河南跨境电商外综服企业应紧跟时代步伐，通过引入先进的信息技术、大数据分析和人工智能等创新工具，积极推进智能化升级，优化业务流程，提高工作效率。

2. 激发外贸综合服务企业发展活力

在跨境电商蓬勃发展的背景下，激发外贸综合服务企业的发展活力应从以下几个方面入手。一是创新监管模式，优化政策环境。加强海关、税务、外汇等相关部门之间的信息沟通与协作，实现对跨境电商活动的全方位、多层次监管；推动便利外汇收支的政策实施，简化外汇结算流程，降低企业运营成本，提高资金使用效率；制定更加灵活的税收政策，对跨境电商外综服企业给予一定的税收优惠，以减轻其税收负担；设立专项基金，支持跨境电商外综服企业进行技术创新、市场开拓等方面的尝试，增强其市场竞争力。二是完善退税模式，提高核查效率。政府应加强与税务部门的沟通协调，完善集中代办退税模式，确保退税流程的顺畅进行；外综服企业也应加强自身财务管理，确保退税资料的准确性和完整性。三是厘清报关主体责任，严格履行审查义务。政府应制定详细的报关操作规范，明确外综服企业在报关过程中的权利与义务，加强对外综服企业的培训与指导，提高其报关操作水平；外综服企业应严格履行合理审查义务，加强对交易双方的身份证明、产品证明、合同等关键信息的核实与确认，降低交易风险、保障自身合法权益。

二　积极开展跨境电商专项培训

跨境电商的运营、管理涉及多个方面的知识和技能，包括市场分析、产品策划、营销推广、物流配送、售后服务等，许多企业和个人由于缺乏相关经验和专业知识，难以充分把握跨境电商发展的机遇、应对挑战，因此积极开展跨境电商专项培训尤为重要。跨境电商专项培训不仅有助于提高企业的运营效率，帮助企业在激烈的市场竞争中脱颖而出；还可以通过培养和储备一批具备跨境电商知识和技能的专业人才，为企业的长远发展提供有力支持，进而提升整个跨境电商行业的专业水平和竞争力，推动行业的规范化、标准化发展。

（一）积极开展不同层次的跨境电商人员培训

通过构建完善的培训体系、创新培训方式和方法、加强政府和企业合作等措施，积极开展不同层次的跨境电商人员培训，推动河南跨境电商持续健康发展。一是积极开展跨境电商企业负责人培训。企业负责人是公司的领航者，其决策直接影响企业的未来走向。培训内容应涵盖全球电商趋势分析、国际市场战略规划、跨文化管理等，可以组织专题研讨会，邀请国内外电商行业的专家学者进行授课，或者安排负责人赴国外考察，亲身体验和学习国际先进电商模式和经营理念。二是积极开展跨境电商管理人员培训。管理人员是企业的中坚力量，负责将战略转化为具体的执行计划。培训内容应包括项目管理、团队领导、危机处理等方面的知识和技能，可以通过案例分析、角色扮演、团队建设等互动性强的培训方式，帮助管理人员提升解决实际问题的能力。三是积极开展跨境电商业务人员培训。业务人员是企业与客户沟通的桥梁，其专业素养和服务态度直接影响客户满意度和企业的品牌形象。培训内容可以包括产品知识、销售技巧、客户服务流程等，定期组织产品知识竞赛和销售技能大赛，激发业务人员的学习热情和工作动力，通过模拟客户场景、客户投诉处理等实操训练，提升业务人员的应变能力和服务水平。此外，在培训过程中，还应注意确保培训内容的针对性和实用性，避免形式主义和走过场；注重培训效果的评估和反馈，及时调整培训方案和内容；充分利用现代信息技术手段，如在线教育平台、虚拟现实技术等，创新培训方式和方法，增强培训效果和学习体验。

（二）提供涵盖多平台业务的线上课程和实操资源

一是在完善跨境电商线上课程体系方面，应根据跨境电商的实际需求和行业趋势，科学设计课程体系，引入关于电商平台运营、海外市场营销策略、国际贸易法规等的核心课程，并予以定期更新，确保内容的时效性和实用性；积极寻求与电商平台、行业协会以及教育机构合作，确保课程内容的科学性和系统性。二是在丰富跨境电商实操资源方面，应注重为企业和学员提供模拟电商平台，帮助其更加直观地了解电商运营的全流程，包括商品上架、营销推广、订单处理、售后服务等各个环节；建立实战案例库，通过分析真实的运营案例，学习如何解决实际运营中遇到的问题，提升应变能力；借助数据分析工具更好地分析市场数据、用户行为等，为决策提供支持。三是积极建立完善的培训支持体系，提供在线答疑服务，确保学员在学习过程中遇到的问题能够得到及时解决；设立学习社群，为学员提供交流互动平台，分享学习心得、讨论行业热点等；定期跟踪学习进度，帮助学员合理规划学习进度，确保学习效果。

（三）积极引入外部优质资源提高培训质量

在跨境电商迅猛发展的时代背景下，河南积极拥抱变革，不断探索提升跨境电商培训质量的新路径，积极引入外部优质资源，推动河南跨境电商行业的持续健康发展。一是与国内外知名电商平台、机构及专家密切合作。定期邀请亚马逊、eBay、沃尔玛、抖音、阿里巴巴、淘宝、京东等国内外知名电商平台的运营专家、教育机构的教学名师以及行业内的领军人物到河南进行交流、授课，为学员提供宝贵的实际操作指导。河南还应积极引进国外先进的电商培训课程和教材，并结合本土实际情况消化吸收，形成一套既具有国际视野又符合河南实际的培训材料，丰富教学资源库。此外，充分利用网络资源也是提升培训质量的重要途径，通过推动实现与其他地区优质教学资源的互通有无，获取更多教学材料和实战经验，促进跨境电商培训质量的提升。二是提升本土跨境电商教育团队能力。河南应加大对本土教育团队的培养力度，通过定期培训、交流和实践，掌握最新的跨境电商知识和运营技巧。三是建立完善的跨境电商培训评估与反馈机制。定期对学员进行考核，收集学员的反馈意见，及时发现培训过程中存在的问题和不足，有针对性地优化培训内容和方式，形成动态完善的培训体系，确保学员能够真正从培训中受益。

三　助推本土跨境电商企业做大做强

现阶段，河南许多本土跨境电商企业在发展过程中仍面临品牌建设、市场拓展、供应链管理等方面的诸多挑战和难题，助推本土跨境电商企业做大做强的重要性和深远意义不容忽视。积极助推本土跨境电商企业做大做强，不仅有助于提升企业的核心竞争力，还能通过拓展海外市场，增加外汇收入，带动完善相关产业链条，提升产业效率和附加值，激发市场活力和创新动力，为经济社会发展注入新的活力，逐步推动本土品牌的崛起和国际市场份额的扩大，提升跨境电商国际话语权。

（一）培育跨境电商"瞪羚""独角兽"企业

1. 重视发掘具有潜力的初创企业

在跨境电商领域发掘具有潜力的初创企业需要多方共同努力和配合。一是有效发掘潜力初创企业需要建立完善的评估和筛选机制。通过组织专家评审团，综合考虑跨境电商企业的创新能力、市场前景、团队实力以及技术壁垒等多个维度，进行全面评估，挑选真正有潜力、值得扶持的项目。二是加大对初创企业的扶持力度。在资金、政策、人才等方面给予跨境电商初创企业全方位支持，如设立跨境电商初创企业专项扶持基金。三是打造公平、透明、高效的电商平台，为初创企业提供更多市场机会和销售渠道，并通过提供各种集成服务，如物流配送、支付结算、市场推广等，帮助初创企业降低运营成本。

2. 加大对"瞪羚"和"独角兽"企业的政策扶持

通过税收优惠、资金补贴、融资支持以及引导社会资本投入等多种措施，在跨境电商领域加大对"瞪羚"和"独角兽"企业的政策扶持力度，激发企业的创新活力和市场竞争力，推动河南跨境电商行业的持续繁荣与发展。一是加大政府层面的扶持力度。在税收优惠方面，针对跨境电商"瞪羚"和"独角兽"企业设立特定的税收减免政策，如提高研发费用税前加计扣除比例，或者对跨境电商出口额达到一定规模的企业给予所得税减免。在资金补贴方面，设立专门的跨境电商发展基金或研发补贴等，为"瞪羚"和"独角兽"企业提供直接的资金支持，用于企业的日常运营、市场拓展、技术研发和人才培养，鼓励企业开展前沿技术的探索与应用。二是加大多元化的融资支持。政府应积极搭建企业与金融机构之间的桥梁，推动双方建立长期稳定的合作关系，引导金融机构开发适合跨境电商企业的金融产品，如提供低息贷款、担保贷款等，以降低企业的融资成本；设立融资担保基金，为企业提供增信服务，帮助其更容易地获得金融机构的贷款支持；积极引导社会资本投入跨境电商领域，通过吸引风险投资、私募股权等机构参与，使企业的资金来源更加多元。

（二）积极打造跨境电商龙头品牌企业

1. 推动企业从制造出海向品牌出海转型

在全球化竞争日益激烈的今天，品牌已成为企业的一项宝贵资产，强有力的品牌不仅能够提升产品的市场竞争力，还能够帮助企业在消费者心中树立独特的形象，进而促进销售额和利润的增长，推动跨境电商企业从制造出海向品牌出海转型，是河南跨境电商发展的重要战略方向。一是深化品牌意识，明确品牌定位。河南跨境电商企业应深入挖掘自身特色，明确品牌价值观，打造独具特色的品牌形象，在产品设计上融入中原文化元素，同时采用现代设计理念，在国际市场上形成独特的品牌风格。二是提升产品品质。注重产品研发和创新，引进先进的生产技术和管理经验，确保产品质量达到国际标准；加强与国内外知名品牌合作，学习借鉴其成功的品牌管理经验和市场营销策略，提升自身品牌运营能力。三是完善售后服务体系。建立健全客户服务体系，为客户提供及时、专业的售后支持，解决消费者在购买和使用过程中遇到的问题，提升客户满意度和忠诚度，进而促进品牌口碑传播。四是在实施品牌出海策略时，河南跨境电商企业还应注意风险防范和应对，建立完善的风险管理机制，加强与国际法律机构的合作，及时识别和评估潜在的市场风险、汇率风险、知识产权风险等，并制定相应的应对措施。

2. 推动跨境电商向专业化、精细化方向发展

推动河南跨境电商向专业化、精细化方向发展，是提升行业竞争力、满足消费者日益增长的需求的关键。一是积极鼓励跨境电商企业深耕细作。企业应选定某一领域或某一类产品，集中力量进行研发和生产，如专注于服装、电子产品、家居用品等特定领域，通过深入了解市场需求和消费者偏好，设计出更符合消费者需求的产品，使用优质原材料、引进先进生产工艺、构建严格的质量控制体系。二是推动服务专业化、精细化。企业应建立完善的客户服务体系，提供售前咨询、售后服务等全方位服务；设立24小时在线客服，及时解答消费者疑问，处理投诉和建议；定期回访客户，了解产品使用情况和客户满意度，以便及时调整产品和服务策略。三是引导企业加强供应链管理。通过建立智能仓储系统、引入先进的物流技术和管理模式，提高物流配送的效率和准确性。

3. 重视跨境电商企业的创新能力培养

重视跨境电商企业的创新能力培养是推动河南跨境电商持续发展的重要举措。一是鼓励企业加大研发投入。研发投入是企业创新的重要基石，只有不断加大研发投入，企业才能研发新技术、推出新产品，从而在市场上保持领先地位。河南的跨境电商企业应该根据自身实际情况，制定科学的研发投入计划，并逐步增加研发经费的比重。政府也可以通过财政补贴、税收优惠等政策措施，引导企业加大研发投入。二是引进先进技术和管理经验。河南跨境电商企业应积极关注国际上的先进技术和管理模式，通过技术引进、合作开发等方式，将这些优秀的资源融入自身的业务发展，提升自身的运营效率和服务质量。三是推动产品创新和服务升级。在产品创新方面，河南的跨境电商企业应该深入了解市场需求和消费者偏好，针对不同地区和消费群体推出差异化的具有竞争优势的产品；注重产品的品质和设计，提升产品的附加值和市场竞争力，为客户提供个性化、专业化的服务，满足消费者的多元化需求。四是培育跨境电商企业的创新能力还应注重营造良好的创新氛围和文化环境。创新需要勇气和冒险精神，河南跨境电商企业应积极营造鼓励创新、宽容失败的文化氛围，激发员工的创新意识和创造力，加强知识产权保护，维护企业及员工的创新成果和合法权益。

（三）夯实跨境电商投融资服务支撑

1. 构建完善跨境电商投融资服务体系

随着跨境电商行业的迅速发展，河南的跨境电商企业也迎来了前所未有的机遇与挑战。为了满足跨境电商企业在不同发展阶段的资金需求，构建完善、高效的投融资服务体系尤为重要。一是探索形成多层次、多元化的投融资渠道。在引导商业银行支持方面，鼓励银行针对跨境电商企业的特点，开发更具针对性的贷款产品。例如，根据企业的交易流水、信用记录等数据，提供无须抵押的信用贷款或者基于应收账款的融资服务；鼓励政府设立贷款担保基金，为中小企业提供增信服务。对于风险投资和私募股权机构，通过举办投融资对接会、路演等活动，促进这些机构与跨境电商企业的交流与合作；政府设立跨境电商引导基金，吸引更多社会资本投入跨境电商领域，形成政府引导、市场运作的投融资机制。二是完善投融资服务体系。建立健全信用评估体系，为投融资双方提供准确、客观的企业信用信息；加强投融资监管，防范金融风险；提供法律、税务等咨询服务，帮助企业更好地理解和运用相关政策。三是持续优化投融资环境，提高投融资效率。简化投融资流程、降低投融资成本、加强投融资信息透明度，吸引更多资本进入河南跨境电商领域。

2. 鼓励金融机构积极参与投融资活动

跨境电商发展离不开金融资本的支持，鼓励金融机构积极参与跨境电商的投融资活动意义重大。一是应设立跨境电商投融资风险补偿基金。跨境电商行业虽然潜力巨大，但也有一定的风险，许多金融机构因此对跨境电商投融资活动持谨慎态度。设立风险补偿基金可以分担金融机构投资跨境电商的风险，减轻其对跨境电商投融资的顾虑，即当金融机构因支持跨境电商项目而遭受损失时，可以从风险补偿基金中获得一定的补偿，从而降低其风险。二是推动金融机构与跨境电商企业深度合作。搭建金融机构与跨境电商企业对接平台，促进双方信息交流与共享，帮助金融机构更好地了解跨境电商行业的运作模式和市场需求，从而为其提供更加精准的投融资服务。三是鼓励金融机构积极参与跨境电商投融资活动。这是一个长期的过程，需要政府、金融机构、跨境电商企业等多方共同努力和持续推动，需要通过不断完善投融资环境、优化政策体系、加强信息交流与合作等举措协同推进。

3. 为企业提供全生命周期投融资支持

为河南跨境电商企业提供全生命周期的投融资支持需要政府、金融机构、企业等多方共同努力。一是初创期投融资支持。在初创期，跨境电商企业的资金需求主要用于市场调研、产品开发、团队建设以及初步的市场推广，但此时企业往往缺乏足够的抵押物和历史信用记录，难以从传统金融机构获得贷款。因此，建议设立跨境电商创业投资基金，专门用于支持初创期的跨境电商企业；加强与天使投资人、创业投资机构的合作，为初创企业提供更多融资渠道。二是成长期投融资支持。在成长期，跨境电商企业的业务规模逐渐扩大，市场份额稳步增加，此时企业需要更多资金用于产品升级、市场拓展以及品牌建设。因此，应鼓励商业银行等金融机构开发针对成长期跨境电商企业的特色信贷产品，如供应链金融、应收账款融资等，以满足企业多样化的融资需求；推动河南的跨境电商企业与国内外知名投资机构合作，通过股权融资、债权融资等方式引入更多战略投资者；加大对成长期跨境电商企业的政策支持力度，如提供贷款贴息、税收优惠等，降低其融资成本，助力其快速发展。三是成熟期投融资支持。在成熟期，跨境电商企业的业务模式和市场地位逐渐稳固。此时，企业的融资需求更多地转向并购、重组以及国际化拓展等方面。因此，应支持成熟的跨境电商企业通过发行债券、股票等直接融资的方式筹集资金，扩大资本规模，提升市场竞争力；鼓励企业通过并购、重组等方式整合资源，实现规模扩张和产业升级；政府可以提供相关的政策指导和资金支持，降低企业并购重组的风险和成本；政府可以提供海外投资保险、税收优惠等政策支持，鼓励跨境电商企业走向国际市场，通过海外投资、合作等方式拓展业务领域。

第八章　强化"买全球卖全球"跨境电商发展的支撑体系

　　跨境电商作为对外贸易的新业态、新模式,有力地推动了河南企业"走出去"开拓国际市场,为河南对外贸易高质量发展做出了新贡献。现阶段,河南围绕信息共享体系建设,逐步推动实现政府、企业、金融机构等多方之间的信息互联互通,有效打通了"关、税、汇、商、物、融、信"信息交流通道。围绕金融服务体系建设,河南与多家金融机构合作,为跨境电商企业提供涵盖融资、支付、结算等的全方位金融服务,推出了跨境电商专项贷款、跨境电商支付结算便利化等措施,为跨境电商发展提供了有力支持。围绕智能物流体系建设,河南建设了多个国际物流枢纽和跨境电商物流园区,招引了一批专业化跨境电商物流企业,配备了先进的仓储设备、智能化管理系统,致力于为跨境电商提供快速、安全、高效的物流服务。围绕信用管理体系建设,河南通过建立跨境电商企业信用档案和信用评级制度,实现了对跨境电商企业的经营行为和信用状况的全面评估和监管。围绕统计监测体系建设,河南通过构建高效、共享、安全的统计监测体系,加强对跨境电商企业备案、核验等环节的管理,实现了对跨境电商业务流程、税收结汇和信息化建设等的全面监管。围绕风险防控体系建设,河南通过建立跨境电商风险预警和应急处理机制,有效实现了对跨境电商交易中出现的各种风险的及时发现和应对。未来,河南应围绕强化跨境电商信息共享、金融服务、智能物流、信用管理、统计监测、风险防控六大支撑体系建设着重发力,在巩固河南跨境电商在全国的领先地位,助推跨境电商企业深度融入全球产业链价值链,提升跨境电商品牌知名度和美誉度等方面为河南跨境电商高质量发展注入强劲动力。

第一节 建设跨境电商信息共享体系

建设信息共享体系应加强监管部门协同联动，推进信息互换、监管互认和执法互助，实现企业"一次备案、多部门共享、全流程使用"。信息共享体系建设是跨境电商发展的基石，在跨境电商领域，由于涉及多个部门和多个环节，往往存在信息孤岛和数据壁垒问题，通过建立信息共享体系，可以有效打破这些壁垒，实现各方信息互通、共享。

一 推动跨境电商跨区域、跨部门信息共享

通过进一步推动"放管服"改革，深化跨境电商跨区域合作，推动河南跨境电商跨区域、跨部门信息开放共享，不仅有助于跨境电商市场活力释放、政府监管能力提升，也有助于提高跨境电商企业的运营效率和市场竞争力，进而助推实现河南跨境电商的高质量发展。

（一）推动跨境电商跨区域信息共享

1. 制定跨区域共享项目清单

跨境电商跨区域共享项目清单的制定，不仅有助于明确合作方向，还能有效促进资源的优化配置和高效利用。一是建立完善跨境电商跨区域共享项目清单机制。该机制旨在明确各区域间的合作项目和资源共享内容，详细列出合作项目、合作期限、合作方式、预期成果等关键信息，确保各方能够明确各自的责任和权益，了解合作的具体内容和目标。二是梳理政务服务事项，完善电子证照清单。对跨境电商涉及的政务服务事项进行全面梳理和分析，明确哪些事项在跨区域合作中具有较高的用证频度，在此基础上，进一步清理完善相关电子证照清单，确保各类电子证照的准确性、完整性，确保电子证照信息的及时更新和共享。三是推进电子证照跨省共享互认。加强河南与其他省份的合作，特别是在跨境电商领域，推动更多种类的电子证照实现跨省共享，如居民身份证、户口簿、营业执照等，提升跨境电商的便利性，降低企业和个人的办事成本。四是选择高频事项作为跨区域服务应用试点。高频事项应具有广泛的群众需求、成熟的基础条件，并能充分体现电子证照共享互认的优势。例如，在跨境电商领域，可

以选取企业注册、税务登记、海关报关等高频事项作为试点，通过实践探索有效的跨区域服务模式。

2. 丰富数据共享应用方式

为河南跨境电商发展提供更加丰富、高效的数据共享应用支持，应重点关注如下几个方面。一是优化数据共享平台与载体。充分利用现有成熟的政务服务大厅、政务服务网、移动政务服务平台以及自助终端等平台，作为数据共享应用的重要载体，以提供更加精准、高效的数据共享服务。二是创新数据共享应用方式。采取亮证验证、在线核验、免交材料等多种方式，提高数据共享的效率和准确性；推广使用电子营业执照、电子身份证等电子证照，方便企业在政务服务大厅、政务服务网等平台上进行身份验证和业务办理；建立与海关、税务等部门的在线核验机制，确保企业提交的数据真实有效；探索在相关部门之间建立数据共享机制，实现报关单、发票等材料的自动获取和填充。此外，还应积极探索在跨境电商平台上集成数据共享功能，实现订单、物流、支付等信息的实时共享和监控，并加强跨境电商企业与政府部门的合作与交流，深度推进数据共享应用，共同推进大数据的挖掘与利用，让数据为企业经营决策和职能部门有效监管服务。

3. 拓展数据共享应用场景

推动跨境电商跨区域信息共享需要进一步拓展数据共享的应用领域，主要从以下几个方面入手。一是推动物流信息共享，与物流公司合作，实现物流信息的实时共享，包括订单跟踪、货物状态查询等，帮助跨境电商企业更好地掌握物流动态，提高物流效率。二是推动税收数据共享，与税务部门合作，实现税收数据的共享，帮助跨境电商企业通过平台查询相关税收政策和规定，避免税务风险，提高税务申报的准确性和效率。三是推动市场数据分析，利用数据共享平台，对跨境电商市场进行深入分析，包括消费者行为、市场需求、竞争态势等，帮助企业更好地把握市场动态，制定更加精准的市场营销策略。四是推动信用体系建设，通过数据共享平台，建立跨境电商企业信用体系，实现信用信息的共享和查询，提升跨境电商企业的信誉度，降低交易风险。

（二）破题跨境电商跨部门信息共享

1. 统一政府部门信息标准

在河南发展跨境电商的过程中，由于政府部门间信息标准不统一，信息共享存在诸多障碍，严重影响了河南跨境电商的效率和效益。对此，为打破部门间信息壁垒，实现信息共享开放，一是制定统一的信息共享标准，该套标准应涵盖数据格式、数据接口、数据传输等方面，确保政府部门间能够无缝对接，实现信息的快速、准确传递。二是要构建高效、便捷的信息共享平台，该平台应具备数据收集、处理、存储、查询、分析等功能，能够支持政府部门间的信息共享和协作，具备高安全性和稳定性。三是可以制定专门的信息共享法律法规，明确政府部门间信息共享的权利和义务，规范信息共享的行为和流程，提高违法成本，维护信息共享的秩序和安全。

2. 提升政府部门协同效率

信息共享的目标是提升政府部门间的协同效率，为河南跨境电商发展提供有力支持，可以从以下几个方面入手。一是建设完善在线服务平台。借鉴国内外先进的经验和技术，结合河南跨境电商的实际情况，围绕优化提升信息共享平台数据整合、数据共享、数据分析三大功能，制定符合自身特点的信息共享平台建设方案，实现各部门之间信息互联互通。二是加强政府部门间的沟通与合作。建立定期的跨部门沟通机制，加强政府部门间的联系与交流；成立专门的跨部门协作小组，负责推进信息共享标准的制定和实施工作；组织跨部门的信息共享培训班或研讨会，提高各部门的信息共享意识和能力。三是建立信息共享激励机制。例如，探索设立跨境电商跨部门信息共享优秀单位或个人奖项，对在信息共享中表现突出的单位或个人进行表彰和奖励，推动信息共享工作深入开展。

3. 持续推动政务数据共享

河南持续推动政务数据共享对跨境电商发展意义重大，应重点关注以下几个方面。一是高标准打造全省政务数据共享平台。进一步优化完善、丰富提升"豫事办"移动政务服务平台功能，确保企业和个人能够随时随地享受便捷的政务服务，推动实现政务数据的互联互通。二是优化政务服务流程。利用大数据、人工智能等技术手段加强政务服务的智能化建设，提高政务服务的精准度和智能化水平；通过简化办事程序、缩短办事时间、提高办事效率等，为企业和个人提供更加便捷、高效的政务服务。三是编制跨境电商数据目录，实现分类分级管理。河南应编制跨境电商数据目录，全面梳理跨境电商领域的数据资源，形成清晰的数据资源清单。根据数据的性质、用途和敏感度等，对数据进行分类定级，明确数据的共享属性和开放条件；加强数据源的梳理，确定更新周期，确保数据的准确性和时效性。

（三）推动落实"一次采集、多方利用"制度

为有效推动河南跨境电商发展，落实"一次采集、多方利用"核心理念，可以重点关注以下几个方面。一是应优化数据采集机制。构建高效、统一的数据采集平台，涵盖商品信息、物流信息、支付信息等核心数据，确保跨境电商企业能够"一次采集"所需信息。二是强化数据共享与利用。在数据"一次采集"的基础上，通过加强数据创新应用，建立跨境电商数据共享中心，为政府部门、企业、科研机构等提供数据查询、分析和挖掘服务等，优化资源配置，提高决策效率，推动数据"多方利用"。三是加强政策引导与支持。探索设立跨境电商发展专项资金，支持企业开展数据采集、共享和利用等工作；优化税收政策，减轻跨境电商企业的税收负担；加强跨境电商人才培养和引进工作，为行业发展提供有力的人才保障；加强与"一带一路"沿线国家和地区的经贸合作，推动跨境电商领域的互利共赢。四是积极推进数据开放与授权运营。主动收集社会公众、企业的跨境电商数据开放需求，制定政务数据开放清单，及时响应社会公众的数据开放申请；加强数据开放的安全管理，建立开放数据全流程监管体系，确保数据在开放过程中的安全性；鼓励符合条件的企业依法依规开展政务数据授权运营，激发市场活力，促进数据要素市场的发展。五是推动数据要素与其他创新要素深度融合。河南应积极探索数据要素与产业链、创新链、资金链等创新要素的深度融合，通过数据链的有效联动，推动跨境电商产业链的优化升级，提高产业的竞争力；加强数据驱动的创新体系建设，鼓励企业利用数据进行产品创新、服务创新和管理创新，提升企业的核心竞争力。

二 推动跨境电商跨领域、跨行业信息共享

随着科技的不断发展,信息共享已成为推动社会进步的重要力量。近年来,河南跨境电商业务发展态势良好,多领域推进跨境电商信息共享,不仅可以提升河南地区跨境电商的整体效率,促进本地企业与国内外市场的对接,为商家和消费者带来更加便捷、安全的购物体验,还能吸引更多优秀的跨境电商企业入驻河南,推动本地经济繁荣发展。总之,多领域推进跨境电商信息共享对于河南乃至全国跨境电商发展意义深远,有理由相信,未来通过多领域推进跨境电商信息共享,河南乃至全国的跨境电商将迎来更加广阔的发展空间和更加美好的发展前景。

(一)推动跨境电商供应链信息共享

推动河南跨境电商供应链信息共享需要政府、企业和社会各界的共同努力,通过多个方面的举措协同发力。具体而言,在加强政府引导与政策支持方面,河南应制定完善信息共享政策,明确跨境电商供应链信息共享的重要性,并规定信息共享的范围、方式和标准,为供应链信息共享提供政策保障;设立专项资金,用于支持跨境电商企业进行信息系统建设和升级,奖励在信息共享方面表现突出的企业;加强对跨境电商供应链信息共享的监管和评估,确保信息共享的合规性和有效性。在完善跨境电商信息平台方面,河南应优化提升跨境电商信息平台建设质量,整合供应链各个环节的信息资源,实现信息的集中管理和共享,确保供应链信息的机密性、完整性和可用性。在优化供应链协同机制方面,应支持跨境电商企业、物流公司、支付机构等组建供应链协同联盟,共同推动供应链信息共享;鼓励联盟成员共同制定供应链协同标准,明确信息共享的流程、格式和质量要求,确保信息的准确性和一致性;加强联盟成员之间的沟通与协作。在提升企业信息化水平方面,鼓励跨境电商企业加强信息系统建设,提高企业内部信息化水平,为供应链信息共享提供有力支持;注重培养具备跨境电商和信息化知识的复合型人才,为企业信息化发展提供人才保障。在加强国际合作与交流方面,河南跨境电商企业应积极学习国际先进的供应链信息共享经验和做法,提升自身的信息共享水平;积极参与国际跨境电商合作项目,与国际企业共同推动供应链信息共享和全球贸易发展;加强与

国外企业的交流与沟通，共同探讨供应链信息共享的未来发展趋势和挑战。

（二）推动跨境电商物流信息共享

为推动河南跨境电商物流信息的有效共享，需要建立统一的物流信息共享平台、制定完善的物流信息共享制度、加强跨部门合作与协调等，确保物流信息的透明度、准确性和及时性，进而提升跨境电商的整体运营效率。一是建立统一的物流信息共享平台。为河南跨境电商企业提供涵盖订单生成、仓储管理、运输跟踪、配送签收的全流程便捷信息查询和共享服务，促进供应链各个环节的协同与配合。二是完善物流信息共享的法律法规体系。政府出台相关政策文件，明确物流信息共享的主体、范围、方式和责任，为物流信息共享提供法律保障；加强对物流信息共享的监管和执法力度，确保物流信息共享的合规性和有序性。三是加强跨境电商企业与物流企业的合作。组织跨境电商企业与物流企业进行定期的交流与对接活动，共同探讨物流信息共享的策略和路径；鼓励跨境电商企业与物流企业签订长期合作协议，实现互利共赢。四是提高物流信息化水平。鼓励跨境电商企业和物流企业加大投入，引进先进的物流信息技术和设备；加强物流信息化人才的培养和引进，为物流信息化提供人才保障；推动物流信息技术的创新和应用，提高物流信息化水平和效率。

（三）推动跨境电商监管信息互认

推动河南跨境电商发展要确保监管信息的高效互认。一是应构建统一的监管信息互认平台。整合政府各部门监管信息，使各相关部门能够实时共享和查询跨境电商的监管信息，帮助政府和企业更好地了解跨境电商的运营情况，为政策制定和决策提供支持。二是制定完善的监管信息互认制度。明确信息互认的范围、标准、流程以及责任方，确保各部门在信息共享和互认过程中能够遵循统一的标准和流程；对违反互认规定的行为进行惩罚和纠正，确保信息互认的严肃性和有效性。三是加强跨部门合作与协调。建立跨部门合作机制，明确各部门的职责和分工，加强信息交流和协作；定期召开联席会议、建立信息共享机制等，加强各部门沟通和协作，共同推动监管信息互认工作顺利开展。四是提升监管信息互认的技术水平。通过引进先进的监管信息系统、加强信息安全防护、提升数据处理能力等，提升监管信息互认的技术水平。五是建立监管信息互认的评估与反馈机制。定期对监管信息互认工作进行评估和检查，发现问题及时整改和纠正；建立反馈机制，收集企业和公众对监管信息互认工作的意见和建议，为改进工作提供参考和依据。

三 夯实跨境电商信息共享制度支撑

夯实跨境电商信息共享制度支撑能够提升交易效率、降低运营成本，推动河南跨境电商的可持续发展，增强其在全球贸易中的竞争力。一方面，在跨境电商领域，信息共享是连接买家、卖家、物流、支付等各方的重要环节，通过构建完善的信息共享制度，可以实现各个环节无缝对接，提高交易效率。另一方面，跨境电商涉及采购、仓储、物流、支付等多个环节，每个环节都需要投入大量人力、物力和财力，夯实跨境电商信息共享制度支撑，有助于实现资源的优化配置，打破各环节之间的信息壁垒，从而降低运营成本。此外，夯实跨境电商信息共享制度支撑还可以促进河南跨境电商与国际市场接轨，帮助河南跨境电商与全球优秀供应商和合作伙伴建立紧密的合作关系，推动河南跨境电商走向国际化、专业化、品牌化的发展道路，提升河南跨境电商的整体竞争力。

（一）探索制定《河南跨境电商信息共享管理办法》

在河南跨境电商蓬勃发展的背景下，探索制定《河南跨境电商信息共享管理办法》尤为重要，有助于切实有效地促进跨境电商的信息共享，提高监管效率，推动行业健康发展。在制定《河南跨境电商信息共享管理办法》时，可以从以下几个方面入手。一是明确信息共享的目标和原则。信息共享的目标是实现跨境电商企业、监管部门、金融机构等各方信息互通有无，促进资源的优化配置；信息共享的原则应强调信息的真实性、准确性、及时性和安全性，确保信息的有效传递和利用。二是构建完善的信息共享体系，明确信息共享的参与主体、信息类型、共享方式、共享范围等，通过建立跨境电商企业信息库，收集企业的基本信息、经营数据、信用记录等；建立监管部门信息共享平台，实现海关、税务、工商等部门的监管信息互联互通；强化与金融机构合作，实现跨境电商支付、融资等信息共享。三是制定详细的信息共享流程和标准。制定信息采集的格式和要求，确保信息的准确性和一致性；制定信息传输的安全协议，保障信息在传输过程中的安全性；规范信息使用的权限和范围，确保信息的合法合规使用。四是建立激励和约束机制。对积极参与信息共享的企业和部门给予一定的政策支持和优惠待遇；对违反信息共享规定的企业和部门进行处罚和纠正；建立信息共享的信用评价体系，对参与信息共享的企业和部门进行评价和排名，激励其更加积极地参与信息共享。此外，为保持《河南跨境电商信息共享管理办法》的时效性和适应性，需要定期对其进行评估和调整，通过收集和分析各方对信息共享的反馈意见和建议，及时发现问题和不足；结合跨境电商发展的实际情况和变化趋势，对管理办法进行相应的修订和完善。

（二）构建跨境电商信息共享体制机制

1. 明确信息共享职责

在河南跨境电商领域，应建立"定职责、定机构、定人员、定职能数据清单"的"四定"机制，确保数据共享的责任清晰、操作规范，明确政府部门在数据采集、存储、共享等方面的具体职责，形成完整的责任体系，加强各部门之间的沟通与协作，确保数据共享高效、有序。完善跨境电商信息管理制度，制定明确的信息采集、处理、存储和发布标准，确保信息的准确性和时效性。建立信息审核机制，对平台上的信息进行严格把关，防止虚假信息和违法信息的传播。此外，还应加强信息安全管理，采取多种技术手段保护用户隐私和数据安全。

2. 构建数据协同共享机制

河南应依托全国一体化政务服务平台的数据共享，构建覆盖国家、省、市各层级的跨境电商数据共享体系，加强政府部门、公共服务机构、企业等各方之间的数据共享与协同，形成横纵结合、供需互动的数据协同共享机制。同时，拓展数据在跨境电商领域的应用场景，如市场分析、风险控制、智能推荐等，提升跨境电商的智能化水平。此外，还应促进跨境电商企业合作与交流。组织论坛、研讨会等活动，推动跨境电商企业加强交流、沟通和合作，鼓励企业之间互相分享数据资源，共同推动跨境电商发展。建立数据协同共享监管机制，在河南探索成立跨境电商数据协同共享监管小组，负责监管数据共享平台的建设和运营情况，及时发现和解决问题；

建立数据共享违规处理机制，对违反数据共享规定的企业进行处罚，维护数据共享的良好秩序。

（三）构建跨境电商信息共享安全保障体系

1. 提升跨境电商数据质量

河南应建立健全跨境电商数据质量管理机制，通过数据清洗、校验和整合等手段，提高数据的准确性、完整性和一致性，确保数据的真实可用；还应建立完善包括数据加密、访问控制、安全审计等措施在内的数据安全保障体系，加强网络安全教育和培训，提高企业和员工的数据安全意识。此外，还可以与第三方安全机构合作，共同打造安全可信的跨境电商数据生态。例如，引入专业的数据安全审计机构，对跨境电商平台的数据安全状况进行定期评估；与网络安全企业合作，共同研发针对跨境电商领域的网络安全技术和产品。

2. 健全数据安全管理制度

健全数据安全管理制度的核心是加强保障数据共享的安全性。一是严格数据访问权限管理，建立严格的数据访问权限管理制度，确保只有经过授权的人员才能访问共享数据；对访问记录进行实时监控和审计，确保数据的合法使用。二是加密传输和存储，对传输和存储的数据进行加密处理，确保数据在传输和存储过程中的安全性；定期更换加密算法和密钥，提高数据的安全性。三是备份和恢复机制，建立数据备份和恢复机制，确保在数据丢失或损坏时能够迅速恢复数据；对备份数据进行定期验证和更新，确保备份数据的完整性和可用性。四是应急响应机制，建立数据泄露或安全事件的应急响应机制，确保在发生安全事件时能够迅速采取有效措施，降低损失和影响。

第二节　建设跨境电商金融服务体系

金融服务体系在河南跨境电商的发展中发挥着举足轻重的作用。河南跨境电子商务金融服务体系建设致力于为跨境电商企业提供全方位、一站式的金融服务，该体系涵盖了支付、结算、融资、信用保险等多个环节，确保企业在跨境电商交易中的资金安全和流畅。未来，随着河南跨境电业务的不断扩展和深化，跨境电商金融服务体系也将不断完善和优化，为河南跨境电商行业的持续发展提供更加有力的支持。

一 持续推进跨境电商金融服务创新

跨境电商领域的竞争力不仅体现在产品、价格等方面，更体现在金融服务能力上，完善的跨境电商金融服务体系能够为企业提供多元化的金融产品和服务。持续推进河南跨境电商金融服务体系创新，推动金融行业在跨境支付、风险管理、数据分析等方面的创新和发展，有助于吸引更多金融资本和技术资源，促进河南金融行业的繁荣和发展。

（一）建立健全跨境电商金融服务政策体系

1. 完善政策体系顶层设计和标准制定

完善跨境电商金融服务政策体系顶层设计和标准制定是推动河南跨境电商产业持续健康发展的关键，需要从确立前瞻性顶层设计、制定精细化金融服务标准、推动金融服务流程数字化、强化金融科技研发与应用、拓展国际合作与交流渠道以及加强风险管理与法规建设等方面入手，共同推动跨境电商金融服务体系的完善和发展。一是设定明确的长期目标，如推动河南跨境电商金融服务与国际接轨，构建高效、安全的金融服务网络等，鼓励金融机构利用新技术推动服务创新。二是充分考虑河南跨境电商企业的实际需求和行业特点，围绕跨境支付、融资、保险、风险管理等方面制定一系列精细化金融服务标准，确保服务流程的规范化、标准化和实用性、可操作性。三是建立统一领导、管理的专门机构。该机构应具备高度的权威性和专业性，能够高效协调各方资源，推动各项政策措施落实。

2. 优化跨境电商金融服务流程

优化河南跨境电商金融服务流程需要从多个方面入手，包括建立具有地方特色的金融服务模式、简化金融服务流程、推动金融服务与产业深度融合，有助于提升河南跨境电商金融服务的质量和效率，为河南跨境电商的健康发展提供有力支持。一是建立河南特色的跨境电商金融服务模式。结合河南实际，依托河南物流枢纽地位，建立快速、高效的跨境物流金融服务体系，为电商企业提供从订单处理、仓储管理到物流配送的全流程金融服务。二是简化金融服务流程，提高服务效率。烦琐的跨境电商金融服务流程往往导致服务效率低下，可优化贷款审批流程，通过引入大数据和人工智能技术，实现快速审批和放款；推动跨境支付服务创新，提供多种支付方式选择，满足电商企业的多样化需求。三是推动金融服务与产业深度融合。加强金融服务与电商平台的合作，共同开发适合跨境电商的金融产品；推动金融服务向产业链上下游延伸，为电商企业提供全产业链的金融服务；加强金融服务与物流、仓储等环节的衔接，实现金融服务与物流、仓储的协同发展。

3. 推动"互联网+商贸流通+金融"融合发展

推动河南跨境电商领域"互联网+商贸流通+金融"融合发展，一是强化政府引导。政府应发挥在战略引领、公共服务、优化环境等方面的作用，将"互联网+商贸流通+金融"融合发展纳入经济发展整体规划，通过制定相关政策和措施，引导企业积极参与，推动商贸流通、金融、物流等行业深度融合。二是加大物流金融支持。利用相关政策调控和金融工具，鼓励金融机构开发适应物流发展的金融产品，如物流保险、物流贷款等，加强对物流金融的扶持和引导。三是探索融合发展新模式。推动跨境电商平台与金融机构合作，开发适应跨境电商的金融产品，加强跨境电商与物流企业的合作，实现订单、仓储、配送等信息的实时共享；借助大数据、云计算等先进技术，提升商贸流通产业的信息化、专业化、规模化水平。四是优化区域物流发展布局。借助国家大力实施乡村振兴战略和区域协调发展战略的契机，优化河南区域物流发展布局，以市场需求、功能完善为导向，通过运输体系和空间体系的有机结合，突出区域优势和区域特色，加大大宗商品物流体系整合力度，推动整个产业快速发展。

（二）加强跨境电商跨境支付体系建设

1. 拓展本外币跨境支付服务

为进一步满足中小跨境电商企业在跨境支付方面的需求，应积极拓展优化本外币跨境支付服务，为河南的中小跨境电商企业提供更加便捷、高效的跨境支付解决方案，促进跨境电商的快速发展。一是应深化跨境贸易人民币结算支付服务。通过加强与国内外银行机构的合作，建立健全跨境支付网络，通过设立跨境支付专项资金、提供海外代付服务、建立出口退税账户托管项下的远（掉）期结售汇服务等，为河南的中小跨境电商企业提供更加便捷的人民币结算支付服务和更加灵活的汇率避险工具。二是创新金融产品与服务模式。引导金融机构根据跨境电商企业的特点，开发跨境支付保理、跨境贸易融资等定制化金融产品，为企业提供全方位金融支持；制定更加优惠的税收政策，设立跨境电商发展基金，提供贷款贴息，加大对跨境电商企业的财政扶持力度。三是提升跨境支付服务的便捷性和安全性。推动银行机构加强跨境支付系统的技术研发和升级，提高系统的稳定性和可靠性；加强对跨境支付交易的监管和监测，确保交易的合规性和安全性；建立健全跨境电商企业风险管理制度和内部控制机制。

2. 完善第三方跨境支付体系

河南跨境电商快速发展需完善第三方跨境支付体系。一是优化支付服务涵盖范围，提升机构资质。第三方支付机构应深入了解河南跨境电商特点和需求，不断完善服务涵盖范围，积极推出定制化支付产品，满足企业的多样化需求；加强与国内外银行合作，共同构建更加完善的跨境支付网络，提高支付服务的覆盖范围和效率，提供更为全面、专业的支付解决方案。二是形成良性竞争。第三方支付机构应积极参与市场竞争，与各大银行形成良好的合作竞争关系，深入了解市场需求和行业动态，制定有针对性的销售策略，推广跨境支付服务，进一步完善自身的服务体系和产品线，进而拓展贸易市场。三是提升电商收付资质。第三方支付机构可以依托河南跨境电商重点示范区的优势资源，积极参与跨境电商外汇试点等项目，逐步扩大自身的市场份额和影响力，提升电商收付资质。四是放宽业务限制。第三方支付机构可以推出更加灵活的跨境支付产品，如快速到账、低费率支付等，以满足企业的不同需求，进一步推动河南跨境电商的发展。

（三）进一步拓宽跨境电商投融资渠道

1. 着力搭建金融服务平台

为推动实现河南跨境电商蓬勃发展，要着力搭建跨境电商金融服务平台，促进商贸流通企业与金融机构的深度融合与长期合作。一是应积极搭建跨境电商企业与金融机构的长期合作平台，推动双方建立稳定的沟通机制，推进银企合作对接常态化，为跨境电商企业提供一站式金融服务解决方案，确保企业能够及时、高效地获取所需的金融服务。二是研发个性化、多样化的金融产品。推出针对跨境电商的供应链金融产品，为企业提供从采购、生产到销售的全链条金融支持；提供短期融资、中期票据等多样化的融资工具，满足企业不同阶段的资金需求。三是拓宽融资渠道。大力支持符合条件的商贸企业通过上市挂牌和发行公司债券、企业债券等方式进行融资；引导金融机构出台应收账款融资、存货融资等金融产品，为企业提供更加灵活的融资选择。四是大力发展互联网金融，搭建电子商务综合金融服务平台，为跨境电商企业提供在线支付、在线融资、在线保险等服务，满足企业多样化的金融服务需求。

2. 建立多元化贷款担保机制

建立多元化贷款担保机制是支持河南跨境电商发展的重要举措，能够有效支持跨境电商企业的融资需求，降低其融资成本和风险。一是深化对多元化贷款担保机制的认识。多元化贷款担保机制不仅包括资金来源的多样化，更包括担保方式的多样化和风险控制手段的多样化，应积极引入政府担保、商业担保、互助担保等多种担保方式，构建多元化的贷款担保体系，满足不同企业的融资需求。二是完善政府担保机制。政府可以设立专门的跨境电商担保基金，对符合条件的跨境电商企业提供担保服务；加强与商业银行、保险公司等金融机构的合作，共同推动担保机制的创新和完善。三是推动商业担保机构发展。商业担保机构作为市场化运作的担保主体，具有灵活性强、专业性强等特点，应鼓励和支持有实力的企业或个人设立商业担保机构，为跨境电商企业提供专业的担保服务。四是探索互助担保模式。互助担保是指企业之间通过相互担保的方式，共同承担融资风险，可以鼓励企业之间建立互助担保组织，通过共同出资、共同担保等方式，为成员企业提供融资支持。

二 大力推进跨境电商金融科技创新

金融科技创新是提升河南跨境电商企业竞争力的一大关键，例如，利用区块链技术可以实现跨境支付的即时到账，降低成本；利用大数据和人工智能技术可以为企业提供精准的风险评估和融资服务等，这些创新技术将进一步提升金融服务的效率和安全性，大大提升河南跨境电商企业的竞争力，推动河南跨境电商事业蓬勃发展。

（一）积极打造溯源跨境结算项目

为进一步提升河南跨境电商竞争力，需要积极打造溯源跨境结算项目。一是构建溯源跨境结算体系。河南应加大对跨境电商的政策扶持力度，制定一系列有利于溯源跨境结算的政策措施，如建立健全跨境电商溯源体系，确保每一件商品都能追溯其生产源头，保障消费者的权益；加强与海关、税务等部门的沟通协调，优化跨境结算流程，提高结算效率；鼓励金融机构为跨境电商提供多元化的金融服务。二是提升溯源跨境结算能力。加大对区块链、大数据等先进技术的研发和应用力度，提高溯源信息的准确性和可信度；搭建区块链溯源平台，实现商品信息的实时共享和追溯，确保商品质量的安全可靠；加强先进技术应用，引进先进的跨境结算系统，提升河南跨境电商的结算能力。三是推动溯源跨境结算项目落地。鼓励河南四大行分公司作为协作公建方，联合本地网络支付类科技公司，共同打造基于多方安全计算溯源认证的跨境结算服务项目，即通过技术手段确保各方原始数据不出域，同时实现对企业共享给全球溯源中心的商品溯源数据的核验，为跨境贸易提供资金结算及贸易背景真实性审查等服务。四是积极引入金融科技手段。以金融科技为支撑，实现对不同数据来源的批量核验，减少人工校验工作量，实现对海量数据的快速处理，提高交易的准确性和效率。溯源跨境结算项目将为河南的跨境电商企业提供更多金融服务合作机会，银行可以通过项目提供的数据模型，增进与企业的互信关系，为合规的企业提供更多金融服务。

（二）创新打造跨境电商金融科技创新试点

在跨境电商发展过程中，金融服务支持至关重要，河南创新打造跨境电商金融科技创新试点，有助于构建完善跨境电商金融服务体系，优化金融服务流程，提升金融服务效率。一是创新打造跨境电商金融科技创新试点应加强政策引导和支持。政府应制定出台相关政策，明确跨境金融科技创新试点的目标、任务和措施，为试点建设提供明晰的导向；设立专项资金，支持金融科技企业和跨境电商企业在跨境电商金融科技创新方面的研发和应用；建立跨部门协调机制，加强政策衔接和协同配合，确保试点工作顺利进行。二是积极培育金融科技创新企业。在跨境电商综试区探索成立金融科技孵化基地，为初创企业提供办公场地、技术、融资等一系列对接服务；强化与省内外高校和科研机构的产学研合作；鼓励和支持金融科技企业在河南设立研发机构和创新中心，推动金融科技创新成果的转化和应用；加强与国际先进金融科技企业的合作与交流，引进先进技术和管理经验，提升河南金融科技企业的核心竞争力。三是搭建完善金融科技创新平台。依托区块链、大数据等技术，为金融科技企业和跨境电商企业提供技术研发、产品创新、市场拓展等方面的支持，为跨境电商企业提供一站式金融服务；通过平台汇聚各方资源，形成金融科技创新生态圈，推动金融科技与跨境电商的深度融合。四是拓展跨境电商金融服务领域。在跨境支付、融资、保险等领域开展创新试点，为企业提供更加便捷、高效的金融服务，如鼓励金融机构和支付机构开展跨境支付业务，探索建立跨境支付清算中心，实现跨境支付的快速清算和结算；推出跨境融资产品，如供应链金融、应收账款融资等，满足企业多元化融资需求；开展跨境电商保险业务，为企业提供保障。

（三）夯实跨境电商金融科技创新人才支撑

夯实跨境电商金融科技创新人才支撑，有助于确保河南跨境电商的稳健发展并为其注入新的活力，可以从以下几个方面入手。一是加强金融科技创新人才培养体系建设。河南应构建完善的金融科技创新人才培养体系，从基础教育到高等教育，再到职业教育和在职培训，形成全方位、多层次的人才培养格局。加强高校金融科技创新专业的建设，培养具备跨学科背景和创新能力的复合型人才；与国内外知名金融科技企业和机构建立合作关系，共同开展实习实训项目；针对在职人员，开设针对性的金融科技创新培训课程，帮助其掌握最新的金融科技知识和技能。二是积极引进高层次金融科技人才。河南应通过设立引才计划、提供优厚的待遇和良好的发展环境等方式，吸引优秀人才来河南发展；加强与高校、科研机构以及金融科技企业合作，共同搭建人才交流平台，促进人才流动和知识共享。三是优化金融科技人才激励机制。河南应建立科学的金融科技人才激励机制，完善薪酬制度、提供晋升机会、设立创新奖励等，通过给予优秀人才充分的认可和回报，激发其创新热情和积极性；鼓励企业建立员工持股计划、股权激励等制度，让员工与企业共同成长。四是加强金融科技人才队伍建

设。河南应注重打造一支高素质、专业化的金融科技人才队伍，加强团队
建设、提升团队凝聚力、培养团队协作精神；鼓励企业开展内部培训和交
流活动，提高员工的业务水平和综合素质。五是加强金融科技人才与跨境
电商企业的对接。河南应通过搭建人才交流平台、举办人才招聘会等方式，
促进人才与企业的交流与合作；鼓励企业设立金融科技研发中心或实验室，
吸引优秀人才加入并开展创新研究；加强金融科技人才在跨境电商领域的
实践，推动金融科技与跨境电商的深度融合。六是营造良好的金融科技创
新氛围。河南应为金融科技人才提供宽松、自由、开放的创新环境，加强
政策引导和支持、提供充足的创新资源、加强知识产权保护，提高全社会
对金融科技创新的认识和重视程度。

三 为跨境电商企业提供全生命周期金融服务

随着全球贸易的日益繁荣和网络技术的飞速发展，跨境电商作为一种
新型的贸易模式，已经成为推动河南乃至全国外贸增长的重要力量。为了
满足跨境电商企业的多样化需求，河南地区需要构建一套全面、细致、具
体的金融服务体系，为跨境电商企业提供从初创到成熟的全生命周期金融
服务。

（一）为初创期跨境电商企业提供金融服务支撑

在跨境电商企业的初创期，企业面临资金短缺、运营压力大等挑战，
为帮助企业顺利度过初创期，应注重如下几个方面。一是了解初创期跨境
电商企业的金融服务需求。处于初创期的跨境电商企业通常在产品研发、
市场推广等方面需要大量资金投入，但由于企业规模较小、信用记录有限，
往往难以从银行等传统金融机构获得足够的融资支持，应围绕这些需求形
成具有针对性的金融服务支撑。二是为初创期跨境电商企业提供创业贷款
支持。设立专门的跨境电商创业贷款项目，为初创期企业提供低息或无息
贷款，降低企业融资成本；以种子基金、天使基金为主导，给予跨境电商
相关科技孵化项目初始资金支持，帮助企业度过风险较高的种子期和初创
期；建立完善信用评级体系，对信用良好的企业给予更高的贷款额度。三
是为初创期跨境电商企业提供担保与保险服务。为初创期企业提供担保服
务，帮助初创期跨境电商企业更好地应对风险，降低银行贷款门槛；为企

业提供汇率风险管理、信用风险管理、物流风险管理等风险管理咨询服务，并推出合适的跨境电商保险产品，为企业降低经营风险；为企业提供财务管理咨询服务，帮助企业建立健全财务管理制度，提高财务管理水平。四是加强初创期跨境电商企业金融知识普及与培训。通过举办金融知识讲座、培训班等活动，向初创期企业传授金融知识、风险管理技能等方面的内容，提高初创期跨境电商企业的金融素养和风险管理能力；创新搭建河南跨境电商金融知识库和在线学习平台，为企业提供便捷的学习途径。

（二）为成长期跨境电商企业提供金融服务支撑

在跨境电商企业的成长期，企业逐渐步入正轨，通常已经积累了一定的市场经验和客户资源，但仍需面对市场竞争加剧、资金需求增加等问题，为支持企业快速成长，应注重如下几个方面。一是了解成长期跨境电商企业的金融服务需求。在这一阶段，随着跨境电商企业业务规模的扩大，企业需要更多资金来扩大生产、优化供应链、提升品牌影响力，在业务拓展的过程中，跨境电商在跨境贸易中面临的汇率风险、信用风险、物流风险等也日益凸显，面临投融资、风险管理和服务创新的多重需求。二是拓宽成长期跨境电商企业融资渠道。以风险投资为主导，在企业发展的加速阶段为企业的技术升级和产品推广提供资金支持；为企业提供设备融资租赁服务，帮助企业解决设备购置难题，降低固定资产投入；鼓励风险投资机构、私募股权投资基金等金融机构关注跨境电商企业，为企业提供股权融资支持。三是为成长期跨境电商企业提供金融服务创新。针对跨境电商企业在成长期的资金需求，提供订单融资、存货融资、应收账款融资等多元化的供应链金融服务，帮助企业加快资金流转；建立高效、便捷的跨境支付与结算体系，为企业提供快速、安全的跨境资金结算服务；加强跨境电商企业与金融机构之间的信息共享和协同合作。四是建立完善的风险管理体系。河南可以引导金融机构加强风险管理，为成长期跨境电商企业提供专业的风险管理服务，如建立完善跨境贸易风险预警机制，及时监测和评估企业面临的各类风险；为企业提供汇率风险管理、信用风险管理等方面的咨询和培训服务，帮助企业提高风险管理能力。

（三）为成熟期跨境电商企业提供金融服务支撑

在跨境电商企业的成熟期，企业已经具备了一定的规模和实力，在市场规模、品牌影响力、供应链管理等方面均达到了较高的水平，但随着企业规模的不断扩大和市场竞争的日益激烈，仍需关注市场变化、技术创新等。为帮助企业实现稳定、可持续发展，应注重如下几个方面。一是了解成熟期跨境电商企业的金融服务需求。随着企业规模的扩大，跨境电商企业的资金流动量也大幅增加，如何高效、安全地管理资金确保企业顺畅运营，如何开拓新市场、提升品牌影响力，是企业面临的重要问题，需要为这一时期的跨境电商企业提供更加便捷、高效、个性化的金融服务。二是积极构建更加多元化的金融服务体系。河南应通过积极引进国内外优秀的金融机构，如银行、保险公司、证券公司、基金公司等，并以此为基础构建多元化的金融服务体系，为成熟期跨境电商企业提供资金管理、融资、风险管理等全方位的金融服务；深入了解企业的需求和特点，提供更加精准、个性化的金融服务，为企业提供定制化的融资方案、投资方案等。三是创新金融服务模式。为企业提供并购重组的财务顾问服务，帮助企业实现资源整合、优化产业结构；为在海外上市的企业提供完善的财务、法律、税务等方面的咨询服务；为企业提供风险管理咨询服务，帮助企业识别、评估和控制各类风险，为企业量身定制风险保障方案；以私募投资和并购基金为主导，在企业成熟期通过引入战略投资者或机构投资者提高融资质量，实现企业的规模扩张、质量升级和可持续发展。四是加强对成熟期跨境电商企业的政策支持和引导。政府出台设立跨境电商发展基金，为企业提供融资担保、贷款贴息等支持；加强跨境电商人才培养和引进工作，提高整个行业的金融服务水平；加强与其他国家和地区的金融监管合作与交流，共同维护跨境电商金融服务的良好秩序。五是进一步优化提升金融服务环境。简化金融服务审批流程，提高审批效率；降低金融服务成本，减轻企业负担；加强金融服务基础设施建设，提升金融服务质量；定期举办跨境电商金融服务论坛、研讨会等活动，加强行业交流和合作。

第三节　建设跨境电商智能物流体系

智能物流体系建设是河南跨境电商发展的重要支撑。近年来，随着河南跨境电商交易量的不断增加，对跨境电商物流服务的要求也日益提高。智能物流体系建设对河南跨境电商而言，意味着物流服务的全面升级，意味着更加优质、高效、便捷的物流服务，不仅有助于优化完善河南跨境电商物流支撑体系，更有助于增强消费者对河南跨境电商的信任度和忠诚度。

一　推动现代信息技术与商贸物流全场景融合应用

随着信息技术的不断发展，河南跨境电商产业正迎来转型升级的机遇。通过加强信息技术与商贸物流的融合应用，河南跨境电商企业可以实现数字化、智能化转变，提升产业的整体竞争力，促进区域产业的协同发展，有助于河南更好地融入国家战略，实现高质量发展。

（一）推进大型智慧物流集成商落地

大型智慧物流集成商作为物流行业的领军企业，拥有先进的物流技术、丰富的物流资源和强大的物流服务能力。在跨境电商领域，大型智慧物流集成商可以发挥重要作用，通过整合物流资源、优化物流流程、提升物流效率等方式，为跨境电商提供全方位的物流服务。一是加强政策支持力度。针对跨境电商领域的物流需求，制定专门的物流扶持政策，鼓励大型智慧物流集成商在河南投资兴业；利用税收优惠政策，如降低企业所得税率、给予一定期限的免税期等，吸引大型智慧物流集成商落地；提供融资支持，为大型智慧物流集成商提供融资支持，如设立专项基金、引导金融机构提供贷款等，解决企业融资难的问题。二是完善基础设施建设。加大对物流仓储设施的投入力度，提高仓储设施的数量和质量，满足跨境电商对仓储设施的需求；加强物流信息化建设，推动物联网、大数据等技术在物流领域的应用，提高物流信息的准确性和实效性；加强交通网络建设，提高交通运输能力和效率，为大型智慧物流集成商提供便捷的交通条件。三是推动物流行业创新发展。鼓励大型智慧物流集成商加强科技创新力度，推动物流技术的创新和应用；倡导绿色物流理念，推动物流行业的绿色发展和可持续发展；加强物流行业内部合作与交流，推动物流行业的协同发展。

（二）推进跨境电商与市场采购贸易有机融合

河南在推进跨境电商与市场采购贸易有机融合的过程中，需要制定具体翔实的对策建议，从构建协同机制、提升市场采购贸易效率与便利性等方面入手，推动跨境电商的健康发展。一是构建跨境电商与市场采购贸易的协同机制。探索建立跨境电商与市场采购贸易的联动平台，通过政策引导和市场调节，实现信息共享、资源互通；加强跨境电商企业与采购商之间的合作，推动双方在供应链管理、物流配送、市场推广等方面的协同配合。二是提升市场采购贸易效率与便利性。优化市场采购贸易流程，简化采购环节，降低采购成本；加强市场采购贸易信息的透明度，提高采购商的决策效率；推动市场采购贸易的数字化转型，利用大数据、人工智能等技术手段，提高市场采购贸易的智能化水平。三是加强跨境电商品牌建设与知识产权保护。河南应积极推动跨境电商品牌建设，提高河南跨境电商的知名度和美誉度；加强知识产权保护力度，建立跨境电商品牌保护机制，打击侵权行为，维护跨境电商企业的合法权益。四是通过积极引进国内外高端物流人才和团队，加强物流人才的培养力度等，为积极推进跨境电商与市场采购贸易有机融合提供强有力的人才保障。

（三）优化跨境电商跨境物流配送网络

1. 积极设立跨境物流枢纽节点

随着全球化日益深入，跨境物流配送网络畅通与否直接关系国际贸易的繁荣与发展，为实现高效、顺畅的跨境物流服务，设立专门的跨境物流枢纽节点尤为关键。跨境物流枢纽节点不仅是连接国内与国际物流网络的桥梁，更是物流资源高度集中、运作高效的中心。跨境物流枢纽节点通过集中仓储、配送、运输等资源，形成规模效应，从而显著提升物流服务的效率和质量，使物流流程更加优化，资源利用率大大提高。具体来说，在郑州、洛阳、南阳等交通枢纽城市积极探索设立跨境物流枢纽节点，吸引国内外物流企业和电商平台入驻，形成物流产业集聚区。跨境物流枢纽节点配备先进的物流设施和设备，如自动化仓储系统、智能分拣系统等，引入高效的物流操作流程，以支持大规模、高效率的物流作业；在枢纽节点采用先进的物流管理系统和信息技术，通过实施"一票到底"物流服务模式，实现物流信息的实时共享和追踪，确保物流服务的可视化和可追溯性，提高物流服务的透明度和可靠性。此外，推动跨境物流枢纽节点提供完善的物流配套服务。鼓励跨境物流枢纽节点在提供仓储和运输物流服务外，积极提供一系列增值服务，如包装、标识、质检等，提高物流服务的附加值和客户满意度，满足客户多样化的需求，增强河南跨境电商的核心竞争力。

2. 不断加强跨境物流运输体系建设

为进一步优化物流配送网络，提高物流运输的效率和可靠性，河南需要加强跨境物流运输体系建设，优化物流配送网络、提高物流运输的效率和可靠性。一是河南应建立完善的物流网络。通过构建多模式的物流网络，如海陆联运、公铁联运等，推动实现国际物流网络、国内物流网络和区域物流网络的互联互通，提升物流运输的多样性和灵活性；扩大物流运输的覆盖范围，提高其可达性，如河南可以加强与沿海港口城市合作，开展海铁联运业务，实现货物从海港到内陆的快速转运，满足不同地区和消费者的物流需求。二是河南应引进先进的运输工具和技术。积极引进航空运输、高速公路、智能物流设备等先进的运输设施设备，提高物流运输的速度和安全性；积极引进先进的物流技术和信息系统，如物流追踪系统、智能仓储系统等，提高物流服务的可视化和可追溯性。三是河南应提供多样化的运输服务。为了满足不同货物和客户的需求，河南的跨境物流运输体系应提供多种运输方式和服务，如快递、陆运、空运等；提供一系列增值服务，如报关、保险、仓储服务等，不断优化跨境物流运输体系，为国际贸易的发展提供更加坚实、高效的物流支持。

二 积极推进跨境电商物流系统智能化水平

一方面，随着消费者对购物体验的要求越来越高，跨境电商需要在物流环节提供更加多元化、个性化的服务，智能化物流系统通过运用大数据、云计算等先进技术，能够实现对消费者需求的精准把握和快速响应，为消费者提供更加便捷、顺畅的购物体验。另一方面，随着跨境电商的快速发展，物流效率成为制约其进一步壮大的关键因素，智能化物流系统能够通过精准的数据分析和算法优化，实现订单的快速处理、货物的精准配送和库存的实时管理，从而显著提升物流效率。通过推进河南跨境电商物流系统智能化，可以推动整个物流行业的创新与发展，为河南带来更多的经济收益和就业机会，促进经济的可持续发展。

（一）应用物联网技术提升物流效能

为提升河南跨境电商物流服务的效率和准确性，推进物流系统的信息化与智能化成为一项紧迫的任务，而物联网技术凭借其独特优势，成为完成这一任务的关键手段。在跨境电商物流领域，物联网技术的应用可以极大地提升物流效能，使物流服务更加迅速、准确。物联网技术是将物理世界的各种设备通过互联网连接起来，实现设备之间的信息交换和协同工作。一是通过物联网技术积极推动实现物流设备和物流系统的互联互通。将物流设备，如货车、仓库、集装箱等，与智能传感器相连接，实时获取设备的运行状态、位置等信息，实现对物流全过程的实时监控。二是通过物联网技术积极推动实现设备之间的协同工作。在物流过程中，各个环节的设备需要相互配合，才能确保物流顺畅进行。而物联网技术通过设备之间的信息交换和协同工作，可以实现物流设备的自动化操作，减少人为因素的干预，提高物流效率。例如，鼓励河南跨境电商企业建设智能仓库，利用物联网技术，实现货物的自动化分拣和配送，当货物进入仓库时，智能传感器会自动识别货物的种类和数量，并将信息传输到仓库管理系统。三是通过物联网技术优化物流运输的路线和配送计划。利用物联网技术收集和分析交通流量、货物需求、配送距离等物流数据，实现对物流运输路线的精准规划和优化。例如，探索建立河南跨境电商智能物流调度系统，通过收集和分析各个地区的交通流量、货物需求等数据，自动规划最佳物流运输路线和配送计划；该系统还可以根据实时交通状况和货物需求变化，动态调整运输路线和配送计划，确保物流运输的顺畅和高效。

（二）推动物流信息化系统建设完善

构建完善跨境电商物流信息化系统，有助于集中管理和快速处理物流信息，提升物流服务效率和可靠性，为河南跨境电商的发展提供有力支持。一是建立统一的物流信息化标准和规范。跨境电商的物流体系涉及众多环节和参与方，包括订单管理、库存管理、配送管理等，为确保信息的准确性和传递效率，必须制定统一的数据格式和接口。例如，在订单管理环节，采用统一的订单编号规则，确保每个订单都有唯一的标识；制定统一的订单处理流程，明确各个环节的职责和协作方式。二是投入适当的软硬件信息技术资源。在硬件设施方面，配置高性能的服务器和存储设备，确保物流信息能够安全、稳定地存储和传输；建立完善的网络基础设施，确保各个环节和参与方之间的信息能够实时、准确地传递。在软件平台方面，选择成熟、稳定的物流管理软件系统，并根据河南跨境电商的特点和需求进行定制开发，使其具备强大的数据处理能力、灵活的流程配置功能和友好的用户界面。三是积极培养专业的信息技术人才。培育具备扎实的信息技术和网络技术、了解物流业务和跨境电商特点和需求的专业化人才，保证其能承担物流信息化系统的日常运维、优化升级和故障排除等工作，确保系统的稳定运行和持续优化。四是积极推进物流信息化系统与电商平台、支付系统等其他系统的紧密集成，实现订单信息的实时同步、支付状态的实时更新和物流信息的实时查询等功能；进一步完善物流信息化系统的数据分析和挖掘功能，分析库存数据，预测未来的货物需求趋势，并制订相应的采购计划和生产计划。

（三）建立完善跨境电商物流服务规范

河南跨境电商蓬勃发展，物流服务的质量直接关乎消费者的购物体验和企业的市场竞争力，为确保物流服务的稳定性，推动物流服务持续提升，可以从以下几点入手。一是制定跨境电商物流服务的服务质量标准。将服务质量标准细分为交货准时率、服务响应速度、服务态度、货物完整度等多个方面，并建立相应的评估机制，确保这些服务质量标准的落实，定期或不定期地对物流服务进行全面检查和评估，让消费者和企业都能了解物流服务的实际状况。二是加强货物追踪和信息共享。建立具备实时性、准确性和可靠性等特点的物流信息系统，实时更新货物的位置和状态信息，保证信息准确无误，系统稳定可靠；在物流过程中，推动各个环节之间的信息交互和共享，推动跨境电商平台与物流公司共享订单信息、物流公司与运输公司共享运输信息、运输公司与海关等相关部门共享报关信息等，提高物流运作的效率和准确性。三是建立完善跨境电商物流服务投诉处理机制。建立完善涵盖投诉收集、处理、反馈和跟踪等多个环节的投诉处理机制，当消费者遇到问题时，可以通过电话、邮件或在线客服等渠道向物流公司提出投诉；物流公司应设立专门的投诉处理部门或人员，负责收集并整理消费者的投诉信息，并采取相应的措施。在处理投诉过程中，物流公司应该保持与消费者的沟通，及时反馈处理进展和结果；物流公司还需要对投诉信息进行统计分析，找出问题并采取相应的改进措施。

三　提升物流全流程、全要素资源数字化水平

随着河南跨境电商市场的不断发展，消费者对物流速度和准确性的要求也越来越高，提升物流全流程、全要素资源数字化水平，能够为企业提供更加精准的市场分析和预测，帮助企业制定更加科学的经营策略，也能够为消费者提供更高质量的购物体验。

（一）积极探索应用标准电子货单

积极探索应用标准电子货单是河南跨境电商发展的重要方向之一，推动标准电子货单在河南跨境电商领域的广泛应用，可以确保交易信息的准确性和一致性，不仅有助于提高跨境交易的效率，还能增强交易的透明度和安全性，推动河南跨境电商行业高质量发展。一是制定并推广河南跨境电商标准电子货单规范。明确电子货单的基本格式、内容、编码规则等要求，确保电子货单在河南跨境电商领域的统一性和规范性；加强规范的宣传推广力度，提高河南跨境电商企业对标准电子货单的认识和使用意愿。二是加强跨境电商企业培训和技术支持。为推动标准电子货单在河南跨境电商企业的广泛应用，应通过组织线上线下培训课程、编写操作手册等方式，加强对企业的培训和技术支持，向企业普及标准电子货单的相关知识和操作技巧。三是建立河南跨境电商标准电子货单认证机制。使用数字签名、时间戳等技术手段对电子货单进行认证，确保电子货单在传输和存储过程中的完整性和真实性；建立认证机构或第三方服务机构，为河南跨境电商企业提供电子货单认证服务。四是探索建立河南跨境电商标准电子货单应用示范区。选择一批具有代表性的河南跨境电商企业作为示范区试点单位，优先应用标准电子货单，并总结经验和做法，在示范区取得成功后，可以逐步将标准电子货单在全省范围内推广应用。

（二） 加快发展电商智能化快运服务

电商智能化快运服务是指利用先进的信息技术和智能设备，对物流过程进行全面优化和升级，提供快速、准确、便捷的货物配送服务。电商智能化快运服务不仅能够缩短物流周期，降低运营成本，还能提升客户满意度，增强企业的市场竞争力。一是推动数据共享和标准化建设。积极推动数据的实时共享和交换，有效减少信息孤岛现象，提高物流信息的透明度和准确性；推动物流标准化建设，确保物流过程的规范性和一致性，降低因标准不统一而产生的成本和风险。二是加强政策引导和支持。制定有利于电商智能化快运服务发展的政策措施，如税收优惠、资金扶持等；加强行业监管和协调管理，确保物流市场的公平竞争和有序发展；加强与国内外相关行业的交流与合作，学习借鉴先进经验和技术手段，推动河南跨境电商的国际化发展。三是引入绿色物流理念，推动可持续发展。在电商智能化快运服务发展过程中注重绿色物流理念的引入和实践，通过采用环保材料、节能减排技术等手段，降低物流过程对环境的影响；鼓励企业开展绿色物流认证和评估工作，推动整个行业向绿色、低碳、可持续的方向发展。四是建立电商智能化快运服务评价体系。确保电商智能化快运服务的质量和效果，建立一套包括服务质量、客户满意度、运营效率等多个方面的科学、客观的评价体系，对电商智能化快运服务进行全面、客观的评价和监测；加强评价结果的反馈和应用工作，及时发现问题和不足并加以改进和完善。

（三） 完善末端智能配送设施建设

完善跨境电商物流末端智能配送设施建设是河南跨境电商发展的重要一环，推动智能配送技术的研发与应用、优化配送流程与服务质量等多个方面措施的综合实施，将有助于提升河南跨境电商的物流效率和服务质量，确保河南跨境电商的物流体系更加高效、智能和可持续。一是强化跨境电商物流末端智能配送设施的建设。优化配送网络布局，确保配送点能够覆盖更广泛的区域，减少"最后一公里"配送难题；加强物流园区、配送中心的建设，提升仓储、分拣、配送等环节的自动化、智能化水平。二是推动智能配送技术的研发与应用。利用物联网、大数据、人工智能等技术手段，实现对物流信息的实时追踪、智能调度和配送路径优化；引入智能配送机器人、无人机等新型配送工具，进一步提高配送效率和安全性。三是加强跨境电商物流末端智能配送设施的安全保障。加强物流设施的安全管理，包括加强物流设施的防火、防盗、防爆等安全措施，确保配送过程中的货物安全、人员安全；加强配送员的安全培训，提高安全意识和应对突发情况的能力。四是推动跨境电商物流末端智能配送设施创新发展。加强新技术、新模式的研发与应用，推动物流末端智能配送设施的智能化、自动化升级；加强与其他行业的融合创新，如与制造业、农业等行业的深度融合，拓展物流末端智能配送设施的应用场景和服务范围；加强国际合作与交流，引进国外先进的物流技术和管理经验，提升河南跨境电商物流末端智能配送设施的国际竞争力。

第四节　建设跨境电商信用管理体系

随着跨境电商业务的蓬勃发展，如何确保交易双方的权益，维护市场的公平与透明，成为跨境电商发展亟待解决的突出问题。建设跨境电商信用管理体系，对提升河南跨境电商行业的整体形象和市场竞争力，推动跨境电商行业健康可持续发展意义重大。该体系旨在通过链接国家企业信用信息公示系统，构建全面、准确、及时的跨境电商运营数据库和诚信评价监管系统，营造更加透明、公正的市场环境，为河南跨境电商行业的持续繁荣提供有力保障。

一　探索制定跨境电商失信守信认定路径

由于跨境电商涉及跨国交易、不同法律体系对接等问题，交易风险相对较高，如果没有明确的失信守信认定机制，商家和消费者之间的信任关系将难以建立，进而影响整个市场的稳定和发展。制定失信守信认定路径，有助于提升河南跨境电商的信誉度，提升河南跨境电商在国际市场上的形象和竞争力。

（一）探索出台《河南跨境电商守信联合激励和失信联合惩戒实施方案》

为进一步规范河南跨境电商市场秩序，促进企业诚信经营，应积极探索并出台《河南跨境电商守信联合激励和失信联合惩戒实施方案》，明确激励和惩戒措施，推动河南跨境电商行业健康、有序、可持续发展。一是明确失信守信的认定标准。明确失信和守信的具体表现，如交易过程中的欺诈行为、违约行为、虚假宣传等失信行为，以及守约、诚实经营等守信行为，对商家行为进行准确的评价和认定。二是完善守信联合激励措施。对诚实守信的跨境电商企业，给予一定期限的税收减免或优惠，降低企业运营成本；鼓励金融机构为守信企业提供优惠利率的贷款支持，解决企业融资难题；通过政府官方网站、新闻媒体等渠道，对守信企业进行宣传推广；在政府采购和国有企业采购中，优先采购守信企业的产品和服务，形成正向激励；为守信企业开设绿色通道，简化审批流程，缩短办理时间，提高行政效率。三是明确失信联合惩戒措施。对失信企业进行公开曝光，通过政府官方网站、新闻媒体等渠道，向社会公布失信企业名单和失信行为；对失信企业实施限制融资措施，降低其融资能力；对失信企业依法进行行政处罚，如罚款、没收违法所得、吊销营业执照等；对严重失信企业实施市场禁入措施，禁止其参与政府采购、国有企业采购等活动，限制其在市场中的活动范围；建立跨部门、跨地区的联合惩戒机制，将失信企业纳入联合惩戒对象名单，实现信息共享、协同监管。

（二）实现失信预警名单自动化生成

建立高效、精准的失信预警系统，实现失信预警名单的自动化生成，对于维护市场秩序、保障消费者权益以及促进企业的健康竞争至关重要。一是构建完善的失信预警体系。该体系应涵盖数据采集、信息整合、风险评估、预警触发等多个环节，充分利用河南跨境电商平台的数据资源，收集企业的交易记录、客户评价、投诉信息等相关数据，将不同来源的数据进行整合，形成完整的企业信用档案，并对企业信用状况进行实时评估，识别潜在的失信风险，根据预设的预警阈值，自动触发预警机制，生成失信预警名单。二是提高预警准确性。应针对河南跨境电商的特点，开发专门的数据分析算法，运用机器学习、深度学习等先进技术，对企业交易数据、客户评价等信息进行深度挖掘，识别潜在的失信风险点，并对算法进行不断优化和完善。三是建立跨部门、跨行业的协同机制。加强与工商、税务、海关等相关部门的沟通与合作，共享企业信用信息，与行业协会、第三方征信机构等建立合作关系，共同推动河南跨境电商行业信用体系的建设和完善。四是强化监管与执法力度，确保预警系统有效运行。加强对河南跨境电商平台的监管和检查力度，及时发现和纠正违法违规行为，对发现的失信行为进行严厉打击和处罚，形成强大的执法震慑力。

（三）构建跨境电商诚信建设长效机制

构建跨境电商诚信建设长效机制，不仅有助于提升河南跨境电商的整体信誉度，增强消费者的信任感，还能促进市场的公平竞争和健康发展。一是完善法律法规体系，为诚信建设提供法律保障。探索制定《河南跨境电商诚信管理办法》，明确诚信评价的标准、方法和程序，明确跨境电商主体的权利和义务，规范交易行为，加大对违法违规行为的处罚力度，保护消费者权益。二是建立跨境电商信用信息共享平台。通过该平台收集、整理、共享跨境电商主体的基本信息、经营信息、交易信息、评价信息等，实现政府、企业、第三方机构之间的信息互联互通，为诚信评价提供全面的数据支持。三是加强跨境电商主体自律。开展诚信教育、宣传诚信文化、推广诚信典型案例等，提高跨境电商主体的诚信意识；建立行业自律组织，如成立河南跨境电商协会等，制定行业自律规范和标准，加强行业内部的监督和管理。四是建立健全诚信评价机制。建立包括评价指标、评价方法、评价程序等内容的科学、合理的诚信评价机制，采用定量和定性相结合的方法，全面、客观地评估跨境电商主体诚信状况，确保评价过程的公正、公平和透明。

二　构建跨境电商信用管理"技术+平台"模式

随着跨境电商的蓬勃发展，交易规模不断扩大，如何确保交易的公平、透明和诚信成为一大挑战。而"技术+平台"模式通过引入先进的技术手段，如大数据、云计算、区块链等，可以实现对跨境电商交易的实时监控和数据分析，不仅有助于降低企业的运营成本，也有助于提升消费者的购物体验，促进跨境电商行业的公平竞争和健康发展。

（一）探索建立跨境电商信用信息公示平台

探索建立跨境电商信用信息公示平台，通过翔实、具体的信用信息公示，提高跨境电商交易的透明度和可信度，为消费者提供一个安全、可信赖的购物环境。一是明确跨境电商信用信息公示平台的定位和功能。跨境电商信用信息公示平台应作为一个权威、独立的第三方机构，负责收集、整理、发布跨境电商主体的信用信息，并对收集到的信用信息进行整合，形成完整的信用档案，定期向社会公众展示各主体的信用状况。二是制定详细的信用评价标准和方法。根据跨境电商的特点和实际情况，确定合适的评价指标，如企业规模、经营年限、交易记录、客户评价等；根据评价指标，制定科学的评价方法，如加权平均法、模糊综合评价法等；设定合理的评价周期，如每季度或每年进行一次信用评价，确保评价结果的时效性和准确性。三是加强信息公示的监督和管理。对公示平台发布的信用信息进行严格审核，确保信息的真实性和准确性；利用大数据、人工智能等先进技术手段，对公示平台进行技术升级和优化，提高平台的运行效率和安全性。

（二）推动实现跨境电商信用联合惩戒

推动实现跨境电商信用联合惩戒是河南跨境电商发展的必然要求，有助于在河南跨境电商领域构建诚信为本、守信激励、失信惩戒的良好环境。一是明确信用联合惩戒的目标和原则。明确信用联合惩戒的目标，即通过对失信行为的联合惩戒，提高跨境电商主体的诚信意识，维护市场秩序，保护消费者权益；信用联合惩戒的原则是公平、公正、公开，确保惩戒措施的合法性和有效性。二是制定详细的信用联合惩戒措施。经济惩戒是对失信主体进行罚款、没收违法所得等经济处罚，增加其违法成本；行政惩戒是对失信主体进行吊销营业执照、责令停业整顿等行政处罚；法律惩戒是对严重失信行为依法追究刑事责任。三是完善信用修复和激励机制。对于失信主体，在履行完相关义务后，应给予一定的信用修复机会；同时，对守信主体应给予一定的激励措施，鼓励其继续保持诚信经营。

三 构建完善跨境电商全景式信用监管体系

构建完善跨境电商全景式信用监管体系对于保障消费者权益、促进河南跨境电商健康发展以及维护全球经济秩序的稳定具有重要意义。可以实现对跨境电商企业的有效监督和管理，规范企业的经营行为，防止不正当竞争和欺诈行为发生,维护跨境电商行业的公平竞争秩序,减少因信任缺失而产生的风险。

(一) 完善中小跨境电商企业征信体系建设

完善中小跨境电商企业征信体系建设,不仅有助于提升整个行业的信用水平,还能有效保障消费者的权益,为河南中小跨境电商企业创造一个更加健康、有序的市场环境。一是构建多元化的征信数据来源。积极拓宽征信数据来源渠道,如政府部门可以提供企业的工商注册信息、税务缴纳情况等;金融机构可以提供企业的贷款记录、还款情况等;电商平台则可以提供企业的交易数据、客户评价等,通过整合形成更加全面、准确的信用信息。二是建立科学的信用评估体系。结合河南中小跨境电商行业的特点和经营模式,从企业的基本信息、经营能力、履约能力、创新能力等方面入手,确定具体的评估指标和权重,建立符合实际的信用评估体系,并通过引入第三方信用评估机构,对企业的信用状况进行客观、公正的评估。三是加强征信体系与监管政策协同。河南中小跨境电商企业应密切关注国家及地方政府的监管政策动态,积极参与政府组织的信用体系建设活动,了解政策导向和监管要求;向监管部门反馈企业的实际需求和困难,争取更多的政策支持和帮助。

(二) 优化完善跨境电商出口信用保险服务

根据河南跨境电商发展的特点与需求,优化完善跨境电商出口信用保险服务应注重如下几点。一是深入理解河南跨境电商出口市场特性,定制个性化信用保险方案。河南跨境电商出口市场具有独特性和多样性,应针对河南跨境电商的出口产品进行深入研究,充分了解其市场定位、竞争状况以及潜在风险,为跨境电商企业提供定制化的信用保险方案。二是加强风险评估机制,提高保险服务的精准性。建立全面、精准的风险评估机制,对每笔交易进行细致的风险评估,对交易双方的信用状况、交易商品的市场需求、物流运输的可靠性等因素进行综合分析,为跨境电商企业提供更加符合其实际需求的信用保险服务。三是加强与国际保险机构的合作,提升保险服务的国际化水平。积极与国际保险机构共同开发针对跨境电商的保险产品,共享风险评估信息,提供跨国追索服务,提升河南跨境电商出口信用保险服务的国际化水平。四是建立快速理赔机制,确保保险服务的及时性。建立 24 小时在线客服系统、简化理赔流程、提供快速理赔通道等快速理赔机制,确保在风险事件发生后能够迅速为跨境电商企业提供理赔服务。

(三) 构建多方共同参与的信用监管体系

构建多方共同参与的信用监管体系,不仅能够确保交易的公平、透明,还能够保护消费者和企业的合法权益,为河南跨境电商的健康发展提供有力保障。一是明确各方职责,形成协同监管合力。明确政府、行业协会、电商平台、消费者等各方的职责和角色,政府应发挥主导作用,制定和完善相关法律法规,为信用监管提供法律保障;行业协会应建立行业自律机制,规范行业行为,促进行业健康发展;电商平台应建立完善的信用评价体系,对商家进行信用评级和奖惩,确保交易的真实性和可靠性;消费者则应积极参与监督,通过评价、投诉等方式维护自身权益。此外,河南应探索设立专门的跨境电商信用监管部门,负责统筹协调各方资源,制定监管政策和标准。二是加强消费者教育和权益保护,提高消费者参与度。通过举办讲座、发布宣传资料等方式,向消费者普及跨境电商知识、信用监管知识等,提高消费者的认知水平和风险意识;为消费者提供便捷的维权渠道,加强对投诉的处理和反馈;鼓励消费者在交易后对商家和商品进行评价和监督,为其他消费者提供参考;设立消费者评价奖励机制,激励消费者积极参与评价和监督。

第五节　建设跨境电商统计监测体系

统计监测体系建设为河南跨境电商发展提供了有力的数据支持。一方面,跨境电商统计监测体系建设是确保政府监管有效的关键。在跨境电商领域,由于涉及跨境交易、多币种结算、多国法律监管等复杂因素,监管难度相对较大,构建完善的统计监测体系,整合分析监管部门、跨境电商平台企业、物流企业、服务企业等多方数据,有助于帮助政府全面、准确了解跨境电商运营情况,为政策制定提供有力支撑。另一方面,跨境电商统计监测体系建设对企业经营也具有重要作用。在跨境电商交易中,企业往往面临着信息不对称、市场风险大等问题，构建完善的统计监测体系，通过为企业提供实时、全面的市场数据和分析报告，可以帮助企业了解行业动态、把握市场趋势，制定更加科学合理的经营策略。未来，随着技术的不断进步和市场的不断发展，河南跨境电子商务统计监测体系将不断完善和优化，为河南跨境电商行业的持续繁荣提供有力保障。

一　完善跨境电商统计制度和方式

在跨境电商领域，由于缺乏有效的监管和统计，一些不法商家可能利用虚假交易、偷税漏税等手段谋取不正当利益，严重破坏了市场秩序。而完善的跨境电商统计制度和方式能够为河南跨境电商提供准确、全面的数据支持，加强行业自律和社会监督，推动河南跨境电商行业的规范化发展，并为政府决策和政策制定提供科学依据。

（一）以物流企业作为统计监测的切入口

物流企业作为跨境电商供应链的关键环节，其运营数据直接反映了跨境电商的交易量、交易趋势以及物流效率等关键信息，是评估整个跨境电商行业运行状况的重要依据，对于整个跨境电商生态建设与繁荣发展至关重要。一是完善物流企业统计监测指标体系。完善业务量指标，包括物流企业的订单量、运输量、配送量等，以反映跨境电商的交易规模和物流需求；完善运营效率指标，包括物流企业的运输时间、配送时效、货物损耗率等，以评估物流企业的运营效率和成本控制能力；完善服务质量指标，包括物流企业的客户满意度、投诉率、售后服务质量等，以衡量物流企业的服务水平和客户满意度。二是加强物流企业数据质量管理。明确物流企业数据的采集、存储、处理、分析等各个环节的质量标准，确保数据质量符合要求；对物流企业上报的数据进行严格的审核和校验，确保数据的真实性和准确性；对数据质量高的物流企业给予一定的奖励和优惠，对数据质量差的物流企业则采取相应的惩罚措施。三是提升物流企业信息化水平。利用物联网、大数据、人工智能等先进技术，实现物流信息的实时采集、传输和处理；建设智慧物流园区，实现物流资源的优化配置和高效利用；加强物流企业信息系统的安全防护，确保物流数据的安全性和保密性。

（二） 扩大跨境电商零售业务的统计口径

在河南跨境电商迅猛发展的背景下，更准确地反映跨境电商零售业务的规模和趋势，为政策制定、市场分析和企业战略提供有力的数据支持，关键是扩大跨境电商零售业务的统计口径。一是明确跨境电商零售业务的统计范围。将跨境电商零售业务涉及的各个环节，如电商平台上的零售交易、进口商的进口业务、零售商的线下销售等纳入统计范围，以确保数据的全面性和准确性；将跨境电商零售业务涉及的电商平台、进口商、零售商、消费者等参与方都纳入统计范围，以全面反映河南跨境电商零售业务的实际状况。二是细化跨境电商零售业务的统计指标。将跨境电商零售业务的交易额、订单量、商品种类、来源地、消费者画像等指标纳入统计范围，以更加全面地反映河南跨境电商零售业务的实际情况。三是加强跨境电商零售业务的数据采集和整理。建立跨境电商零售业务的数据采集系统，对相关数据进行实时采集和整理，并借助大数据、人工智能等先进技术，对跨境电商零售业务的数据进行深入挖掘和分析，以发现更多商机和趋势。四是优化跨境电商零售业务的统计方法和手段。采用网络爬虫技术从电商平台获取零售交易数据；利用海关、税务等部门的数据进行交叉验证；利用第三方调查机构进行市场调研和数据采集。

（三） 将传统贸易监管融入跨境电商专属监管方式

传统贸易监管主要侧重于货物的进出口管理、税收征缴、质量检验等方面，而跨境电商监管则更加注重电子商务平台的监管、跨境支付的管理、数据信息的安全保护等。将传统贸易监管融入跨境电商专属监管方式是确保河南跨境电商健康发展的关键举措，可以为河南跨境电商的发展提供更加规范、高效的监管支持，推动河南跨境电商行业的持续健康发展。一是构建跨境电商与传统贸易监管的衔接机制。在跨境电商平台设立专门的监管窗口，用于接收和处理与传统贸易监管相关的业务；建立跨境电商与传统贸易监管部门的定期沟通机制，共同研究解决跨境电商发展中遇到的新问题、新挑战。二是加强跨境电商数据监管，保障信息安全。建立跨境电商数据监管平台，对跨境电商业务中的数据进行集中管理和监控；加强数据加密和传输安全保护，确保数据在传输过程中的安全性；建立数据泄露应急响应机制，对泄露的数据进行及时处置和补救。三是推动跨境电商与传统贸易的融合发展。加强跨境电商与传统贸易的产业链整合，促进上下游企业之间的协同合作；鼓励跨境电商平台与传统贸易企业开展深度合作，共同开发新产品、新市场；加强跨境电商与传统贸易在品牌建设、市场营销等方面的交流与合作，提升河南跨境电商的整体竞争力。

二　推动统计监测关键标准与国际先进对接

在全球贸易日益开放和数字化的背景下，跨境电商作为连接国内外市场的重要桥梁，其健康有序发展离不开对国际先进监管经验的借鉴。在跨境电商领域，各国的数据标准和统计口径存在差异，可能会导致数据不准确和不可比。河南推动统计监测关键标准与国际先进对接，确保统计数据的准确性和一致性，有助于河南跨境电商更好地融入全球贸易体系，有助于河南跨境电商更好地把握市场动态和趋势，为企业制定更加精准的市场策略和国际化发展提供有力支持。

（一）对标 CPTPP、DEPA 相关跨境电商统计监测规则

对标 CPTPP、DEPA 相关跨境电商统计监测规则是新时代推动河南跨境电商高质量发展的重要保障，有助于构建符合国际规则的跨境电商统计监测体系，推动统计监测标准与国际对接。一是深入理解 CPTPP 和 DEPA 跨境电商统计监测规则。CPTPP 和 DEPA 作为区域性的贸易协定，对跨境电商的监管和统计监测提出了明确的要求和标准，这些规则不仅涵盖了跨境电商的交易流程、数据收集和处理等方面，还包括了对数据安全和隐私保护的重视，河南应积极组织专家团队对这些规则进行深入研究和解读，确保能够准确把握其要求和标准。二是构建符合国际规则的跨境电商统计监测体系。建立统一的数据采集和报告机制，确保所有跨境电商交易数据能够及时、准确地收集并上报给相关部门，制定详细的数据报告格式和标准，确保数据的准确性和可比性，并对跨境电商的发展趋势、市场结构、竞争格局等进行深入分析。三是加强与国际组织的合作与交流。河南应积极与国际组织建立合作关系，共同开展跨境电商统计监测项目，提升监管水平。四是注重数据安全和隐私保护。加强数据加密和传输安全保护，确保数据在传输过程中的安全性；建立数据泄露应急响应机制，对泄露的数据进行

及时处置和补救；加强对跨境电商平台的监管和约束，确保他们遵守数据安全和隐私保护的相关规定。

（二）加强跨境电商国际统计监测合作与信息交换

加强跨境电商国际统计监测合作与信息交换，有助于提升河南跨境电商的统计监测水平，为河南跨境电商在全球市场中的稳健发展提供有力保障。一是明确合作目标，建立多层次合作机制。河南跨境电商在寻求国际统计监测合作与信息交换时，首先需要明确合作目标，即共同推动跨境电商数据的准确统计、风险的有效监控以及市场的健康发展。在此基础上，建立多层次的合作机制，包括政府间合作、行业协会间合作以及企业间合作。二是加强数据共享，提升统计监测水平。加强与国内外数据机构的合作，与国际知名的数据机构建立合作关系，共同开展跨境电商数据分析和研究；在数据共享过程中，加强数据安全保障，确保数据不被泄露、篡改或滥用。三是推动国际统计监测合作与交流。积极参与国际跨境电商组织和论坛；加强与主要贸易伙伴，如欧美、东南亚等地区的跨境电商统计监测合作；学习国外先进的跨境电商数据分析方法和工具，以更好地分析市场动态和消费者需求。

（三）建立健全跨境电商统计调查体制机制

建立健全跨境电商统计调查体制机制是河南跨境电商发展的重要保障，可以为河南跨境电商的发展提供有力支持。一是优化统计调查流程，提高数据收集效率。建立统一的跨境电商数据收集平台，实现数据的实时更新和共享；引入先进的数据采集技术，提高数据采集的自动化水平；加强与海关、税务等部门的协作，共同构建跨境电商数据共享机制。二是完善统计调查方法，提高数据质量。针对跨境电商的特殊性，可以采用多种调查方法相结合的方式，获取更全面、更准确的数据；对调查对象进行合理分类，确保不同类型的企业和平台都能够得到充分调查；加强对调查结果的审核和验证，确保数据的真实性和可靠性。三是加强数据分析与解读，提供有价值的信息支持。运用专业的分析工具和方法，对数据进行深入挖掘和分析，了解跨境电商的发展趋势、市场结构、竞争格局等信息，为政策制定提供有价值的信息支持。

三　优化提升跨境电商统计监测路径

跨境电商作为国际贸易的新兴形式，其交易过程涉及多个环节和多个主体，数据庞大且复杂，有效的统计监测路径能够确保数据的准确性和及时性，实现数据的快速整合和分析，实现对跨境电商交易的全面监控和预警，为政府、企业和消费者提供有价值的参考信息，进而提高行业透明度，增强市场信心，促进跨境电商的健康发展。

（一）建立健全企业主体通关申报信用体系

建立健全企业主体通关申报信用体系是河南跨境电商发展的重要保障，不仅有助于提高通关效率，降低企业运营成本，还能有效防范和打击不法分子的违法行为，为河南跨境电商的健康发展提供有力支持。一是建立完善企业信用信息数据库。积极探索构建涵盖跨境电商企业基本信息、通关申报记录、行政处罚记录、纳税记录等的综合信息库，进而准确评估企业的信用状况，为监管部门提供科学依据。二是实施信用奖惩机制。为激励企业自觉遵守通关申报规定，对信用评级较高的企业给予一定的优惠政策，如优先办理通关手续、降低查验率等；对信用评级较低的企业加大监管力度，采取更为严格的监管措施，如提高查验率、限制出口等。三是加强信用信息公示与查询。通过官方网站、媒体等多种渠道公示企业的信用评级和相关信息，方便公众查询和了解；建立健全信用信息查询系统，为企业提供便捷的查询服务，帮助其更好地了解自身信用状况。

（二）进一步加大跨境电商事中事后监督管理力度

加大跨境电商事中事后监督管理力度是保障河南跨境电商产业健康、有序发展的关键。一是构建完善的跨境电商事中监管体系。建立健全跨境电商交易平台的数据报送机制，定期向监管部门报送交易数据、订单信息、物流数据等关键信息，以便监管部门进行实时监控和分析；加强对跨境电商交易平台的审核和评估，确保平台能够有效防范和应对交易风险；引入第三方监管机构，对跨境电商交易进行独立监督和评估，提高监管的公正性和有效性。二是强化跨境电商事后追溯与追责机制。建立跨境电商交易信息追溯系统，记录交易的全过程信息，包括交易双方的身份信息、交易商品的信息、交易时间、交易金额等，以便在出现问题时能够迅速定位并追溯责任；加强对跨境电商企业的信用管理，建立企业信用档案，对存在违法违规行为的企业进行公示和惩戒，提高违法成本，降低企业的违法风险。三是加强跨境电商风险预警与防控机制。建立跨境电商风险监测平台，对跨境电商交易数据进行实时监测和分析，发现潜在风险并及时预警；加强对跨境电商企业的风险评估和分类管理，根据企业的信用状况、交易规模、交易频率等因素，对企业进行风险评估和分类管理，对高风险企业采取更加严格的监管措施；加强与国际监管机构的合作与交流，共同打击跨境电商领域的违法犯罪行为。四是加强跨境电商监管技术创新与应用。引入大数据、人工智能、区块链等先进技术，对跨境电商交易数据进行深度挖掘和分析，发现潜在风险和违规行为；利用这些技术构建智能监管系统，实现自动化、智能化的监管模式，提高监管的效率和准确性。

（三）加强跨境电商领域监管互认与合作

为加强跨境电商领域的监管互认与合作，一是应构建完善跨境电商领域监管互认机制。河南可以积极参与国际跨境电商监管合作框架的制定和完善工作，推动各国监管机构在监管标准、监管流程等方面的互认和合作。二是加强跨境电商监管技术的研发和应用。积极引进和研发先进的跨境电商监管技术，如区块链、大数据等技术手段，提高监管的精准度和效率；加强与国际先进监管技术的交流和合作，共同推动跨境电商监管技术的创新和发展。三是加强跨境电商企业的自律管理。鼓励跨境电商企业建立自律组织或行业协会，共同制定行业规范和标准，加强行业自律和监管，提高跨境电商企业的合规意识和风险管理能力，降低行业的整体风险水平。

第六节　建设跨境电商风险防控体系

跨境电子商务风险防控体系建设是确保河南跨境电商业务安全有序进行、健康稳定发展的重要保障。在该体系构建中，部门联动的风险信息采集机制发挥着至关重要的作用，通过对采集到的风险信息进行深入分析和评估，可以准确判断风险的性质和程度，为后续的预警处置提供科学依据；可以有效防控非真实贸易风险及数据存储、支付交易、网络安全、产品安全等领域的风险，为河南跨境电商的繁荣发展保驾护航。

一　夯实跨境电商法制支撑

随着河南跨境电商业务的不断拓展，跨境电商中的知识产权保护、消费者权益保护、税收征管等问题都需要有明确的法律规定和制度保障，夯实跨境电商法制支撑可以为河南跨境电商提供稳定、可靠的法制环境，也可以加强对消费者权益的保护力度，促进跨境电商业务的健康、有序发展。

（一）加快出台跨境电商知识产权保护指南

在跨境电商领域，知识产权侵权现象屡见不鲜，严重损害了创新者的合法权益，破坏了市场竞争秩序。加快出台跨境电商知识产权保护指南是保障河南跨境电商健康发展的重要举措，可以为河南跨境电商的可持续发展提供有力支持。一是构建完善的跨境电商知识产权保护体系。制定跨境电商知识产权保护政策，明确跨境电商知识产权保护的范围、标准、程序和措施，为跨境电商知识产权保护提供有力保障；建立健全跨境电商知识产权监管机制，加强跨境电商平台的监管，加强与知识产权执法机构的合作，对侵权行为进行及时查处和打击；通过举办讲座、培训等形式，提高跨境电商企业和消费者对知识产权的认识和重视程度，加强跨境电商知识产权宣传教育。二是加强跨境电商知识产权保护的国际合作。加强与国际知识产权组织的合作，共同制定跨境电商知识产权保护的标准和规范，推动全球跨境电商知识产权保护的协同发展；加强与主要贸易伙伴国家和地区建立合作机制，共同打击跨国知识产权侵权行为，维护跨境电商市场的公平竞争秩序；加强跨境电商企业的国际交流与合作，共同分享知识产权保护的经验和做法，提高整个行业的知识产权保护水平。三是完善跨境电商知识产权纠纷解决机制。建立跨境电商知识产权纠纷调解中心，为当事人提供调解服务，帮助双方达成和解协议；利用互联网技术，推广在线仲裁制度，为跨境电商知识产权纠纷提供更加便捷、高效的解决方式；加强与国际司法机构的合作，建立与完善跨境电商知识产权纠纷的跨国诉讼和仲裁机制。

（二） 制定跨境电商高质量发展工作方案

制定跨境电商高质量发展工作方案是推动河南跨境电商实现高质量发展的关键。一是明确跨境电商高质量发展的总体目标。该目标包括提升河南跨境电商的国际竞争力、优化跨境电商产业结构、提高跨境电商的服务质量和效率等。二是加强跨境电商基础设施建设。加强跨境电商物流体系建设，提高物流效率和服务质量；推广跨境电商支付方式，降低支付成本和风险；加强跨境电商信息平台建设，提高信息透明度和共享程度。三是优化跨境电商营商环境。简化跨境电商企业注册、备案等流程，降低企业运营成本；加强跨境电商税收优惠政策的落实力度，减轻企业税负；加强跨境电商市场监管，打击假冒伪劣商品和侵权行为。四是推动跨境电商产业创新发展。加强跨境电商技术创新，引入人工智能、大数据等先进技术，提高跨境电商的运营效率和服务质量；加强跨境电商模式创新，探索新的跨境电商业务模式和发展路径；加强跨境电商产品创新，鼓励企业研发具有自主知识产权的跨境电商产品。五是加强跨境电商人才培养和引进。加强跨境电商人才培训体系建设，提高人才的专业素养和技能水平；加强跨境电商人才引进政策制定和实施力度，吸引更多优秀人才来河南从事跨境电商工作；加强跨境电商人才激励机制建设，激发人才的创新创造活力。六是加强跨境电商国际合作与交流。加强与国际电商平台的合作，引入更多优质商品和服务；加强与国际电商企业的交流与合作，学习借鉴国际先进经验和技术；加强与国际监管机构的合作与交流，共同打击跨境电商领域的违法行为。七是建立健全跨境电商监管体系。制定完善跨境电商法律法规，为跨境电商的规范发展提供法律保障；建设跨境电商监管机构并完善其职能，提高监管效率和质量；加强跨境电商数据监测和分析工作，及时发现和应对潜在风险。

（三） 强化跨境电商相关法律法规普及

在河南跨境电商快速发展的背景下，强化跨境电商相关法律法规的普及尤为重要。一是制定详细的普及计划。结合河南跨境电商发展的实际情况，制定详细的法律法规普及计划，明确普及目标、内容、方式和时间节点，确保各项普及措施能够得到有效实施。二是加强普法宣传教育。通过举办讲座、培训、研讨会等形式，向跨境电商企业、从业人员和消费者普及相关法律法规知识；利用互联网、新媒体等渠道，扩大普及覆盖面，提高普及效率。三是设立法律法规咨询服务平台。在河南跨境电商园区或行业协会等地方设立法律法规咨询服务平台，邀请法律专家、律师等专业人士参与，为跨境电商企业和从业人员提供法律咨询和解答服务。四是加强跨境电商法律法规的培训和指导。针对跨境电商企业和从业人员的需求，举办专题培训班，深入讲解跨境电商相关的法律法规知识；组织专业人员深入跨境电商企业开展实地指导，帮助企业查找和解决在经营过程中遇到的法律问题；建立跨境电商法律法规知识库，将相关法律法规进行分类整理并存储在数据库中。

二　强化跨境电商风险识别

跨境电商在实际运营过程中涉及多个环节和多方参与，风险点众多，强化风险识别是确保跨境电商稳健运营的首要任务。通过精准识别潜在风险，企业能够提前采取相应措施，降低风险发生的可能性，减少潜在损失，同时企业能够更加全面地了解自身业务和市场环境，提升风险应对能力。

（一）强化供应链风险管理

强化跨境电商供应链风险管理是推动河南跨境电商高质量发展的关键一环。一是建立全面的供应链风险评估机制。设立专门的供应链风险评估小组，定期对供应链进行风险评估，识别可能存在的风险点，并制定相应的风险应对措施；利用大数据、人工智能等先进技术，对供应链数据进行深度挖掘和分析，提前预警潜在风险，为风险应对提供有力支持。二是加强供应链合作伙伴的审核与管理。在选择供应商、物流商等合作伙伴时，应充分考虑其信誉、实力、经验等，确保合作伙伴具备稳定、可靠的供应链服务能力；建立合作伙伴信用评价体系，定期对合作伙伴进行评估，对不符合要求的合作伙伴及时进行调整和更换。三是加强仓储管理，确保货物安全。建立严格的仓储管理制度和流程，确保货物的入库、存储、出库等环节都符合规定；加强对仓库的安保措施，防止货物被盗或损坏；引入先进的仓储管理系统和技术，提高仓储管理的效率和准确性。四是建立供应链风险应对机制。制定应急预案，明确在面临不同风险时的应对措施和流程；建立风险应对小组，负责在风险发生时进行快速响应和处理；加强与保险公司等机构的合作，为供应链提供风险保障。

（二） 加强金融风险防控

加强金融风险防控是推动河南跨境电商稳健发展的重要保障。一是加大对融资企业流动资金的监控力度。融资企业的流动资金状况直接关系到整个供应链的稳定性和企业的生存发展，河南应制定完善的资金监管政策，明确监管责任和监管范围，确保监管部门能够对企业资金流进行实时、全面的监控；引入第三方审计机构，对融资企业的财务状况进行全面、客观评估；加强银行与融资企业之间的合作，共同监控企业资金流，及时发现企业资金流中的风险点，并为企业提供相应的风险防控建议。二是依法依规开展风险跨境处置合作。跨境电商具有跨国界的特点，金融风险也随之呈现跨境传播的趋势，为有效应对跨境金融风险，需要依法依规开展风险跨境处置合作。加强与国际金融监管机构的沟通和合作，与国际金融监管机构建立定期沟通和交流机制，共同研究跨境金融风险的监管和处置问题。建立健全的跨境金融风险预警和应对机制，明确预警指标和应对流程，实时监测跨境金融市场的动态变化，及时发现潜在的风险点，并采取相应的措施。

（三） 加强信息安全防护

加强跨境电商信息安全防护是跨境电商业务稳定运行和客户数据安全的重要保障，可以有效应对跨境电商信息安全问题，为河南跨境电商的健康发展提供有力支持。一是建立全面的信息安全管理体系。制定明确的信息安全管理政策，明确信息安全的目标、原则和要求；建立严格的安全管理制度，规范员工的行为和操作流程；制定详细的安全操作流程，确保各项安全措施得到有效执行。二是加强数据加密和传输防护。采用先进的加密技术和传输协议，确保数据在传输和存储过程中不被窃取、篡改或泄露；对存储在云端或服务器上的数据，采用强加密算法进行加密存储，防止数据被非法访问或窃取。三是完善网络安全防护体系。建立完善防火墙，对进出网络的数据包进行过滤和监控，防止恶意攻击和非法访问；引入入侵检测系统，对网络流量进行实时监控和分析，及时发现和应对潜在的安全威胁；建立安全审计系统，对网络安全事件进行记录和分析，为安全事件的溯源和应对提供有力支持。四是加强用户隐私保护。制定严格的用户隐私保护政策，明确用户数据的收集、使用、存储和共享等方面的规定；加强用户数据的加密存储和传输保护，防止用户数据被非法访问或窃取；建立完善的用户数据泄露应急响应机制，在发生数据泄露事件时能够迅速响应和处理。

三 强化跨境电商风险监管

强化跨境电商风险监管，建立健全跨境电商风险监管体系，有助于降低企业运营风险，保障企业稳健运营，也有助于保护消费者权益，减少因信息不对称、欺诈等问题导致的损失，进而为河南跨境电商的国际化发展奠定基础。

（一）健全风险评估机制

健全河南跨境电商风险评估机制是确保企业稳健发展的关键，通过强化行业风险评估和风险分级管理，河南跨境电商企业可以更好地应对各种风险挑战，实现可持续发展。一是强化行业风险评估。全面、系统地分析跨境电商行业可能面临的各种风险，如市场风险、政策风险、汇率风险等，构建科学、合理的风险评估体系，实现对风险的准确识别、量化和评估。设立专业的风险评估团队，定期对行业进行深入研究，分析市场趋势、政策变化等因素对业务的影响，为企业提供及时、准确的风险预警和评估报告。完善风险评估指标体系，构建包括市场规模、竞争格局、政策环境、汇率波动等在内的多维度指标体系，并根据业务发展需要，不断完善和更新指标体系，确保评估结果的准确性和有效性。二是强化风险分级管理。河南跨境电商企业应制定明确的风险等级划分标准，根据风险的严重程度和影响范围将风险划分为低风险、中风险、高风险等不同级别，采取相应的风险应对措施。如对于低风险，企业可以采取常规的监控和预防措施；对于中风险，企业应加强监控和预警，并制定相应的应急预案；对于高风险，企业应高度重视，采取紧急应对措施，避免风险进一步扩大。

（二） 建立风险预警制度

建立河南跨境电商风险预警制度是保障企业稳健发展的关键。一是构建全面、系统的风险预警指标体系。构建市场风险指标，主要关注国际市场的变化，如市场需求、价格波动、竞争格局等；构建政策风险指标，主要关注国内外政策的变化，如关税政策、贸易协定、税收政策等；构建汇率风险指标，实时监测汇率的变化，并预测其未来走势；构建物流风险指标，降低运输延误、货物丢失、损坏等问题，实时监测物流信息，及时发现并解决问题。二是加强风险预警信息的收集和分析能力。通过订阅行业报告、参加行业会议、与行业协会合作等方式，及时收集行业内的最新信息；加强对收集到的信息的分析处理能力，运用各类方法和工具对数据进行深入挖掘和分析，找出潜在的风险点并预测其发展趋势；加强与其他跨境电商企业、行业协会、政府部门等的合作与沟通，共享风险信息和应对经验，共同应对行业风险。三是建立风险预警响应机制。针对不同等级的风险，明确应对措施、责任人和时间节点等关键信息，确保在风险发生时能够迅速启动应急响应机制；通过定期的培训和演练活动，提高员工的风险意识和应对能力，确保在风险发生时，员工能够迅速采取行动并正确执行应急预案；引入专业的第三方风险管理服务机构，为企业提供全面、系统的风险管理服务。

（三） 加强监管队伍建设

河南跨境电商监管队伍是保障跨境电商市场规范运行的重要力量，高效、专业的监管队伍对于保障跨境电商的健康发展、维护市场秩序、保护消费者权益等有着至关重要的作用。一是合理配置监管人员。根据河南跨境电商发展的实际情况，注重监管人员的年龄、学历、专业背景等方面的平衡，确保监管力量与监管任务相匹配，形成一支结构合理、素质优良的监管队伍。二是加强专业培训。针对跨境电商领域的特殊性和复杂性，通过举办培训班、研讨会、实地考察等形式，提高监管人员的专业素养和业务能力，鼓励监管人员参加国内外跨境电商领域的学术交流活动，拓宽视野、增长见识。三是引入专业人才。加大对监管队伍建设的投入力度，通过公开招聘、人才引进等方式，吸引具有丰富经验和专业技能的人才加入监管队伍；建立健全监管队伍的激励机制，通过设立奖励基金、提供晋升机会等方式，激发监管人员的积极性和创造力。四是加强社会监督。鼓励社会各界对跨境电商监管工作进行监督和支持；建立健全社会监督机制，接受社会舆论的监督和评价；加强与行业协会、消费者组织等机构的沟通与合作，共同推动跨境电商监管工作的健康发展。

第九章 推进"买全球卖全球"跨境电商与产业融合发展

"买全球卖全球"的背后依托的是跨境电商产业的发展，而产业是跨境电商的根基，离开了产业的支撑，跨境电商就是无源之水无本之木，推进跨境电商与产业的深度融合发展，是推动"买全球卖全球"走向更高水平的必然选择，是促进跨境电商高质量发展的必由之路。聚焦河南，推动河南跨境电商与产业融合发展，就要在跨境电商与产业特别是传统产业间搭建起桥梁，不仅要帮助传统产业通过跨境电商探索发展新路径，还要帮助跨境电商通过产业支撑提升竞争力，形成良好的跨境电商产业生态，促进跨境电商与产业良性循环。

第一节 推进跨境电商与物流产业深度融合

物流产业作为跨境电商发展的重要基础和坚实支撑，其地位和作用不容忽视。在我国各省份物流产业竞争力排名中，河南物流产业处于第二梯队。未来，河南必须在持续提升物流产业竞争力的同时，大力推动跨境电商与物流产业的深度融合，实现二者的良性互动和共同发展。

一 推动河南跨境电商和物流产业的业务整合

推动跨境电商与物流产业在业务层面的整合及流程优化，不仅能缩短跨境货物运输时间，降低交易成本，还有助于为消费者带来更高效、更便捷的服务体验。一是要加快整合跨境电商和快递业务。通过整合跨境电商和省内快递业务，既能提升物流效率，也可以加速跨境电商和快递企业的成长。同时，联邦、DHL 等境外快递企业实力强，且具有品牌优势，可以推动河南跨境电商企业与其在业务上进行整合，在仓库存储、售后服务、跨境增值业务以及个性化业务等方面加强协作,扩展双方业务范围,也有利于提升双方企业的核心竞争力。二是要加快整合跨境电商和货运业务。河南的货运行业相对实力较强,已经形成了比较完善的运输网络体系,下一步可以在费率查询、货运跟踪以及个性化服务等方面进行跨境电商和货运企业的业务整合。三是要加快整合跨境电商和邮政业务。双方要在交通运输、库存控制以及交付等环节进行业务整合;要大力推进郑州国际邮件枢纽口岸建设,积极申请进境邮件集散分拨功能,降低物流成本,提高邮件中转效率。

二 推动河南跨境电商和物流产业的业务创新

推动河南跨境电商和物流产业的业务创新,是实现经济高质量发展的关键一环,有助于为跨境电商提供更加便捷、高效的物流支持。一是推动河南跨境电商与不同国家的邮政服务业务进行融合。如阿里巴巴集团通过购买新加坡邮政股的形式获得相关的邮政服务,值得学习借鉴。此举有助于跨境电商企业通过东道国的邮政获得海关优先检验,还能减少跨境商品在国际间的流转环节,提高通关效率和物流运转速度,缩短物流周期,降低物流成本。[①] 二是通过业务创新实现跨境电商和物流产业全方位的信息融合与共享。跨境电商企业和物流企业可签订长期合同,提供定制化服务,共同参与物流运输。跨境电商企业负责提供运输载具,物流企业承担运输任务,并提供货物实时信息。此外,还可增设发货、收货及异常情况"一键提醒"功能,以实现货物运输的定制化、低成本与高效率运转。

三 建立河南跨境电商和物流产业的集聚平台

跨境电商与物流产业的融合需要平台载体,让物流企业在平台中有针对性地服务跨境电商企业。一是要以市场需求为发展导向,建设河南跨境电商产业园,作为全省跨境电商与物流产业融合的平台,在此基础上充分利用平台优势,汇集省内各跨境电商企业、物流企业、金融机构以及政府机构等,联合开展跨境贸易业务行动,切实提升跨境电商与物流产业的融

---

① 任玲. 产业转型视角下物流产业链与跨境电商的融合发展 [J]. 商业经济研究,2016 (20):87-89.

合质量。二是在平台中引入创新机制，培育创新环境。跨境电商发展离不开创新环境的滋养。因此，平台建设需积极引入新的管理思路，打破传统管理模式的束缚，为创新提供更为广阔的空间，具体可借鉴国内外先进科技园区的管理方式，结合跨境电商的实际需求，进行有针对性的创新和管理。通过优化资源配置、提高管理效率、降低运营成本等，降低园区内部的交易成本，为跨境电商企业创造更为有利的经营环境。三是以平台名义积极与海关等政府部门签订合作协议。① 深化与政府部门的合作，围绕通关便利化、税收优惠、政策扶持等，为平台上的跨境电商企业提供更为便捷、高效的业务服务，共同推动跨境电商产业的健康发展。

四　加快推动河南物流基础设施建设

加快推动河南物流基础设施建设，是提升区域物流效率、促进河南跨境电商高质量发展的关键举措。一是加快建设海外仓。为解决跨境电商运输物流成本过高的问题，可在海外目标市场附近租赁或购买土地，建设专门的海外仓，并在海外仓附近配套建设配送中心。当消费者下单后，可以直接从海外仓发货，由专人进行货物的定向配送，大幅缩短物流时间，降低运输成本。此外，还需要根据配送地点，进一步优化配送货物的具体路线，确保物流效率和服务质量。二是构建海、陆、空立体交通运输网络和国际快递运输网络体系。进一步扩大对物流行业头部企业的招商引资力度，吸引菜鸟、京东物流这样的优质物流巨头到河南落户生根，利用其丰富的物流资源和先进的管理经验，有效提升河南的物流效率和流通渠道的稳定性。此外，还可以通过进一步深化与这些物流头部企业的合作，共同开发国际快递运输网络体系，为跨境电商提供更快捷、更稳定的物流服务。三是加强先进信息技术在国际快递运输网络体系中的应用。积极推进"物流+新科技"的融合，利用人工智能、物联网、5G、大数据、云计算、区块链等先进技术对物流企业进行升级改造。例如，积极发展智慧公路、智慧港口等智慧物流项目，提高物流的智能化水平。同时，大力引导河南本地优质流通企业建设实体或虚拟的海外仓，通过海外仓与国际快递运输网络体

① 杨浩．"一带一路"倡议下宿迁跨境电商与物流产业链融合发展研究 [J]．大庆师范学院学报，2018，38（1）：41-45．

系的有机结合,助力国际快递提质增效,为跨境电商的快速发展提供强有力的物流支撑。

第二节 推进跨境电商与传统产业深度融合

跨境电商是数字经济时代下推动河南传统产业提质增效的重要动力,跨境电商与传统产业深度融合既有利于助推传统产业通过数字化转型实现高质量发展,也有利于加快培育形成若干具有全球竞争力和影响力的产业集群,进而助推河南跨境电商发展壮大。推动河南省跨境电商与传统产业融合发展,要注重推动传统产业利用跨境电商改变生产方式和流通方式,塑造品牌形象,提高附加值。

一 促进跨境电商与农业深度融合

河南是农业大省,农产品出口具有潜力和优势。但是,整体而言,农产品粗加工较多,精加工规模不大。促进跨境电商与农业深度融合,首先要增加农业生产中的科技投入,扩大农产品精深加工规模,提升农产品的附加值,在此基础上依托跨境电商等外贸新业态,拓宽销售渠道,带动优质农产品出口。重点支持速冻食品、菌菇、茶叶、中药材等特色农产品发展跨境电商业务。鼓励产品通过有机认证,将绿色食品品牌通过跨境电商推广到全世界。重点支持培育为农产品进出口提供服务的跨境电商企业,帮助涉农企业拓展农产品跨境电商及外贸业务。以市场需求为核心驱动,在一些农产品出口量较多的地区成立跨境电商农产品集散中心,并在海内外进行河南优质农产品的推广,提高其在国内外市场的口碑。[①] 此举一方面能满足当地农产品的销售需求,另一方面也能形成规模经济,提高农产品跨境电商的效率,降低交易成本。

二 促进跨境电商与制造业深度融合

加快推动河南省内制造业企业"触网"经营,是当前促进产业转型升

---

① 郑洁.跨境电商视角下山西农村产业融合发展路径优化研究[J].商业经济,2023(5):137-139.

级、拓展国际市场的重要途径。为此，应深入实施"互联网+外贸"专项行动，引导传统外贸和制造业企业加快商业模式创新、拓展销售渠道、缩短流通环节，按照引导企业上线、提升线上交易能力、进行互联网改造、打造自主品牌四个关键步骤，有条不紊地推进跨境电商与制造业深度融合，带动优质产品出口，使更多传统外贸和生产企业直接成为跨境电商卖家。具体而言，引导企业上线，通过政策扶持、培训指导等多种方式，鼓励传统外贸和制造业企业积极拥抱互联网，开设线上店铺，利用电商平台拓展销售渠道，通过举办线上展会、促销活动等，提高企业的线上曝光度和知名度。提升线上交易能力，帮助企业掌握电商运营技巧，包括产品展示、营销推广、客户服务等，提高线上交易的成功率和客户满意度；引入专业的电商服务商，为企业提供一站式电商运营服务，降低企业的运营成本和时间成本。进行互联网改造，鼓励企业利用大数据、云计算、人工智能等先进技术，对生产、销售、物流等各个环节进行数字化改造，提高运营效率和响应速度，实现市场预测和定制化生产，更好地满足消费者的个性化需求。打造自主品牌，支持企业加强品牌建设，提升产品的附加值，提高品牌的国际知名度和影响力。此外，还应围绕主导产业和重点产业链，大力引进跨境电商等新业态配套服务企业。通过打造"区中园""园中园"等形式的新业态聚集区，为传统制造业企业提供更加便捷、高效的电商服务和支持，带动其利用新业态、新模式实现转型升级。政府还可以出台更加优惠的政策措施，吸引更多电商人才和创业团队到河南发展，为跨境电商的持续繁荣注入新的活力。

三 推动跨境电商与服务业融合发展

在传统的商贸零售业领域，跨境电商的介入有利于扩展销售渠道，提高产品价值。一方面，跨境电商通过和销售渠道对接，借助分销等多样化模式，可实现与用户的大规模快速对接；另一方面，跨境电商通过及时分析网络交易信息，与生产制造资源更为便捷、有效地对接，进而实现生产的可控和精准管理。在现代服务业领域，为更有效地满足消费者多元化的需求，可探索打造线上线下融合的社区服务体系。对此，可以依托互联网技术，积极开发打造集购物、服务、休闲、娱乐等功能于一体的综合性平台，方便消费者轻松操作并快速找到所需的服务，并提供个性化的服务推荐。此外，支持各大购物商城如丹尼斯百货、正弘商业、万象城、万达广场等商业综合体创新发展，鼓励大型购物商城以互联网思维重塑商业模式。具体而言，这些商城可以利用微信、App、二维码等移动互联网技术和载体，构建集信息推广、安全支付、新型营销、便捷消费、完备的平台服务系统于一体的新型城市商业综合体。通过微信公众号或 App 向用户推送最新的促销信息和活动通知，利用二维码技术实现快速支付和身份验证，还可以引入虚拟现实（VR）技术为用户提供沉浸式购物体验。

四 推动跨境电商与服务贸易融合发展

跨境电商在促进制造业等转型升级的同时，将进一步跨界发展，与文化、旅游、医疗、康养等领域实现更广泛、更深入的融合，跨境电商产业链条将不断延伸。一是支持与跨境电商相关的服务贸易"走出去"。跨境电商除了提供商品交易，还涉及结算、融资、物流、关务、供应链管理等服务贸易。随着跨境电商出口的迅猛发展，相关的服务商也会加快"走出去"的步伐。支持跨境物流服务商发展壮大，促进国际物流体系建设。支持跨境电商企业在郑州打造跨境电商全球运营中心，通过品牌授权、技术服务、供应链管理等方式输出服务贸易。二是推动"跨境电商+文旅"多元化发展。支持在重点景区设立跨境电商 O2O 体验店，发展"跨境电商+文旅+产品展销"模式，提升游客消费体验。支持将 E 贸易核心功能集聚区发展成保税特色消费街区，助力郑州打造国际消费中心城市。支持依托黄河文化、商都文化、武术文化等开发文创产品，打造具有文化符号的跨境电商产品。三是推动"跨境电商+医疗"融合发展。以跨境电商零售进口药品试点为契机，促进康养医疗产业与跨境电商在资源、产品、市场等领域交叉渗透。依托河南交通枢纽优势和生物医药产业，支持医药物流、药品仓储等高附加值物流业态集聚发展。①

五 推进跨境电商产业生态不断优化

跨境电商是一个复杂的生态系统。良好的产业生态是跨境电商与产业

---

① 王小艳，王岳丹，张煜坤 . 郑州推动跨境电商创新发展的特色实践［M］//孙先科，蒋丽珠，杨东方 . 国家中心城市建设报告（2022）. 北京：社会科学文献出版社，2022：317.

融合良性发展的关键。总体来看，河南跨境电商产业生态还存在支持政策不足、品牌定位不清晰、金融支持不足等问题，当务之急是要培育和打造河南跨境电商品牌，优化跨境电商产业生态。例如，支持跨境电商企业打造自主国际品牌。鼓励有条件的跨境电商企业自建行业垂直平台和独立站，积极探索私域流量 IP 运营，挖掘用户需求和商品价值，培育自主品牌、自有渠道、自有用户群，与消费者建立心智情感连接，提升品牌核心竞争力。鼓励企业通过跨境直播、社交媒体、搜索引擎、短视频等形式开展品牌推广，加快培育一批互联网品牌。如许昌围绕优势特色产业，通过推动发制品、蜂产品、汽车及零配件、装备机械等优势产业与跨境电商的深度融合，打造了瑞贝卡假发等全球知名品牌，形成了许昌发制品跨境电商产业生态。

第三节　大力培育壮大跨境电商经营主体

跨境电商与产业融合发展的过程中，需要跨境电商企业、物流企业、传统企业等相应经营主体的支持，其中跨境电商企业尤为重要，是推动二者融合的关键因素，但目前河南的跨境电商企业还比较"弱、散、小"，需要不断强化对跨境电商经营主体的培育与政策支持。要积极开展跨境电商主体培育工程，加大对跨境电商企业的指导帮扶力度，培育中小型跨境电商企业，支持大中型跨境电商企业做大做强，引进龙头企业。

一　进一步发挥跨境电商龙头企业的示范带动作用

阿里巴巴、京东、唯品会、亚马逊和 TikTok 等跨境电商龙头企业在河南加强布局，推动了河南跨境电商高质量发展。此外，河南还涌现了一大批本土企业，如致欧家居等，这些企业的快速成长，推动了河南跨境电商进出口以两位数增长。为进一步推动河南跨境电商与产业的深度融合发展，必须充分发挥跨境电商龙头企业的示范引领作用，借助其成功经验与影响力，形成全省范围内跨境电商企业优势互补、竞相成长的繁荣局面。具体而言，应充分利用省内现有的 5 个跨境电商综试区作为核心平台，发挥园区的集聚效应和资源优势。在此基础上，积极引导跨境电商综试区内的龙头企业，充分展现其在产业数字化方面的独特优势，构建涵盖研发设计、生产加工、物流仓储、品牌推广、销售售后等的全环节全产业链跨境电商生态圈。通过生态圈建设，有效带动中小企业的成长与发展，促进区域内产业的转型升级，为河南的经济发展注入新的活力与动力。

二 积极引进和培育跨境电商综合服务企业

目前，河南本土跨境电商企业整体规模较小，跨境电商行业氛围还不够活跃，急需出台专项政策进行定向扶持，壮大跨境电商主体规模，引导企业积极参与，最大化调动不同规模主体参与市场融合的热情。一是要大力引进在国内外具有显著行业影响力和带动能力的知名跨境电商企业以及跨境电商平台、支付、物流等全产业链龙头企业，在河南设立区域性运营中心或分拨中心，营造良好的跨境电商行业氛围，带动本地跨境电商快速发展。① 二是加大对全省垂直领域跨境电商标杆企业的培育力度。重点扶持一批具有发展潜力、创新能力强的跨境电商企业，通过政策引导、资金扶持等措施，帮助企业快速成长，形成品牌效应，迅速集聚行业内包括人才、技术、资金等在内的优质资源，为跨境电商与产业的融合发展提供有力的支撑和助力。三是要积极推动省内电商平台公共板块的开发和建设。鼓励和支持电商平台企业加强技术创新和模式创新，开发更多适应市场需求的公共板块，为河南本地的实体企业提供更加便捷、高效的线上合作渠道。借助跨境电商龙头企业的带动引领，为规模较小、实力较弱的跨境电商企业搭建适宜的发展平台，帮助其更好地融入跨境电商生态，实现共同发展。四是要推动电商和外贸企业抓住跨境电商发展机遇，主动拓展业务范围，创新业务模式，不断扩大跨境交易规模和自身的发展空间。电商和外贸企业可根据自身实际情况灵活参与跨境电商业务。

三 依托跨境电商综试区推动主体培育行动

在跨境电商综试区内推动跨境电商主体培育更具有示范效应。如焦作跨境电商综试区，其在推动跨境电商发展方面采取了多项有力举措。其中，建立跨境电商企业库是一项重要措施，通过筛选符合条件的优质企业入库，并对这些入库企业在用地、融资、用能、奖补等方面给予全面的政策保障，

---

① 张鹏刚，张夏恒. 山东省跨境电商发展现状、问题及对策 [J]. 对外经贸实务，2022（3）：73-77.

有效降低了企业的运营成本，提升了企业的竞争力。同时，焦作跨境电商综试区还积极引导并支持风神轮胎、龙佰集团、多氟多、中原内配、隆丰皮草等本土优势企业拓展跨境电商业务，鼓励其利用跨境电商平台开拓国际市场，提升品牌影响力。为进一步完善跨境电商生态体系，焦作跨境电商综试区还积极加强与跨境电商平台企业和外综服企业的合作，大力发展直播电商、社交电商、短视频电商等新业态、新模式，为本土企业提供更加多元化的销售渠道和市场营销手段。焦作跨境电商综试区大力支持专业人才创办跨境电商企业，并引导高校毕业生、退役军人和返乡人员利用跨境电商平台自主创业，培育更多具有创新活力和市场竞争力的跨境电商企业。此外，许昌跨境电商综试区在主体培育方面也采取了类似措施。即鼓励传统外贸企业、制造业企业积极拓展跨境电商业务，通过跨境电商平台实现线上线下融合发展。许昌跨境电商综试区还大力引进跨境电商平台企业和外综服企业在当地设立区域性、功能性总部、机构及运营公司，强化跨境电商配套服务，为本土企业提供更便捷、更高效的跨境电商服务和支持。针对中小企业底子薄、品牌力不强、"出海"难等问题，许昌深化与阿里巴巴战略合作，依托阿里巴巴国际站、全球速卖通、Lazada、天猫国际等强势跨境电商资源，实现本地优势外贸产品"借船出海"。因此，各跨境电商综试区要充分发挥示范作用，积极推动主体培育行动。

四 充分发挥行业协会、政府机构的作用

依托河南农产品加工、装备机械等产业集群，由行业协会、各地企业家联合会或龙头企业牵头，加大跨境电商帮扶力度，优先支持培育发展一批有跨境电商产业优势的企业。充分发挥5个跨境电商综试区的作用，通过政策引导，以跨境电商赋能传统产业培育新的增长点，扶持一批有较高知名度和国际市场开拓能力的龙头企业。积极动员和引导跨境电商及外贸企业"上线触网"，通过多渠道、多层次的方式，全面举办跨境电商专题讲座、业务培训、经验交流、成果展示以及技能竞赛等活动。帮助企业深入了解跨境电商的市场趋势、政策法规和运营策略，通过成果展示和技能竞赛，激发企业的创新活力和竞争意识，助力企业在全球化浪潮中抓住机遇，实现跨越式发展。相关部门要严格落实"一企一策"，积极帮助企业采用跨境电商方式出口，指导企业进行相关备案、登记申报等。设立跨境电商发

展专项基金，并对接知名投资基金，引导建立跨境电商孵化基地和服务平台，对入驻企业给予一定补贴，帮助企业进行宣传推介和品牌打造、了解国际经贸规则。[①]

第四节　推进跨境电商产业布局优化

产业布局优化对于促进跨境电商与产业的深度融合发展具有至关重要的意义。为了实现这一目标，需要从多个维度进行协同推进，如通过集中优势资源，形成具有竞争力的产业集群，为跨境电商提供更好的产业支撑；完善产业载体平台，包括物流、仓储、支付等基础设施，为跨境电商提供便捷、高效的服务；加强全球资源配置能力，深化国际合作、拓展海外市场，为跨境电商提供更多发展机遇。

一　深入推进"跨境电商+产业带"行动

目前，河南通过成立以省长为组长的跨境电商综试区建设领导小组，推动跨境电商综试区从 1 个拓展至 5 个，引领跨境电商在全省"开花"，带动各地特色产业转型发展，培育形成了发制品、装备机械、纺织服装、现代家居、户外用品等跨境电商产业集群，还有化妆刷、仿真花、小提琴、时尚眼镜、光学仪器、工量具等"小而美"的特色产品，产业链链接全球 200 多个国家和地区。包括亚马逊在内的多家境内外头部跨境电商企业纷纷在河南布局。接下来，要主动对接，精准发力，优化服务，继续深入实施"跨境电商+产业带"行动。

首先，要立足河南传统优势产业优化跨境电商产业布局。在河南原有跨境电商产业集群基础上，立足河南传统优势产业，以促进产贸深度融合为重点，大力推进跨境电商和传统优势产业集群集聚发展，拓展跨境电商产业带，推动发展更具集聚效应的出口跨境电商产业集群。积极创新跨境电商融合业态及模式，推动产品、服务和管理创新，推动特色产业集群向差异化、高附加值领域渗透，通过跨境电商实现产业升级和品牌出海。选

---

① 张佳睿，闫吉.吉林省跨境电商高质量发展面临的难点问题和对策建议研究［M］//刘立新.2024 年吉林经济社会形势分析与预测.北京：社会科学文献出版社，2024：236.

育一批跨境电商"种子选手"，深入推动本地跨境电商特色产业带培育行动。其次，通过跨境电商多元需求反哺柔性生产。提升外向度高、国际消费市场潜力大的产业集群应用跨境电商的广度和深度，帮助制造业企业实现数字化转型和智能化生产，以适应数字贸易时代订单碎片化、交易线上化、需求个性化的趋势，打造自动化、柔性化、定制化生产模式。

二 加强跨境电商产业集聚平台载体建设

（一）加快推进五大跨境电商综试区建设

推动现有五大跨境电商综试区找准自身定位实现差异化发展，结合自身的资源禀赋、发展基础、产业优势积极提升跨境电商综试区综合竞争力。一是高标准建设郑州跨境电商综试区。加快吸引跨境电商产业链上下游企业在河南集聚，大力推进跨境电商业态创新、模式创新、监管创新，高水平建设 E 贸易核心功能集聚区，打造全国跨境电商中心与多元化贸易中心。二是引导洛阳跨境电商综试区重点打造完整的跨境电商产业链与生态圈，积极探索建设中西部地区跨境电商产业聚集中心、创新创业中心和综合服务中心，建成跨境电商促进先进制造业转型升级示范区。三是加快推进南阳跨境电商综试区建设，建成具有区域影响力的跨境电商聚集区和产业示范区。四是大力推进许昌跨境电商综试区建设，重点围绕发制品、蜂产品、煤化工、电力装备、汽车及零部件、电梯、发制品、超硬材料及制品、纺织服装、医药、钧陶瓷等产业加快推动"跨境电商+优势产业"出海行动。五是大力推进焦作跨境电商综试区建设，围绕羊剪绒、橡胶制品、汽车及零部件等外贸优势产业，提升德众保税物流中心（B型）、进口肉类指定口岸等开放平台功能，推动气缸套、造纸机械整机、高分子冰晶石、锆产品、核黄素等处于行业领先地位的产品和跨境电商结合。此外，五大跨境电商综试区要对照全国跨境电商综试区考核评估指标加快补齐短板，与此同时，支持条件成熟的省辖市、济源示范区申建跨境电商综试区。

（二）加快建设跨境电商重点产业园区

鼓励河南各跨境电商综试区选择产业基础较好的县（区）和开发区建设跨境电商产业园区，加快跨境电商产业集聚发展步伐。规划建设一批跨境电商综合园区，支持企业在境外构建本土化服务网络，设立海外仓和海外运营中心，加速向"买全球卖全球"目标迈进。加快打造跨境电商智能平台，实现网上丝绸之路创新突破。高水平办好全球跨境电商大会。围绕主导产业和重点产业链，引进跨境电商孵化培训、运营管理、营销推广、支付金融、物流仓储、技术平台、知识产权、商标品牌、法律服务等上下游企业入驻，建立为企业提供综合服务、资源对接和业务支撑的跨境电商生态服务体系。依托全省现有产业园、保税区，结合各地产业的资源禀赋大力建设园中园，并鼓励有条件的跨境电商产业园积极申报省级示范园区。借鉴广东、浙江经验办法，出台省级跨境电商产业园认定支持办法，支持有条件的地市建设跨境电商产业园。①

（三）建设中欧班列跨境电商全国集结中心

立足现有的中欧班列优势资源，以郑州国际陆港中欧班列为依托，加速推进跨境电商全国集结中心的建设进程。在此过程中，积极引导并推动河南五大跨境电商综试区密切联动，实现信息的互联互通与资源的共享共用。同时，以物流合作为重要抓手，积极开展多层次的招商合作活动，力争吸引国内外知名的大型跨境电商平台或物流企业，在郑州设立其区域集结仓或中心仓，而在全省的其他地区，则鼓励设立前置仓或分拨仓，以此形成覆盖全省、辐射全国的跨境电商物流网络，进而带动更多跨境电商平台及其上下游企业向河南聚集，逐步实现"物流集结—企业聚集—产业升级—豫品出海"的跨境电商产业迭代升级，构建繁荣、稳定的跨境电商生态圈。

三　整合海外服务资源，增强全球资源配置能力

跨境电商因其天然属性势必连接国内国外两种资源、两个市场，推动河南跨境电商与产业融合发展，必然要求河南大力提升在全球范围内的资源配置能力，整合海内外优质资源，推动本土企业开拓海外市场。

① 张夏恒，杨小梅. 陕西省跨境电商产业加速发展的实践探索和升级路径［M］//张大卫，吕村，喻新安. 中国跨境电商发展报告（2024）：跨境电商全球供应链重构重塑. 北京：社会科学文献出版社，2024：143.

一是培育海外仓企业，完善全球海外仓网络布局。加大海外仓培育支持力度，支持各类主体有序布局海外流通设施，鼓励河南有实力的企业走出国门，在美国、欧盟、RCEP 等重点市场以及"一带一路"沿线国家，精心布局一批具备完善的配套服务功能、能够充分发挥进出口带动作用的海外仓。探索建设海外物流智慧平台，汇集河南国际贸易"单一窗口"、海外仓企业、物流企业、跨境电商平台等国内外资源，实现全球海外仓储资源一站共享。二是支持独立站建设，健全国际营销体系。鼓励外贸企业和制造业企业自建独立站，通过独立站沉淀私域流量，利用数字分析深挖数据价值，增强企业海外市场营销服务能力，助力河南制造品牌出海。三是支持海外服务中心建设，优化全球化服务体系。借助共建"一带一路"倡议，推动传统产业集群发展跨境电商，加快建设国际贸易网络中心，最大限度消除贸易壁垒。支持行业商、协会整合海外合作园区、海外仓、售后服务中心等资源，共建郑州跨境电商海外仓服务中心，为跨境电商企业提供知识产权、金融财税、合规管理、资源对接等全方位的本土化服务。[1]

第五节　推进跨境电商产业模式不断创新

目前，数字经济正在如火如荼进行，跨境电商已经成为云计算、区块链、数据分析、人工智能等先进技术的集成领域。河南要借助大数据等数字技术，大力推动跨境电商产业不断创新，在新模式、新技术和新方案等方面发力，推动形成新的跨境电商业态。

一　探索跨境电商监管模式创新应用

在"1210""9610""9710""9810"海关监管模式的基础上，探索并加强跨境电商领域的监管创新，推动河南跨境电商与实体经济的深度融合发展。在促进行业公平竞争与健康发展的前提下，积极出台一系列涵盖税收优惠、资金扶持、人才培养等多个方面的具有针对性和实效性的跨境电商帮扶政策与措施，优化跨境电商所需的营商环境，降低企业经营成本，

---

[1] 王小艳，土岳丹，张煜坤. 郑州推动跨境电商创新发展的特色实践［M］//孙先科，蒋丽珠，杨东方. 国家中心城市建设报告（2022）. 北京：社会科学文献出版社，2022：317.

提高市场竞争力。同时应成立专班，专门负责打通所得税核定征收、无票免税等跨境电商综试区的一系列优势政策，确保政策红利能够真正惠及广大跨境电商企业，进一步激发跨境电商行业的发展潜力，推动河南跨境电商实现高质量发展。

二　探索跨境电商新业态

积极培育互联网新业态，可以在跨境直播电商、跨境社区电商、网红带货、新零售、跨境电商独立站等方面加强模式创新。[①] 利用社交平台进行产品宣传，通过搜索引擎、新媒体、新流量平台、网络直播等输出品牌文化和产品内容，打造多元化的经济触点和消费场景。联合亚马逊、eBay、全球速卖通、阿里巴巴国际站等已具备直播业务的平台，共同开展一系列跨境电商企业出口直播活动，帮助企业充分利用直播平台的巨大潜力，有效扩大其平台流量，进一步打造出口电商的新增长点。可以通过专业培训、实战演练以及一对一指导等多种方式，助力企业掌握直播营销的核心技巧，积极探索创新直播营销模式，提升企业在国际市场中的品牌影响力。开设跨境零售线下体验店，快速获得消费者体验反馈和消费行为记录，打造线上线下融合驱动的体验商城。探索"跨境电商+市场采购贸易"出口新模式。

三　推动工业品出海模式创新

传统模式下的工业品采购数字化程度低，交易流程复杂且低效，工业品出口亟须线上化。应充分发挥河南装备机械制造的优势，开拓工业品出海赛道。可以尝试MRO（非生产原料性质的工业用品）模式，和消费品类B2C跨境电商模式不一样的是，MRO很可能成为撬动跨境电商B2B规模壮大的重要模式。此外，还要推动传统制造业企业工贸一体化发展。支持传统制造业企业自建跨境电商团队或委托代运营，利用跨境电商平台、独立站等，推行B2B、M2C、B2C等外贸新模式，拓展海外直销网络和国际营销渠道，打造新型工贸一体化产业链。

[①] 张夏恒.跨境电商促进双循环新发展格局：理论机制、发展思路与相关举措［J］.当代经济管理，2021，43（10）：59-65.

四 优化创新多元化电商模式

支持河南优势制造业骨干企业携手合作，通过与第三方龙头电商平台联合申报、建设或外包等多种形式，共同建立行业电子商务垂直平台。依托企业自身的制造优势与电商平台的广泛影响力，实现线上线下资源的深度融合与互补。同时，借助成熟电商平台的流量与用户基础，进行更为精准有效的推广宣传，进一步提升品牌知名度与市场份额。在此基础上，鼓励商家根据自身实力和特色，灵活选择适合自身发展的一种或几种电子商务模式开展网络销售，包括入驻成熟的 B2C 平台、B2B 平台及行业垂直平台等第三方电商平台，快速触达更多消费者；探索线下品牌实体旗舰店（直营店）、体验店与线上平台相结合的 O2O 模式，为消费者提供更为丰富、立体的购物体验；尝试根据消费者的个性化需求进行量身订制的模式（C2B），以及网络直销（M2C）、分销（B2B2C）等创新电商模式，以满足市场多元化需求。① 依托企业商品资源，积极开展网络营销，打造网络品牌，同时大力发展跨境电商和内贸电商，推动河南制造业在电子商务领域实现高质量发展。

---

① 李瀚曦. 杭州跨境电子商务贸易发展路径研究［J］. 农村经济与科技，2016（18）·130，132.

第十章 推进"买全球卖全球"跨境电商领域制度创新

2020年11月，习近平主席在第三届中国国际进口博览会开幕式上强调，中国将推动跨境电商等新业态新模式加快发展，培育外贸新动能。[①] 2024年6月，商务部等9部门印发了《关于拓展跨境电商出口推进海外仓建设的意见》，提出要培育跨境电商经营主体，加强跨境电商人才培养，加大金融支持力度，完善相关基础设施和物流体系建设，为进一步推进跨境电商领域制度创新提供了坚实的保障。自2016年获批首个国家跨境电商综试区以来，河南首创的"1210"网购保税进口模式在全球推广，被世界贸易组织定为"中国方案"[②]。此外，河南还在跨境电商零售进口药品试点等方面取得了突破性进展。河南的成功经验表明，制度创新是跨境电商发展的关键。未来，河南要贯彻落实党的二十届三中全会提出的在新的起点上推进制度创新的总体要求，继续深化制度创新，推动跨境电商高质量发展，为我国外贸转型升级和经济高质量发展贡献力量。

第一节 促进产业发展方面的制度创新

近年来，河南省在跨境电商产业发展方面取得了显著成就。然而，与浙江、上海、广东等跨境电商发达地区相比，河南在品牌制度、"跨境电商+产业带"制度、税收优惠制度等方面仍存在一定差距。例如，河南虽然在许昌假发、郑州游乐设备等特色产业带建设上取得了一定成绩，但整体

---

① 习近平在第三届中国国际进口博览会开幕式上的主旨演讲（全文）[EB/OL].（2020-11-4）[2024-9-4]. https://www.gov.cn/xinwen/2020-11/04/content_5557392.htm.

② 孙静. 勇做跨境电商"弄潮儿"——河南"网上丝绸之路"发展观察 [N]. 河南日报，2023-05-9（6）.

上仍需进一步优化产业链，提升产业带的数字化水平。并且，河南在税收优惠政策方面的支持力度相对较弱，需要进一步优化税收政策，减轻企业负担，增强企业竞争力。党的二十届三中全会提出，要打造贸易强国制度支撑和政策支持体系。因此，为进一步促进跨境电商产业发展，河南应在支持品牌升级、促进优势产业带数字化升级和与跨境电商对接、优化跨境电商税收政策三个方面继续推进制度创新。

一 制定支持品牌升级新政策

河南省的跨境电商领域已经孕育了一些具有全球影响力的知名品牌，例如，瑞贝卡假发、泰康鞋业以及洛阳钢制家具产业的花都、银龙、宇宝等品牌，还有郑州游乐设施业的力美奇、航天游乐、永世通等[①]。这些都代表了河南省在跨境电商领域的实力和发展潜力。下一步，要继续在提升品牌的国际化方面进行制度创新，提升河南制造的国际形象。

（一）通过资金技术支持推动提升跨境电商品牌的全球数字化传播能力

第一，对于瑞贝卡假发、佐妮雅化妆用具、致欧家居等已经建立自主品牌的跨境电商企业，政府要在品牌宣传推广的扶持制度上加强创新。设立专项补贴制度，支持上述类型企业在 Instagram、Facebook、Twitter、TikTok 等主要社交媒体平台上开展品牌营销活动。具体来说，对入驻国际社交平台并且宣传效应显著的企业，按照平台营销费用给予一定比例的补贴。第二，针对信阳市光山县羽绒服、安阳市北关区柏庄镇婴童装等产业中以代工为主、尚未建立自主品牌的跨境电商中小企业，可以依托郑州市大数据中心，支持数据分析企业为跨境电商中小企业提供大数据和人工智能技术服务，帮助中小企业进行市场分析和营销策略优化。对为中小企业提供行业数据分析服务的公司，根据服务效果给予补贴。评选一批适合打造品牌的企业，对企业注册境外商标、申请境外专利等给予财政支持。第三，对于具有一定规模和技术能力，但尚未打响品牌知名度的企业，可以

---

① 杨霄. 河南十大跨境电商特色产业带揭晓 瞧瞧你的家乡有啥宝贝［EB/OL］，（2021-05-11）［2024-07-26］. https://new.qq.com/rain/a/20210511A01EOU00.

设立补贴，支持企业采用虚拟现实、深度神经网络、智能推荐系统等新技术进行品牌推广，对采用新技术推广品牌的费用进行补贴。

（二）文化赋能河南农业品牌国际推广

河南农产品知名品牌众多，借助跨境电商发展的红利期，以文化赋能农业品牌国际化推广的意义重大。以"一带一路"共建国家为重点，在出口地建立河南农产品品牌线下展示店，展示店可以通过政府购买服务或以国有企业入股的方式出资建设。依托中原文化研究中心，建立研究课题，聘请文化、历史专家为河南农产品设计品牌故事，推进非物质文化遗产、历史文化、红色文化、饮食文化、节庆文化、乡风民俗等元素融入农业品牌，提升农业品牌文化内涵。设立农业品牌文化传播专项经费，与国际组织、驻华使领馆、国际研究机构、国际商协会、海外主流媒体等建立合作章程，对接 RCEP，在重要节点国家和地区开展巡展推介，奖励优秀活动，推动河南农业品牌国际合作。在国际电商平台设立河南农业品牌专区，由政府部门授权电商企业在第三方电商平台上运营管理。选取符合条件的农业品牌企业加入，联合平台企业定期开展公益帮扶活动。

（三）加强跨境电商品牌运营的集约性和专业性

第一，为降低品牌推广成本，提高同一行业品牌的集约化发展水平，政府可以建立系统的国际市场分析框架和信息发布机制，定期分析和发布有关"一带一路"共建国家、RCEP 成员国家的政治、经济、技术、社会等宏观环境的信息，为河南跨境电商品牌经营商提供市场开拓和营销的决策支持。该举措可通过与行业协会或专业市场分析机构签订合作协议、购买服务等方式进行。市场分析结果和相关信息通过政府官方网站、专业期刊、行业报告以及新闻媒体等渠道发布，将信息加载至在线数据库和社交媒体平台，便于企业查找和使用。第二，要提高品牌运营的专业性。鼓励产业园区招引服务商、网店、跨境电商入驻，对新增进驻企业达到一定标准的园区给予奖励。支持制造业企业向跨境电商转型，通过将网店运营、数据统计、用户维护等业务外包给专业化、规模化的跨境电商销售企业，来提高制造业品牌的跨境电商运作水平。

二 创新"跨境电商+产业带"试点政策

跨境电商与产业带融合发展有助于提升产业带整体竞争力、促进产业升级和扩大国际市场。具体来说，跨境电商通过数字化手段，帮助产业带企业提升技术水平；为产业带企业提供了更直接的国际市场反馈，从而促进企业根据市场需求快速进行产品创新和迭代。近年来，河南形成了郑州游乐设施产业带、电线电缆产业带、机械设备产业带，洛阳钢制家具产业带、铝制品产业带，此外还有开封流量计产业带、偃师鞋靴产业带、新乡锂电池产业带、鹿邑化妆刷带等。下一步，要在"跨境电商+产业带"方面继续推进制度创新，促进更多地方特色产业带更好地进入国际市场。

（一）促进产业带数字化升级

加强对产业园区的数字基础设施建设，推动产业园区内企业的数字化转型。具体来说，设立河南省数字化转型专项财政资金，用于支持产业园区内企业的宽带网络、云计算服务和大数据分析工具的升级。为在数字化基础设施上投资的企业提供税收减免或退税政策。为数字化转型项目，尤其是中小企业，提供低息贷款和信贷担保，通过政策性银行和其他银行业机构建立的新型基础设施建设优惠利率信贷资金①，支持这些企业的数字化改造。制定产业园区数字化基础设施的建设标准，参考河南"双千兆"网络协同工程和省 5G 无线网②建设标准，确保新型数字基础设施标准化建设。

（二）推动"跨境电商+产业带"产业链供应链网络化协同发展

鼓励产业链龙头企业，如瑞茂通、中钢网、中信重工矿山装备等本地龙头企业共享数字化解决方案和工具包，以推动产业链上下游的数字化转型。参照《河南省加快数字化转型推动制造业高端化智能化绿色化发展行

---

① 河南省人民政府办公厅关于印发河南省推进新型基础设施建设行动计划（2021—2023 年）的通知 [EB/OL]. (2021-04-12) [2024-07-26]. https：//m. henan. gov. cn/2021/04-12/2124639. html.

② 河南省人民政府关于印发河南省重大新型基础设施建设提速行动方案（2023—2025 年）的通知 [EB/OL]. (2023 08 04) [2024-07-26] https：//www. henan. gov. cn/2023/08-04/2791853. html.

动计划（2023—2025 年）》① 中支持工业互联网创新发展的奖补政策，针对愿意牵头建设行业数据中心、进行工业数据价值化开发、为产业链上下游企业提供数据要素便捷服务的企业提供财政奖励或补贴。

将推动建设"跨境电商+产业带"的政策和《河南省加快数字化转型推动制造业高端化智能化绿色化发展行动计划（2023—2025 年）》的配套细则协同起来进行创新。在建设制造业"智慧大脑"的同时，根据河南产业带重点企业清单②，支持耐火材料、游乐设备、服装、电线电缆、有色金属、新型材料、现代食品、机械设备等重点行业的重点企业建设"产业大脑"，以汇聚行业数据资源，建立行业数据汇聚平台。支持企业整合和利用大数据资源，推广跨境电商应用场景。

三 优化跨境电商税收政策

税收优惠政策能够降低企业成本。实施无纸化退税申报等创新措施有助于提升外贸营商环境，吸引更多企业参与跨境电商，扩大市场规模。近年来，河南积极探索适用于跨境电商 B2B 配套税收政策，引导更多企业用好所得税核定征收政策，逐步实现了企业在线退税申报。下一步，要在税收征管、出口退税政策上进一步创新，优化河南税收环境，创新跨境电商的税收管理和服务。

（一）创新海外仓税收管理政策和服务

《郑州市跨境电子商务专项提升行动实施方案》提出要优化跨境电商海外仓退税政策。为此，可借鉴其他省市的模式③，河南税务部门可以将本地跨境电商海外仓资料、企业"9810"报关数据等一系列数据开放给海关和

① 河南省人民政府关于印发河南省加快数字化转型推动制造业高端化智能化绿色化发展行动计划（2023—2025 年）的通知［EB/OL］.（2023 - 12 - 08）［2024 - 07 - 26］. https://www. henan. gov. cn/2023/12-08/2862061. html.
② 郑州市人民政府关于印发郑州市加快推进跨境电商发展的若干措施、郑州市跨境电子商务专项提升行动实施方案和郑州市加快直播电商发展的实施方案的通知［EB/OL］.（2023 - 12 - 22）［2024-07-26］. https://public. zhengzhou. gov. cn/D0104X/8087821. jhtml.
③ 北京打通政企数据链路 便利跨境电商企业出口海外仓退税［EB/OL］.（2023 - 06 - 29）［2024 - 07 - 26］. https://swt. fujian. gov. cn/xxgk/jgzn/jgcs/dzswhxxhc/gzdt＿598/202306/t20230629_6194972. htm.

税务部门，便于海关对企业将货物先出口到海外仓，然后再销售给消费者这一销售模式获得的收入进行认定和监管，通过开发此类数据接口打通"9810"退税的收入确认这一难点环节。针对海外仓出口业务商家提供的订单与需要退税的商品难以一一对应的问题，税务部门可以创新退税材料和流程的制度要求，采用对同一产品定期汇总销售数据，再分批次退税的方式，缩短退税到账时间，降低企业运营成本。

（二）建立跨境电商税收服务中心

为提高企业的税收合规性，降低企业的税收风险，可以根据《河南省保障税收服务发展条例》中对涉税信息共享和开放、税收协助和保障、税收优惠和服务的规定，建立专门的跨境电商税收服务中心，为企业提供一站式税收服务。服务内容包括帮助企业解决税收申报、退税、税收筹划等问题；提供税收政策咨询和培训；建立税收风险评估体系，帮助企业识别和管理税收风险；提供税收合规性指导服务，帮助企业建立和完善内部税务管理制度。

（三）推动跨境电商税收信息化和数据共享

利用河南税务大数据平台，创新开发跨境电商专项数据分析产品。通过税收大数据平台，收集和分析河南跨境电商的经营数据，与其他政府部门建立合作机制，联合多部门开展分析研究，为政府制定跨境电商扶持监管政策提供支持。鼓励设立跨境电商综试区的郑州、洛阳、许昌、南阳、焦作的相关部门与省税务局签订跨境电商数据共享合作框架协议，促进省级涉税数据返回各相关市，明确数据共享的范围、条件和流程，打破信息孤岛、提升跨境电商税务信息化水平。

第二节　完善综合服务方面的制度创新

跨境电商综合服务涵盖了支付结算、物流运输、售后服务、信息服务等多个方面，旨在为企业提供全方位的支持和解决方案。党的二十届三中全会提出，完善支持服务业发展政策体系，优化服务业核算，推进服务业标准化建设。近年来，河南省在跨境电商综合服务业务方面取得了显著进展，然而，仍存在金融支持力度相对较弱、物流数据分享和智慧物流建设有待加强、信息服务水平有待提升等问题。下一步，应继续在支付结算、融资和外汇方面加强金融服务制度创新；在物流数据分享、充分利用中欧班列、提升物流智能化水平方面加强物流服务制度创新；在信息协同、信息互通、信息统计方面加强信息服务制度创新。

一　加强金融服务制度创新

随着跨境电商市场的快速发展，企业尤其是中小企业和个体工商户的融资需求明显增加。由于涉及多币种和不同国家的法规，支付结算效率低、成本高、风险大成为跨境电商企业面临的主要问题。近年来，河南通过研发出口信用保险产品，推进金融机构与交易平台和公共服务平台互联互通，开展出口跨境电子商务直通车业务，提供便利化收款服务等，降低企业的出口风险，为跨境电商企业提供更加便捷的金融服务。下一步，要在跨境支付和贸易融资方面继续加强制度创新，提升金融服务跨境电商的质量和效率。

（一）优化支付结算体系

为中小型跨境电商企业及个体工商户提供外汇结算账户，降低跨境支付成本。鼓励没有外汇牌照的第三方支付机构与持牌机构合作，降低跨境支付费率，吸引用户流量。对通过合作扩大支付业务范围、降低跨境支付费率的企业，给予一次性奖励。跨境电商业务越来越复杂，对金融服务主体在风险防控、业务对接等方面的要求也越来越高，而河南尚没有本土持牌的第三方支付机构和办理跨境电商结算业务的银行[①]，可以鼓励银行与支付机构共建信用评价体系，通过共享客户的信息流、物流、资金流，完善信用数据库。此外，还可以探索跨境条码支付，支持郑州银行等河南本土银行参与国内外条码支付标准制定，探索跨境条码支付的可行性。对积极参与跨境支付结算创新业务并且成效明显的银行优先给予再贷款、再贴现

---

① 王小艳. 河南双创专家谈丨王小艳：河南跨境电商全产业链生态系统的构建及优化［EB/OL］.（2023-10-23）［2024-07-26］. https：//theory. dahe. cn/2023/10-23/1321584. html.

等额度支持。

（二）整合融资渠道

首先，根据交易规模设立出口退税资金池。南阳市研究建立了全省首个出口退税资金池，条件成熟时可将经验在全省推广。通过政府、银行和企业三方合作，提前垫付企业应退税款项。通过税务部门确认的应退税金额的一定比例先行借支给企业，加快资金流动，缓解企业资金压力，为跨境电商发展提供储备资金。其次，发挥河南省和各地市母基金的杠杆撬动作用，联合社会资本在郑州、许昌、南阳、洛阳等跨境电商综试区成立跨境电商行业子基金，专注于投资有潜力的中小跨境电商企业，支持中小跨境电商企业及其产业链相关企业建设独立站、服务平台，拓展跨境物流业务，建设海外仓。

（三）提升外汇管理工具效能

为跨境电商企业提供多样化的汇率风险管理产品和衍生工具，降低经营风险。具体来说，推动银行和金融机构开发适合跨境电商企业的汇率风险管理产品，如降低中小微企业的远期结售汇保证金比例和减免外汇交易手续费，对银行远期汇率交易产生的未履约损失按比例给予补贴，对银行外汇交易收入按标准给予适当财政补贴；对银行开发的汇率产品按业务规模给予奖励。鼓励企业使用风险管理工具，对中小微外贸企业采用外汇衍生品进行汇率避险的，按外汇衍生品履约金额给予一定比例的资金支持。

二 加强物流服务制度创新

跨境电商物流涉及多个国家和地区，需要面对不同国家的进出口规定和物流网络，因此也面临更高的风险。在服务制度建设方面，河南制定并实施了统一的单证标准，支持企业实现与发达国家重要城市的网络连接，开辟与主要发展中国家的快递专线，简化了跨境交易流程，加强了河南与全球的物流联系。下一步，要在物流行业数字化、充分利用中欧班列、提升物流智慧化水平方面加大制度创新力度，推动跨境电商配套物流升级发展。

（一）推动物流行业数据分享

为了确保跨境电商物流服务能够适应市场的快速变化，并有效应对可能出现的各种风险，可以与"丝路电商"合作国家的物流企业组建物流联盟，加强信息共享，减少市场变动风险对跨境物流带来的影响。为此，结合《郑州市人民政府加快建设现代国际物流中心的实施意见》，由河南邮政与河南省物流与采购联合会牵头组建国际性同业联系机制，吸引河南保税集团、中大门国际物流等河南跨境物流企业与国外物流企业的中国经营主体自愿加入[1]，并由该联盟出资建立物流综合信息服务平台，通过平台收集和整合国际物流数据，扩大物流数据的信息覆盖面，提高信息准确性。政府负责根据《集装箱多式联运电子数据交换》等数据交换国家标准制定数据共享细则，并对数据使用的安全性进行监管。对于加入物流联盟，且在物流信息服务平台上传和分享数据达到一定规模的企业给予财政补贴。

（二）发展"中欧班列+跨境电商"模式

推动企业在中欧班列目的地站点和主要节点城市建立海外仓，优化中欧班列海外仓总体布局。依托德国、俄罗斯等中欧班列站点设立的海外仓，搭建跨境电商境外前置仓，结合《郑州市人民政府关于加快推进跨境电子商务发展的实施意见》中鼓励公共海外仓建设的奖补政策，增加对在中欧班列沿线有海外仓的城市建设前置仓的企业，按面积或经营年限给予奖励。建立中欧班列境外集疏运体系，通过奖补、政府部门牵头等方式推动河南保税集团、河南中豫国际港务集团等中欧班列、海外仓运营公司与泰国、越南等中欧班列站点国的工业园运营主体签署合作协议，设立联合海外仓，开展拖车、清关和仓储等中欧班列海外延伸服务。

（三）提升跨境物流智能化水平

提升跨境物流智能化水平，通过提供税收优惠、资金支持等激励措施，鼓励企业在郑州建设一体化智慧云仓、中欧班列智慧物流甩挂中心、中欧

---

① 商务部办公厅关于确定智慧物流配送示范单位的通知 [EB/OL]. (2016-07-26) [2024-07-26]. http://www.mofcom.gov.cn/article/zwgk/gkgztz/201607/20160701365848.shtml.

班列多式联运智慧集散分拨中心。通过资金扶持，支持物流企业利用先进数据采集和智能分析技术，拓展数据增值业务。鼓励中国物流集团国际速递供应链管理有限公司、大河控股有限公司、河南铁建投物流有限公司、河南大河速递有限公司等河南龙头企业积极承担国家级、省级物流标准化试点任务。引导郑州弘依运输、河南万邦国际农产品物流股份有限公司等参与国家跨境电商生产、营销、支付、物流、售后等各领域的标准制定。

三　加强信息服务制度创新

信息服务可以提供精准的市场分析和定制化的营销策略，从而使企业能更好地理解市场需求，快速响应市场变化。通过准确的数据分析和及时的信息反馈，帮助企业做出更加明智的商业决策。在跨境电商信息服务平台建设方面，河南拥有中国（河南）国际贸易"单一窗口"跨境出口系统等服务类平台；天猫国际、京东国际、苏宁国际等交易类平台；还建立了河南省商务公共服务云平台等多个信息服务平台。此外，各级政府提出有助于信息服务规范化、统一化的制度政策，如制定数据规则规范，推进各园区综合服务平台与跨省国际贸易"单一窗口"平台业务协同，统一平台信息标准规范和接口，统一数据标准和使用规则等。下一步，河南要继续在推动跨境电商服务平台信息协同、精细化服务、导向型服务方面继续开展制度创新。

（一）建立跨平台信息发布协同机制

首先，要建立跨境电子商务信息合作机制和共享体系，统一信息标准规范、信息备案认证和信息管理服务，打通服务、交易、资讯之间的信息差。鼓励咨询、交易类平台企业完善平台功能，增加信息查找、汇总、分析服务，对功能提升产生的费用进行补贴。其次，交易类平台直接掌握跨境电商的交易数据，可以建立以天猫国际、京东国际、苏宁国际、eBay 等交易类平台的河南站点为核心，河南省商务公共服务云平台和国际贸易"单一窗口"平台为辅的信息协同体系。政府负责维护知识产权、技术监管、数据安全的良好环境，并制定数据分享和协同规则，通过财政奖励、示范评选等方式鼓励交易平台企业向资讯平台提供产品供应和需求信息、营销信息的定制和分享，向服务平台分享订单信息、核算信息、售后信息、仓储信息、运输信息。鼓励资讯平台以交易平台上的河南跨境电商交易特征为依据，提供具有针对性的出口国法律法规、贸易新政、市场趋势、社会环境、行业现状等信息。服务平台可以依据交易平台的信息，为企业提供仓储物流、金融保险、营销结算、数据分析等全链条服务。最后，在上述信息发布协同机制建立的过程中，政府可建立沟通合作机制，通过定期举办座谈会、论坛等方式建立沟通平台，促进企业之间就信息需求和信息技术的应用进行沟通与合作。

（二）推动实现跨部门、跨行业信息互通

支持郑州海关、郑州边检、河南出入境检验检疫局等口岸查验单位通过国际贸易"单一窗口"跨境出口系统向跨境电商企业推送通关状态信息。发挥郑州、洛阳的软件和信息服务业的产业优势，探索跨境电商"一键检测""一键退税""一键通关"服务。邀请海关总署数据中心作为平台一级管理设计单位，推动实现国际贸易"单一窗口"跨境出口平台与全国主要口岸的数据直连，提高跨境电商通关日信息报送量。升级报关信息审批方式，由逐条申报升级为批量申报，降低企业的通关时间和成本。推进税务、外汇管理、市场监管、经济和信息化等部门开放数据接口，实现数据互联互通。依托郑州航空工业管理学院跨境电商大数据分析与应用平台建设项目[①]，建立基于国际贸易"单一窗口"跨境出口平台的大数据中枢服务规则。通过分类编制企业信息共享清单和宣传册，制定集中培训、上门指导方案，推动头部跨境电商企业如致欧家居、郑州市联钢实业有限公司、河南保税集团等加强信息共享。鼓励金融机构充分利用企业提供的相关信息，开展供应链业务融资服务，按照贷款规模给予风险补贴。

（三）创新信息统计方法

创新跨境电子商务统计检测方法。探索建立以天猫国际、京东国际、苏宁国际等交易平台情况、口岸申报清单等为依据，市场主体全样本调查为基础，国际贸易"单一窗口"跨境出口平台和郑州海关、河南税务、市

---

① 郑州航空工业管理学院 2024 年 5 至 6 月政府采购意向［EB/OL］.（2024-04-09）［2024-07-26］. https：//zhongmou. zfcg. henan. gov. cn/henan/content？ infoId=1572683.

场管理局等监管部门数据与抽样调查数据相互印证，涵盖各类跨境电商交易模式的统计机制。建设覆盖全产业链的智能化跨境电子商务统计数据收集、汇总、分析信息系统。逐步建立一套多层面、多维度反映跨境电商运行状况的综合指标体系。

第三节　促进"双创"方面的制度创新

"大众创新、万众创业"已成为推动跨境电商发展的重要动力源。通过激发全社会的创新潜能和创业活力，跨境电商能够不断涌现新模式、新业态，提升国际竞争力。党的二十届三中全会提出，优化创业促进就业政策环境，支持和规范发展新就业形态。然而，河南在跨境电商领域的双创制度仍存在一些问题，亟待进一步优化。例如，在创新服务方面，缺乏系统的政策支持和激励机制；在创业服务方面，创业者仍面临融资难、政策落实不到位等问题；在跨境电商孵化方面，河南孵化的平台数量和质量仍需提升。下一步，河南应在挖掘优质跨境直播主体、激活跨境直播电商发展动能、鼓励企业创新跨境直播应用场景方面推进跨境直播电商制度创新；在人才政策、创业支持政策和创业生活服务方面加强创业服务制度创新；通过支持开发复合型创新平台、提升双创服务效能推动孵化平台制度创新。

一　探索跨境直播电商标杆培育制度

在跨境直播电商领域，河南已经形成了一批领军企业，如海一云商和河南秀集文化传媒；诞生了一些月销售额达到千万元甚至上亿元的带货达人，如麦小登、周甜丽、大奔姐、小花妞、乔乔好物等。河南在中大门、许昌打造了跨境电商直播基地，但尚未出现跨境直播电商领域的标杆主体。下一步，河南要继续加大跨境直播电商制度创新，结合本地直播产业资源，扶持跨境直播主体成长，大力培育跨境直播电商标杆企业，打造高效优质的跨境直播生态圈，助力万众创业。

（一）挖掘优质跨境直播主体

首先，培育优质企业。由于优质企业挖掘培育离不开完善的跨境直播产业链，因此，可以针对在中大门、许昌等注册的跨境直播基地且具有集中研发、设计生产、运营决策、集中销售、财务结算等管理服务职能并正常开展业务的跨境电商企业,如果直播零售额增速高于全省平均水平,且零售额超过一定标准的给予一次性奖励。其次,孵化优质主播。鼓励与目标市场当地关键意见领袖主播开展引流合作,开展达人外语主播培育孵化、明星外语主播 IP 打造、品牌跨境独立站直播专项扶持、虚拟跨境主播创新应用等行动,并对跨境电商主体开展的上述直播活动根据经济效益给予相应奖励。按照跨境直播带货额等标准,每年评选"河南跨境电商明星"若干名,给予奖励。最后,集聚优质跨境 MCN 机构。培育引进一批熟悉泰国、非洲、越南等河南主要出口地市场运作、选品包装、引流获客、个性定制等智能化服务的头部、领军跨境 MCN 服务商,如"交个朋友"直播团队、映马传媒等。对独家签约年带货销售额达到一定标准的主播所在的跨境 MCN 机构,给予财政奖励。

(二) 激活跨境直播发展动能

定期举办具有影响力的跨境直播电商大会、跨境主播带货大赛、跨境直播公益讲堂、跨境直播电商培训、特色跨境直播展览等活动。对经认定的跨境直播培训机构,组织培训课时、人数达到一定标准的,根据实际培训费用按比例进行补贴。支持金融机构与跨境直播电商机构合作,创新有针对性的投融资服务,并给予风险补贴。鼓励跨境直播电商企业加大数字化实时布景、"AI+MR"交互体验等新技术研发应用,借助大数据分析等技术开展内容审核和精准流量投放。对于企业研发、引领性原创等投入,给予财政资金支持。对符合资质认定的跨境直播电商企业发展壮大提供融资支持。例如,对年网络零售额和增速达到一定标准的跨境直播电商企业获得的用于经营的贷款,享受贴息补助。

(三) 鼓励企业创新跨境直播应用场景

打造"数字农业+产地直播"。依托长葛市的特色蜂制品、桐柏艾制品、西峡香菇等河南特色农产品,运用 5G、物联网、数字孪生等技术,鼓励建设数字农业生产跨境直播中心、数字农场跨境直播营销中心,构建从农场到消费者的全产业链数字农业跨境直播场景,打造数字农业特色跨境直播基地。鼓励跨境直播电商企业参与河南"名特优新"农产品线上销售,积极开展"田间地头"直播，带动农村地区增产增收。对从事农特产品跨境直播销售的企业，年直播零售额达到一定标准的给予奖励。

二　建设创业服务制度平台

为跨境电商创业者创造良好制度环境有助于创业者加快成长，获取创业要素资源，逐渐成长为跨境电商优质经营主体，最终促进跨境电商行业整体创新和发展。在跨境电商创业服务制度供给方面，河南已经出台了相关政策支持企业开展创业团队孵化，编制《跨境电子商务业务一本通》，发布跨境电子商务基础业务发展指引，并针对创业者提供一站式综合服务。下一步，要在人才扶持、创业支持、创业生活服务等方面加大制度创新力度，吸引和培育跨境电商创业人才。

（一）人才政策创新

建立国际化人才培养机制。依据《河南省人民政府关于进一步做好新形势下就业创业工作的实施意见》《河南省人民政府办公厅关于推动豫商豫才返乡创业的通知》等文件，设立跨境电商国际人才资助项目，支持具有国际贸易、外语技能的科研人员、留学归国人员等重点人群开展跨境电商创业活动，对首次创办小微企业或从事个体经营，且创办的企业或个体工商户正常运营1年以上的提供创业补贴。对在河南省内创业、有固定经营场所、在法定劳动年龄内属于上述重点人群的，提供一定额度的个人创业担保贷款。开展"全球市场入门计划"，与国际商学院签订省校合作协议，借助学校资源，定期举办各类跨境电商创业大赛、为创业者提供短期课程或工作坊等。

（二）升级创业支持政策

第一，实施一揽子税收减免赋能跨境电商创业计划。建立重点创业人才和紧缺人才认定办法，对省内外重点创业人才和紧缺人才创业个人所得税负超过一定比例部分予以免征。对于专注人工智能、大数据、区块链、智能物流及低代码等前沿技术开发和商标权、著作权、专利权等知识产权创造的跨境电商初创企业，提供税收减免，如减免增值税、企业所得税等。第二，建立健全跨境电商创业项目优选优扶制度。优化升级《河南省促进全民创业先进单位和个人评选表彰方案》《河南省教育厅办公室关于组织开展"创响中原"2023年河南省大学生创业项目培优行动的通知》等评优和培优方案，联合河南科技大学、郑州职业技术学院等开设跨境电商专业的就业创业服务中心，在高校设立预孵化服务平台，为高校跨境电商类创业项目进驻河南各地市提供前置性服务。

（三）完善创业生活服务制度

第一，探索建立跨境电商创业者民生保障制度。结合《河南省高层次人才认定和支持办法》《河南省高层次人才认定工作实施细则（试行）》等有关规定，建立针对跨境电商领域紧缺高层次创业人才的住房保障供应新型制度，在郑州、洛阳、许昌等创业者聚集地市指定一批跨境电商创新创业社区和国际跨境电商人才公寓，保障跨境电商创业者居住空间。第二，打造跨境电商创业文化空间。结合《河南省众创空间管理办法》的规定，制定创业空间备案实施办法，聚焦各跨境电商综试区、跨境电商人才培训暨企业孵化平台、众创空间等创业载体，布局生活便利设施，如24小时便利店、共享办公场所、创新工场、咖啡馆、创意集市、艺术馆等，构建适合创业者生活、娱乐、交流创业思路、提升创业技能的一体化文化空间。

三 建立跨境电商孵化平台创新创业发展制度

河南以跨境电商综试区和人才培训暨企业孵化平台为主要双创载体，鼓励建设新型孵化器，提供创业培训、融资支持和咨询辅导；还鼓励基金公司等金融机构参与，提供金融支持，包括创业担保贷款和风险投资等，构建了一个有利于创新创业的生态系统。下一步，要继续在双创基地管理机制、支持政策和人才培养等方面加大创新力度，提升跨境电商双创基地促改革、稳就业、强动能的带动作用。

（一）支持开发复合型创新平台

支持河南中钢网科技集团、中科九洲等能够为跨境电商行业服务的大数据优秀标杆企业，河南讯飞人工智能、郑州德力自动化物流设备制造有限公司等人工智能重点企业，中大门物流、开元经贸、易赛诺等综合服务企业，河南省电子商务协会、新乡市跨境电商协会等行业组织建设跨境电商领域的共性技术平台，提供"AI+外贸"、云计算、智能客服、数字人 24 小时直播、一键发货等相关服务，对平台建设方根据建设和服务成效给予连续年度的财政支持。支持河南省秦巴跨境电商孵化平台、金源孵化器等人才培训暨企业孵化平台运营方、行业组织等主体建设枢纽型跨境电商交易中心、跨境电商国际枢纽港等枢纽型平台，提供技术转移转化、投融资、人才、空间、供应链、标准制定、成果转化、国际交流等相关服务，对平台运营方根据服务成效给予财政资金支持。

（二）提升双创服务效能

结合《河南省人民政府办公厅关于印发河南省促进个体工商户发展若干措施的通知》中对电子商务平台成员集群注册的规定，支持集群注册综合服务平台等政务平台，放宽创新创业园区内小微企业在经营类型和免费注册时间等方面的要求。鼓励在创新创业园区举办全球跨境电子商务大会、黄河流域跨境电商博览会等国际知名品牌展会，中国跨境电商品牌影响力百强榜等榜单评选，中国零售商大会跨境电商与国货品牌出海论坛等高端论坛；支持举办跨境电商创新创业大赛、跨境电商"品牌出海"相关路演、新技术新产品发布、新技术交易等活动，对活动举办方根据活动成效给予资金支持。

第四节　探索跨境电商新规则

跨境电商新规则的制定和实施，对规范市场秩序、提升交易效率、保障消费者权益具有重要意义。然而，河南在跨境电商零售、业态融合、海外仓等相关的制度建设上仍存在一些问题，亟须通过制度创新加以解决。在跨境电商零售制度方面，河南零售进口主体数量有限，平台创新能力不足，制约了跨境电商零售业务的进一步发展。在业态融合制度方面，业态融合的深度和广度不够，尚未形成成熟的融合发展模式。在海外仓制度方面，现有的海外仓服务机制尚不完善，无法充分满足企业的多样化需求。党的二十届三中全会提出，要营造有利于新业态新模式发展的制度环境。下一步，河南应在加强零售进口主体引培，支持零售进口平台创新，推动模式创新方面加强跨境电商新零售制度创新；在创新发展"跨境电商+市场采购贸易+外综服""跨境电商+跨境直播+海外仓""跨境电商+外综服+中信保"等融合模式方面推动业态融合制度创新；通过建立海外仓运营联盟，发展共享海外仓，鼓励海外仓差异化布局，打造多元化服务机制，推动海外仓制度创新。

一 推动跨境电商零售制度创新

跨境电商零售通过线上线下的深度融合，提供更加便捷和个性化的购物体验。近年来，河南鼓励设立市内线下展示店，创新开展了"1210"网购保税进口模式，并在乌鲁木齐、银川、沈阳、贵阳等地复制推广。此外，还优化了"跨境电商+快速配送"零售业务流程；搭建全球汇商城线上一张网、线下万家店，打造线上线下融合的跨境电商零售服务平台。这些制度设计为跨境电商发展提供了强有力的支撑。下一步，要继续推进制度创新，加强进口零售主体引培，支持零售进口平台创新，推动模式创新，以进口零售蓬勃发展支持全省消费升级。

（一）加强零售进口主体引培

培育壮大中大门医药、河南领澜供应链等具有品牌、模式、渠道优势的进口主体，支持惠德医药、利恒医药等河南本土企业通过自建平台、小程序、开设网上店铺等形式开展跨境电商零售进口。对在河南进口额达到一定规模的企业，根据进口额给予相应奖励和进口贴息。充分发挥许昌的中州购全球商城、中大门全球汇商城、南阳卧龙综合保税区的跨境电商平台等跨境电商进口平台足不出户买全球的优势，整合资源对接全球品牌、企业、产品，与国内外头部企业建立合作机制，大力引进化妆品类、保健品类、医药类、食品类、服饰类等国外零售消费品牌到河南设立总部，落地新零售首店、旗舰店，形成辐射中部地区的标杆消费效应。对在河南开设法人企业且持续经营一年以上的中国（内地）首店、旗舰店给予一次性奖励。

（二）支持零售进口平台创新

依托中大门保税直购体验中心，充分发挥保税监管仓进口通道作用，扩大鲜、干水果及坚果、酒类、饮料等优质消费品进口。在河南省正在建设的进口非冷链货物信息追溯系统、"豫冷链"系统的基础上建立进口商品溯源地方标准，系统梳理境外生产、境内通关、仓储/保税仓储、市场流通、线上交易、二线清关、物流运输、终端消费等网购保税备货模式二维码应用场景，规范溯源链条中各参与方需要采集的信息①。持续做大菜鸟、唯品会保税仓，引进抖音保税仓，通过以商招商带动产业链相关主体落地，对租用郑州、南阳、洛阳、开封等地保税仓面积超过一定标准且采用"1210"模式申报进口交易额突破一定规模的仓储服务类企业，按照所申报进口交易额的一定比例给予奖励。建设进口零售直播基地。依托中大门保税直购体验中心、南阳市跨境电商进出口商品展示中心、中大门直播电商产业基地等设立跨境电商零售进口实训基地、直播基地。以此来发展保税仓直播，培育一批本土流量主播，带动零售进口商品流量增长。

（三）推动模式创新

大力发展现场提货跨境 O2O 等模式，通过保税区展示、在固定经营场地内开展保税商品展示和交易、跨境电商零售进口以及进口完税商品销售等多种业态拓展客源。鼓励河南省电子商务协会、河南省豫商联合会等商协会联合"一带一路"共建国家商务部门、亚马逊、eBay 等境外机构开展线上选品对接会，为中小跨境进口零售企业拓展海外供应渠道，对线上对接会主要组织者按照成交规模进行补助。支持企业增加全渠道 C 端一键代发、B 端快捷分销等多种业务模式。推动郑州、洛阳、南阳、许昌等市内免税店率先落地，以跨境零售支持消费升级。

二 推动跨境电商业态融合制度创新

跨境电商业态融合可以简化跨境交易流程，减少中间环节。河南拓展了"跨境电商+空港+陆港+邮政"运营模式；以及国际贸易"单一窗口"的"外贸+金融""通关+物流"功能，为跨境电商提供了更高效的通关、物流、金融服务。下一步，河南可以继续在商品采购、综合服务、营销、仓储等多个环节开展业态融合创新，解决跨境电商发展瓶颈，打造河南跨

---

① 宁波实施《进口食品溯源二维码应用规范》地方标准 [EB/OL]，(2024-04-21) [2024-07-26]. http://zjnews.china.com.cn/zj/nb/2024-04-21/421080.html.

境电商业态融合新模式。

（一）创新发展"跨境电商+市场采购贸易+外综服"融合模式

融合跨境电商、市场采购贸易和外贸综合服务可以简化跨境电商业务的出口流程，减少烦琐的出口申报手续，提高整体的贸易效率。因此，可以在中国（许昌）国际发制品交易市场开展市场采购贸易方式试点的基础上，积极尝试开展"跨境电商+市场采购贸易+外综服"融合模式。在制度设计方面，首先，要优化市场注册制度。针对在 eBay、京东国际、天猫国际等进驻河南的跨境电商平台上注册的中小微出口企业制定特别条款，允许他们在没有实体店面的情况下进行工商注册，并为新注册的跨境电商卖家提供税务登记和优惠政策指导，帮助他们快速适应线上市场环境。其次，要做好监管，建立联网备案系统。实施实名制备案，确保信息的真实性和可追溯性。在联网平台上建立信用评价体系，根据商户的经营行为和消费者反馈进行信用评分。利用平台收集的数据，为商户提供市场趋势分析和消费者行为分析服务。

（二）创新发展"跨境电商+跨境直播+海外仓"融合模式

该模式旨在通过跨境直播，增强消费者的购物体验，使其能够实时互动，提高参与感和购买意愿。再结合海外仓，实现商品的快速配送，减少物流运输时间，提升消费者满意度，同时降低库存成本。在制度设计方面，首先，要创新跨境直播人才培养机制。与许昌全媒体直播电商产业基地、中国（郑州）直播电商产业基地、河南开放大学（郑州信息科技职业学院）直播电商运营实战中心等设有跨境电商直播设备、专业的主体合作，建立专门的跨境直播学院，提供系统的培训课程。推出官方认证的跨境直播人才资格证书，提升直播人才的专业水平和市场认可度。提供实战演练平台，创建模拟直播环境，让学员在实际操作中学习和提高技能，增强其实战能力。其次，鼓励家用饰品、粮油、机械设备、耐火材料等河南优势产业跨境电商集群式出国参加大型展会，在展会上设立产品直播间，通过 Facebook、Instagram、YouTube、TikTok 等国际性社交媒体平台进行全方位实时直播，对于设立海外直播间和出国参展的企业，按照展位规模提供一定比例的补贴。在参展地设置线下展厅，汇集参展企业商品，为买家提供真实展品体验，依托线下展厅为企业开展半年至一年的线上直播，展现河南品牌形象，政府对线下展厅费用给予一定比例的补助。

（三） 创新发展 "跨境电商+外综服+中信保" 融合模式

在该模式下外综服企业帮助跨境电商处理从采购到出口的整个流程，中信保给予跨境电商卖家信用额度，如果买家未能支付货款，中信保进行赔付。中信保的对象是外综服企业在帮助跨境电商完成交易后形成的应收账款。跨境电商平台通过提供实时销售数据，帮助中信保评估和管理信用风险。出口企业需要快速回收款项以减轻资金压力，因此外综服企业在评估订单的风险后预先支付款项给出口企业，应收账款的责任从跨境电商卖家转移到外综服企业。接下来，由外综服企业与中信保合作，为这些交易提供信用保险。在制度设计方面，在《河南省人民政府办公厅关于加快培育外贸综合服务企业的实施意见》和《河南省商务厅等五部门关于印发〈河南省外贸综合服务企业认定和管理办法〉（试行）2020 年修订版的通知》的基础上，将经认定的外综服试点企业，纳入 "跨境电商+外综服+中信保" 融合模式试点，并享受相应的通关便利，优先办理出口退税，简化代办退税备案流程。将外综服试点企业纳入信保机构重点客户分级名单并量身定制差异化的承保方案，不断提高政策性出口信用保险对外综服试点企业出口业务的渗透率，做好保单融资服务的配套工作。支持在河南国际贸易 "单一窗口" 综合服务平台中引入中信保服务。

三　探索海外仓制度创新

海外仓是支撑跨境电商发展、拓展国际市场的新型外贸基础设施，能够为河南跨境电商企业提供通关、仓储物流、营销展示等服务，有助于提升品牌影响力和开拓市场。目前，河南认定一批海外仓典型企业；制定了公共海外仓建设规范标准；还制定了扶持智慧云仓等的制度措施。下一步，河南省可在发展共享海外仓，提升海外仓综合服务效能方面，设计海外仓发展新规则。

（一） 建立海外仓运营联盟，发展共享海外仓

鼓励河南国际物流商会、致欧家居、郑州市联钢实业有限公司等行业

协会或示范性海外仓企业作为基础成员，在欧美、"一带一路"沿线国家和RCEP成员国家等市场建立海外仓运营联盟，并且逐步吸引中小企业加入，以实现资源与信息的有效共享，对于联盟组织开展服务所需经费给予财政支持。支持河南的海外仓企业与UPS、马士基集团等国际知名物流企业开展合作，共建共享海外仓。鼓励与省内各县市探索建立海外仓共享机制，发布河南企业运营的公共海外仓名单，推动各地商务主管部门积极向辖区内外贸企业进行宣传推介，促进有海外仓需求的企业与海外仓运营企业加强对接，形成以河南为单位、覆盖全球主要跨境电商市场的共享海外仓网络。对参与联盟的企业，特别是对于在东道国建立公共海外仓的初期投入提供资金扶持。

（二）鼓励海外仓差异化布局，打造多元化服务机制

在差异化布局方面，根据东道国市场发达程度，建立差异化扶持机制。支持宇通客车、领澜供应链等有实力自建海外仓的企业在德国、美国、法国、加拿大等欧美市场建设功能先进的海外仓，并以专业化、品牌化为目标开展运营。支持新密市万力实业发展有限公司、郑州市联钢实业有限公司等在非洲、南美、东盟、中东等新兴跨境电商市场依据各国市场需求、交通配套设施和与中国的经贸协定布局海外仓。对于建立满足差异化发展战略和贴合实际市场需求的海外仓的企业，经评审认定后，根据业务规模给予资金扶持。在多元服务方面，结合《河南省跨境电子商务海外仓示范企业扶持资金项目暂行管理办法》，进一步制定扶持项目管理办法，鼓励海外仓企业从提供基本的存储服务转变为提供多元化服务，包括物流、管理和支持服务，形成一站式解决方案；支持企业发展以海外仓为基础的新业务模式，如开展前展后仓，兼营批发零售。鼓励企业根据不同产业的特定需求，建立专门的仓库，如用于存放半组装产品的仓库，或者专门处理退货的中转仓库。支持食用菌、速冻食品等河南优势农产品企业在海外主要消费市场建立专门的冷链物流仓库，用于存储和运输高价值及品牌农产品。

第五节　推进人才交流合作的制度创新

推进人才交流合作对于跨境电商的发展至关重要。通过引进和培养高

素质、国际化人才，跨境电商企业能够更好地适应复杂多变的全球市场，提升竞争力和创新能力。然而，河南在人才合作、产教融合、国际人才引进方面仍存在一些问题。在人才合作方面，河南缺乏系统的国际合作人才培训项目，导致跨境电商企业在国际市场上缺乏足够的专业人才支持。在产教融合方面，河南的产教合作激励机制不够完善，实训基地建设和企业培训力度不足，教师创新团队建设也有待加强。在国际人才引进方面，河南的人才引进政策和服务便利化制度尚需优化，无法充分吸引和留住国际高端人才。党的二十届三中全会提出，实施更加积极、更加开放、更加有效的人才政策。下一步，河南应鼓励跨境电商职业教育"走出去"、推动建立国际合作人才培训项目，创新面向"一带一路"沿线国家的人才合作模式；完善产教合作激励机制、加强实训基地建设和企业培训、强化教师创新团队建设，打造产教融合新规范；优化人才引进政策、完善人才服务便利化制度，为国际人才引进提供便利化措施。

一 创新面向"一带一路"沿线国家的人才合作模式

为了推动河南省与"一带一路"沿线国家的贸易往来和经济合作，培养更多适应"一带一路"沿线国家市场的跨境电商人才，需要创新面向"一带一路"沿线国家的人才合作模式。目前，河南已提出鼓励职业院校与"一带一路"沿线国家政府、学校合作共建跨境电商"鲁班工坊"，为当地经济发展和我国企业"走出去"提供跨境电商人才。下一步，要继续鼓励跨境电商职业教育"走出去"、推动建立国际合作人才培训项目，培养具备跨文化沟通能力的电商人才。

（一）鼓励跨境电商职业教育"走出去"

根据《推进共建"一带一路"教育行动计划》，鼓励南阳理工学院、郑州职业技术学院等在跨境电商产教融合方面具有丰富经验的职业院校在海外设立教学点，开展对外跨境电商技能培训。在"一带一路"沿线国家搭建国际职业技能培训站点，承接如河南保税集团、宇通客车等"走出去"的中资跨境电商企业海外员工培训，探索将全媒体营销、跨境电商视觉营销等商务服务带出去，服务国家"一带一路"倡议，培养能熟练运用职业技术的人才。对设立海外教学点，并承接教育培训达到一定年限、接受培训人数达到一定标准的职业院校给予一次性财政奖励。

（二）推动建立国际合作人才培训项目

以共建"一带一路"倡议为引领，推动河南应用技术职业学院、中原工学院等具有跨境电商人才培养经验且已经筹建了国际学院的职业院校在国际学院中增设跨境电商专业，为"一带一路"沿线国家提供跨境电商技能及数据分析技能师资培养、实习实训等服务，对增设跨境电商专业的学院给予审批便利化和财政补助。积极动员郑州商业技师学院、郑州财经技师学校等开设跨境电商专业的技工院校深度参与青年国际实习交流计划，对取得资格证书的实习生或留学生给予落户、国际旅费资助等政策奖励。发挥中泰职教联盟作用，探索开展中泰校企合作跨境电商人才培养以及面向东盟的物流和跨境电商人才培养。鼓励省内企业小语种、数字经济等人才赴老挝、缅甸、越南等与河南有密切跨境贸易往来的国家进行境外培训，对培训费用给予补贴。

二 打造产教融合新规范

产教融合指学校和企业共同开展专业规划和人才培养，实现教育供给与产业需求的紧密结合，提高人才培养的针对性和实用性。建设现代产业学院是落实产教融合的创新实践。近年来，开封职业学院京东数字经济产业学院、易跨境电商学院等专注于培养跨境电商相关人才，探索形成了产学深度合作的新型人才培养模式，如工学交替、订单培养等，有效提升了教育质量和学生的实战能力。下一步，河南省要继续加强人才培养合作模式创新，以产业学院专业建设和教师创新团队建设为发力点，继续深化建设产教融合新规范。

（一）建立产教合作激励机制

建立人才培养的合作机制。以校企联合培养为主导，政府提供财政、土地、金融等配套要素，注重建立天猫国际、京东国际、致欧家居等跨境电商行业龙头企业的定期指导机制。建立常态化政、校、企对接沟通机制，以举办论坛、座谈会等形式收集企业对人才的需求和学校对人才培养的支持需求。对瑞贝卡假发与中原科技学院共建的跨境电商学院、与许昌学院合作建立的瑞贝卡学院以及中德产教融合平台等建立定期跟踪考核机制。对于已经参与产教融合的企业，如河南昇阳跨境电商产业园、唯品会郑州海淘运营中心等，制定产教融合型企业清单，并给予资金、教育费附加和地方教育费附加抵免等优惠政策。鼓励创建市级、省级产教融合共同体，对最先成功创建省级、市级产教融合型企业的一批单位，给予一次性奖励。

（二）加强实训基地建设和企业培训

以生产性实训为原则，围绕河南跨境电商与产业融合发展集群，在《河南省教育厅办公室关于开展 2023 年河南省职业教育示范性虚拟仿真实训基地建设工作的通知》的基础上，进一步在河南省电子商务产业园、河南正博跨境电子商务产业园，以及各省市级跨境电商示范园区至少打造 1 个虚拟仿真实训基地和高技能人才培训基地。支持各类所有制跨境电商企业建立企业培训中心作为实训基地，组织员工进行技能培训，对培训费用给予补贴。推动市级产教融合实训基地申报省级以上示范性虚拟仿真实训基地和高技能人才培训基地，对成功获批国家级、省级基地的学校或企业，分别给予奖励。对新获评全国职业院校跨境电商技能大赛、中国—东盟跨境电商主播大赛、全国跨境电商专业能力大赛的个人，分别给予财政奖励。

（三）强化教师创新团队建设

打造"双师型"师资队伍。结合《河南省教育厅办公室关于开展 2024 年度河南省职业教育"双师型"教师认定工作的通知》《中共河南省委办公厅、河南省人民政府办公厅印发〈关于推动现代职业教育高质量发展的实施意见〉的通知》等规定，认定一批跨境电商领域的示范性"双师型"教师培训基地，以是否有校级专项资金支持、合作企业实力、校企合作规则完善程度、培训条件等为主要指标进行认定。在河南省高等学校产教融合管理服务平台、河南省产教融合信息服务平台等服务平台的基础上建立跨境电商领域产教融合型教师队伍人才信息库、兼职教师库，集中发布产教融合教学人才需求信息。

三　为国际人才引进提供便利化措施

对历年来跨国电商人才的需求进行分析，用人单位需要的是熟悉国际商务流程、懂得具体操作的人才。目前，跨境电商人才稀缺已成为制约行业发展的瓶颈，引进和培养跨境电商人才可以有效填补人才缺口，推动跨境电商及相关产业的持续创新和发展。对于人才引进的制度设计，河南已经提出要引进国内优秀直播人才，在落户、购（租）房、子女入学等方面给予支持。下一步，河南要继续加大人才引进支持制度创新，提高优秀外语专业人才、主播、数据分析等跨境电商亟须人才的引进力度。

（一）优化人才引进政策

在《河南省重点企业引进人才工作细则》《河南省事业单位招才引智"绿色通道"实施细则》等企事业单位人才引进制度的基础上，制定针对跨境电商领域高层次人才引进的"一事一议"扶持计划。对于顶尖人才和团队，实施个性化扶持计划。对每一位引进的顶尖人才或团队，提供创新创业启动资金、贷款贴息、税收优惠、场所支持等定制化支持方案。对于电子商务示范企业中层以上人才，提供安居补贴，帮助人才解决在河南省安家的初期经济压力。此外，对于技术型人才，如美工设计师、店铺运营经理、数据分析师等，也提供类似的政策支持，以吸引更多专业技术人才。在《关于健全完善新时代技能人才职业技能等级制度的意见（试行）》《中共河南省委组织部、河南省人力资源和社会保障厅〈关于分类推进人才评价机制改革的实施意见〉的通知》的基础上，建立多维度跨境电商人才评价标准，对高级、中级、初级技能人才采用系统指标进行分级。例如，高级技能人才应达到跨境电商行业领军人物级别，在产品开发、品牌建设、营销战略、数据分析等方面的能力达到定性或定量评价标准。

（二）完善人才服务便利化制度

在《河南省高层次人才认定和支持办法》《河南省高层次人才认定工作实施细则》的基础上，建立科学的激励机制和灵活的人才流动机制，完善创新创业服务体系，促进人才成长与发展。开展人才分类认定工作，对于达到高级认定的人才，优先申报省级以上重大人才项目，享受子女入学、就医等保障。在洛阳、许昌、南阳等跨境电商综试区的线上服务平台建立综合性人才频道，提供人才政策查询、服务事项办理、需求申报等服务，并设立反馈渠道；对政策范围明确、标准统一的事项，实现政策找人和主动服务。平台还要增加涉及人社、住建、文旅、卫健等部门的人才服务功能，实现人才基本公共服务事项网上办、马上办、一次办。

第六节　推进跨境电商服务监管制度创新

跨境电商作为全球贸易的新兴模式，依赖高效、透明和公平的监管环境。然而，河南在企业信用评价体系、企业海外合规经营、企业知识产权保护方面仍存在一些问题。在企业信用评价体系方面，河南尚未完全建立覆盖全生命周期的信用监管链条，信用信息共享和应用机制不够完善，信用服务体系有待加强。在企业海外合规经营方面，河南企业普遍缺乏国际化法律服务支持，合规意识和能力不足，海外经营风险较高。在企业知识产权保护方面，知识产权开发不足，快速维权体系和多元化纠纷解决机制不够健全，知识产权保护意识有待提升。党的二十届三中全会提出，健全贸易风险防控机制。下一步，河南应在完善信用监管全生命周期链条、建立跨境商品信用服务机制、加强执法协作与社会共治方面建立企业信用评价体系；在创新海外法律服务中心建设制度、建立企业合规激励和指引机制方面强化企业海外合规经营指导；在加强知识产权保护机制建设、健全企业和行业自律机制方面深化企业知识产权保护观念。

一　建立企业信用评价体系

企业信用评价体系能够为消费者和企业提供关于跨境电商参与主体的信用信息。通过信用评价，企业和消费者可以更好地了解交易对手的信用状况，从而降低因交易对手信用不佳而产生的风险。河南省在跨境电商信用评价体系建设方面取得了积极成效，建立了监管部门信用认证与第三方信用服务评价相结合的综合信用评价体系；并且规划建立了电子商务诚信交易监管服务平台；实施信用负面清单管理，有效打击了失信行为。未来，河南可以着力完善信用监管全生命周期链条和建立跨境商品信用服务机制，继续加强制度创新。

（一）完善信用监管全生命周期链条

第一，建立跨境电商信用信息公示平台。与郑州海关、河南省税务局、河南省工商局等部门进行数据共享，通过建立信息资源目录及接口、规范信息交换标准等，公开跨境电商主体信息、经营信息、监管信息、服务信息、奖惩信息、投诉举报信息六大类信息。第二，根据《河南省社会信用条例》《郑州市电子商务促进与管理办法》等与信用体系建设有关的规定，通过事前注册备案、事中信用评价、事后联合奖惩，实现跨境电商全生命周期链条信用监管。为此，首先要在跨境电商市场准入环节实现市场申请资料同步分享至海关备案部门，企业无须再另行备案。其次根据《跨境电子商务平台商家信用评价规范》和《河南省市场监督管理局企业信用风险分类管理办法》等规定，参照杭州①、宁波②，建立跨境电商进口产品风险评分制度，对进口食品、保健品、药品的企业进行食品药品安全信用风险等级评估。

（二）建立跨境商品信用服务机制

建立跨境商品信用服务机制。第一，建设跨境防伪溯源体系。通过河南自贸区郑州片区的防伪溯源平台③，将跨境进口商品的防伪溯源与市场流通准入检测合二为一，建立一码同行制度。联合中国检验认证集团海外公司建立从海外生产端到国内消费端的全程追溯管理制度。第二，根据《河南省消费者权益保护条例》的有关规定，在河南自贸区郑州片区成立跨境电商消费维权中心，负责调节和处理片区内消费者对跨境进口商品的消费投诉。

二 强化企业海外合规经营指导

强化企业海外合规经营指导不仅能够帮助跨境电商企业了解和遵守目标市场国家的法律法规，减少违法导致的罚款、诉讼或业务中断的风险，还能使企业在国际市场中脱颖而出，提升企业的整体竞争力。作为跨境电

---

① 杭州建跨境电商信用评级指标体系 不同评级获差异化服务 [EB/OL]. (2019-03-16) [2024-07-26]. http：//industry.people.com.cn/n1/2019/0316/c413883-30979123.html.

② 构建全景式信用监管 助力跨境电商健康发展 [EB/OL]. (2022-06-22) [2024-07-26]. https：//credit.zj.gov.cn/art/2022/6/22/art_1229659632_2432.html.

③ 中国（河南）自由贸易试验区郑州片区"一带一路"物流综合服务平台上线运行 [EB/OL]. (2018-01-31) [2024-07-26]. https：//www.zzftz.gov.cn/qydt/968.jhtml.

商第一批试点城市，郑州市提出制定海外服务中心建设规范与标准，为企业制定合规指引。下一步，河南省各地市可以在郑州先行先试的基础上，继续在以下两个方面开展制度创新。

（一）创新海外法律服务中心建设制度

借助河南为侨法律服务律师顾问团、河南省涉外法律服务团的涉外经济纠纷和法律服务经验，建立为跨境电商企业服务的出海服务平台，提供关税法规、知识产权保护、数据保护等方面的咨询服务。依托该平台收集各国的电商法规和案例，如有关二次销售、虚假交易认定等的执法要求和合规标准，建立数据库供企业查询使用，提高企业的合规意识和能力。借鉴无锡在柬埔寨、迪拜、新加坡、菲律宾等地建立海外法律服务中心的制度经验①，在乌兹别克斯坦、古巴、委内瑞拉等国设点，统一服务范围和服务标准，为宇通客车、郑州市联钢实业有限公司等设立海外仓的企业提供法律咨询服务。

（二）建立企业合规激励和指引机制

依据《河南省加快构建现代化产业体系着力培育重点产业链工作推进方案（2023—2025 年）》等规定，应用物联网、人工智能、区块链等技术，支持装备机械、耐火材料、家具家居等产业带的跨境电商企业，如致欧家具、名扬窗饰、宇通客车、尼罗河机械设备、启亿机械、国立控股等实现采购数字化和供应链全流程透明管理，推动供应链全流程合规发展。对企业针对供应链合规管理的投入，在专家评审后按照制度完善程度进行奖补。借鉴《广州市跨境电商行业合规指引（试行）》，结合河南发布的《企业常见法律风险提示暨合规建设指引》，进一步制定河南省的跨境电商产业链企业合规提示，针对跨境电商平台、跨境电商企业、物流企业、支付企业以及其他跨境电商业务经营者在备案登记、信息公示、亮照经营、知识产权保护等经营环节存在的普遍性、体制性问题制定合规指引。

---

① 无锡出台全省首个海外法律服务中心规范化操作指引［EB/OL］．（2022-07-13）［2024-07-26］．https://wxsfj.wuxi.gov.cn/doc/2022/07/13/3710382.shtml.

（三） 加强执法协作与社会共治

结合《2016 年河南省打击侵犯知识产权和制售假冒伪劣商品工作方案》，开展"跨境售假""跨境刷单"等专项治理行动，加强执法力度，营造良好的营商环境。推动郑州市电子商务协会、中信保河南公司、中国邮政河南省分公司等协会、企业协同监管，与世界海关组织跨境电商合作小组、马来西亚跨境电商协会等建立跨区域合作机制，建立强调头部企业、传统企业和行业协会等多元主体责任的合规机制。支持河南 ESG 国际标准合规服务中心、河南省跨境贸易电子商务商品质量检测中心及网上产品质量监管担保服务中心等专业机构和河南锂电池、化妆刷、家具等与跨境电商融合的产业集群建立长期合作关系，促进企业与专业机构、技术专家等交流互动。对支持跨境电商合规建设且产生规模效益的专业机构，按照实际业务费用给予财政补助和评优评先政策倾斜。

三 深化企业知识产权保护观念

知识产权保护是跨境电商发展的重要方面和复杂环节。河南通过建立跨境电商维权费用补贴制度、建设中国（新乡）知识产权维权保护中心、逐步健全知识产权多元化纠纷解决机制等，不断提高跨境电商企业的知识产权保护意识，畅通知识产权维权渠道，提高知识产权保护效率。未来，可以从加强知识产权保护机制建设、健全企业和行业自律机制两个方面进一步创新，提高河南跨境电商知识产权保护的效率和水平。

（一） 加强知识产权保护机制建设

借鉴珠海市发布的《跨境电子商务知识产权保护工作指引（试行）》[1]，指导河南省电子商务协会制定跨境电商知识产权保护指引，明确跨境电商交易平台经营者在从事进出口业务时应当采取的知识产权保护措施，以及跨境电商平台经营者应当建立的知识产权保护机制，并给出具体

---

[1] 《跨境电子商务知识产权保护工作指引（试行）》全文发布 [EB/OL]. （2023 - 02 - 10）[2024 - 07 - 26]. https：//mp. weixin. qq. com/s？ _ _ biz = MzAxOTEwNjUxNQ = = &mid = 2650180396&idx = 2&sn = 58f3ff2a229f5ded1d48a86e4168952e&chksm = 83ce3490b4b9bd86f68bd90ef7a0f65c4465d9f4e3c05676766d0546bb8e9d92d1ed70ede795&scene = 27.

建议。建立信息发布制度，密切关注东盟等知识产权不健全地区的政策发展动向并定期发布，为跨境电商企业提供及时的知识产权保护风险提示。借鉴广州在跨境电商知识产权侵权责任保险方面的先行经验①，推出知识产权保险试点制度。鼓励保险公司设计专门针对跨境电商的知识产权侵权责任保险产品，覆盖因侵犯知识产权而产生的法律费用、赔偿金等潜在经济损失，对产品创新成果突出的保险公司给予财政奖励。

（二）健全企业和行业自律机制

在中国郑州（中部）知识产权运营社会服务联盟、新乡市产业知识产权联盟等的制度基础上，鼓励成立跨境电商产业知识产权保护联盟。借鉴京津冀海外知识产权保护联盟的成立与运作模式，跨境电商产业知识产权保护联盟负责建立河南重点跨境电商企业名录库，开展海外商标侵权纠纷应对指导，推动海外知识产权保护资源共享等②。对已经向河南知识产权主管部门备案并符合《电子商务平台知识产权保护管理》规定的知识产权联盟给予资助。

鼓励河南省知识产权保护协会、焦作市知识产权保护商会、河南省电子商务产业园、河南正博跨境电子商务产业园等行业协会、商会以及各跨境电商产业园区运营方联合建立跨境电商知识产权保护工作站，为各地市跨境电商企业提供知识产权信息检索、法律咨询、争议解决、宣传培训等综合性维权服务，加强跨境电商产业知识产权保护。对工作站主办方年度实际支出按照一定比例给予补助。支持跨境电商企业在出口国注册商标，开展产品国际认证、专利申请。对通过各类国际认证产生的相关费用按一定比例给予补贴。

---

① 赵冬芹，廖靖文. 广州首批跨境电商知识产权侵权险落地［N］. 广州日报，2023-09-23 （8）.

② 京津冀海外知识产权保护联盟成立［EB/OL］.（2024-04-25）［2024-07-26］. http：// tradeinservices. mofcom. gov. cn/article/news/gnxw/202404/163342. html.

第十一章 优化"买全球卖全球"跨境电商发展的生态环境

习近平总书记强调营商环境是企业生存发展的土壤，要持续营造市场化、法治化、国际化的营商环境①，深刻指出了营商环境对企业发展的重要作用。跨境电商利用互联网平台打破了地域限制，河南以"买全球卖全球"为目标，持续优化营商环境，跨境贸易取得了显著成效，同时面临诸多挑战。特别是随着国际环境的不断变化，河南对外贸易面临创新体制机制不健全、网络消费环境不稳定、人才引育措施不得当等问题。未来河南应持续优化营商环境、强化政策集成创新、优化开放创新生态、净化网络消费环境、营造人才发展环境并加强跨境合作交流，持续推进企业、消费者、政府及社会服务机构之间的高效联动，构建良好的跨境电商发展生态。

第一节 持续优化营商环境

持续优化营商环境是完善跨境电商发展生态的重要内容与关键支撑，更是推动跨境电商健康发展的重要环节。自"买全球卖全球"目标提出以来，河南积极拓宽跨境电商物流通道，推出通关便利化举措，持续优化跨境电商营商环境，促进跨境电商业态迅猛发展。未来，在营造跨境电商营商环境的过程中，河南应深化"放管服效"改革、推进负面清单管理、增加政策的透明度，持续优化营商环境，更好地激发跨境电商的发展潜力。

一 深化"放管服效"改革

近年来，河南在跨境电商领域深度推进"放管服效"综合改革，持续

---

① 习近平谈治国理政（第三卷）[M].北京：外文出版社，2020：211-212.

优化市场监管机制，强化行政服务效能，致力于为跨境电商企业打造稳定、公正、透明的营商环境，助力企业健康发展。通过"放管服效"改革，不断出台跨境电商利好政策，支持跨境电商做大做强，构建更加完善、更具竞争力的跨境贸易生态圈。

（一）降低跨境电商的准入门槛

1. 实现跨境电商营业执照与进出口权的一次性办理

据调研，2024 年在郑州办理的跨境电商营业执照中，带有"进出口权"字样的，表明该企业具有进出口经营权。企业无须额外办理进出口权，简化了跨境电商的注册、申请流程，降低了跨境电商进出口业务的准入门槛。

河南要持续推进跨境电商营业执照与进出口权的一次性办理工作。跨境电商作为新兴贸易模式，正迅速成为全球贸易的重要组成部分。推进跨境电商营业执照与进出口权的一次性办理，可以极大地提升企业的运营效率。一是政府应出台相应的支持政策，进一步简化跨境电商企业的注册流程，提供一站式服务，将营业执照和进出口权的办理流程整合在一起。同时，需要完善相关法规，明确跨境电商的经营范围、税收政策、海关监管等，确保企业在合法合规的前提下，能够快速获得必要的经营许可。二是利用现代信息技术，建立集中的数字化平台，企业可以通过该平台提交所有必要的申请材料，实现在线申请、在线审核、在线发证等。平台应具备高度的安全性和稳定性，确保企业信息的安全，同时提供用户友好的界面，让企业能够轻松完成申请流程。三是建立跨部门协作机制。推进跨境电商营业执照与进出口权的一次性办理，需要工商、税务、海关等多个部门的紧密协作。建立跨部门的协调机制，实现信息共享，避免企业在不同部门间重复提交材料，减少审批时间，提高办理效率。同时，通过定期沟通，解决办理过程中出现的问题，确保整个流程的顺畅。

2. 逐步放宽新注册跨境电商的场所登记条件限制

放宽住所（经营场所）登记条件，明确跨境电商经营主体在同一登记管辖区域内的，可以免于分支机构登记。简化新注册跨境电商的经营住所（经营场所）登记手续，符合地方政府相关规定的，申请人提交场所合法使用证明即可予以登记。跨境电商的网络经营场所可作为经营场所进行登记，申请人可提供水电账单作为场所合法使用证明，一址一照，着力降低经营主体进入市场的制度性交易成本。

3. 多举措促进注册资本实缴制度在企业落地

2024 年 7 月 1 日正式实施的新修订的《中华人民共和国公司法》（以下简称《公司法》）提高了跨境电商的准入门槛。新修订的《公司法》将注册资本的认缴制改为实缴制，要求公司注册资本需在 5 年内全部缴足，跨境电商的准入与运营面临重大挑战。

河南应采取多种措施帮助跨境电商应对挑战。一是给予一定的时间窗口期，使跨境电商逐步适应新的法律法规环境。河南可给予企业"3 年过渡期+5 年实缴期"的窗口期，跨境电商企业可根据自身资金情况，选择一次或分期缴足。企业充分利用 8 年时间完成实缴。二是通过宣传引导跨境电商关注相关政策，如减资实缴，即减少公司的注册资金；通过其他方式入股，以商标、专利、实物、资金作为实缴资金的一部分，不断加强财务管理和合规意识以应对未来竞争。

（二）放管结合，促进公平竞争

1. 推行包容审慎监管，鼓励跨境电商守法自律

落实主动披露要求，跨境电商主动披露影响税款征收、出口退税、海关统计、海关监管秩序、和加工贸易单耗不符、违反检验检疫业务规定等程序性违规行为，危害后果轻微的，不予行政处罚；在国际贸易"单一窗口"开设主动披露专窗，便于企业主动合规、守法自律。

2. 推动智能化监管服务，提升整体治理水平

一是以智慧海关驱动通关流程简化。深化智慧旅检、进境粮食智慧检疫监管等场景功能建设和实践应用，推动建设数字化、智能化海关监管服务体系。二是开展移动远程监管试点。开发"视频一站通"应用模块，在属地查检、核查等业务领域开展远程监管改革试点工作。开展危化品标签整改监督场景远程查验、出口竹木草制品远程查检。三是大力推进"智慧口岸"建设。加快建设航空口岸智能货站、进出口货物查验中心等项目，持续优化物流监控系统，强化综合保税区全流程监控预警功能。依托"智慧旅检"项目，加强与机场、航空公司等系统对接和数据共享，进一步打造"无感通关、自动（智能）监管、无事不扰、无处不在"的进出境监管新模式。

3. 采取公平竞争审查制度，改善营商环境

河南应汲取安徽自贸区的宝贵经验，在河南自贸区内率先实施更为精简高效的公平竞争审查制度。具体而言，可采取以下三项关键举措。一是确立政策制定机关内部特定机构的统一审查职责。通过标准化审查流程与细化审查标准，引入全程留痕与可回溯的管理机制，增强审查的透明度与可追溯性。同时，严格执行公平竞争审查复核制度，要求起草部门主动将审查结果报送同级市场监管部门进行复核，以双重保障确保审查的公正性与准确性。二是建立健全公平竞争审查工作的督查考核评价体系，将其深度融入营商环境等关键领域的考核框架之中，通过强化考核评价，形成正面激励与负面约束并重的良好氛围，激发各方参与公平竞争审查的积极性与主动性。三是鼓励并支持委托独立第三方机构，对自贸试验区公平竞争审查制度的实施成效进行全面评估，并对重点领域开展专项深度剖析，以专业视角挖掘问题、提出建议。同时，积极探索评估成果的有效转化途径，将其应用于政策优化与制度完善，形成良性循环。此外，还应加大对滥用行政权力、排除或限制竞争等违法行为的执法力度，确保市场环境的公平、公正与开放。

（三）优化服务，营造便利环境

1. 优化海关政务服务功能

河南应坚持高效办成一件事，通过优化科创协同智能监管服务、智能化拟证出证等特色项目，为企业提供指引、申请、查询等全流程服务，持续提升政务服务的便利性。通过国际贸易"单一窗口"的"通关+物流""外贸+金融"功能，为企业提供通关物流信息查询、出口信用保险办理、跨境结算融资等服务。通过"互联网+海关"、"12360"微信公众号及"通关宝"等平台，及时发布海关法规、政策及办事流程，增加信息透明度。

2. 搭建一站式线上服务平台

河南应积极构建跨境电商一站式线上服务平台，全面整合政策申报、物流追踪、争端调解等多元化服务，为企业提供一站式、全方位的便捷支持。为推动自贸协定综合服务平台的功能升级，河南率先推出了"智享惠"关税优惠公共服务系统，这一创新举措让全省进出口企业能够轻松登录平台，一键查询最优进口税率信息，充分享受政策带来的实惠与红利。在此

基础上，河南还应积极引导海外仓企业融入这一线上服务平台，实现通关、税务、金融、仓储等多个环节的无缝衔接，形成"一点接入"一站式高效综合服务模式。一站式线上服务平台致力于推动通关流程的便捷化与快速化，同时积极探索有效途径，解决跨境电商退换货难题，为企业解除后顾之忧，促进跨境电商行业持续健康发展。

二 推进负面清单管理

跨境电商的负面清单制度作为管理措施，旨在明确哪些商品和服务不能通过跨境电商渠道进行交易。这一制度旨在规范跨境服务贸易，确保符合特定条件的商品和服务以跨境电商的形式进出口。

（一）深化跨境服务贸易梯度开放体系

2024 年颁布的《跨境服务贸易特别管理措施（负面清单）》及《自由贸易试验区跨境服务贸易特别管理措施（负面清单）》，均依据国民经济行业分类，明确了针对境外服务提供者以跨境交付、境外消费及自然人移动等模式提供服务时应遵循的特殊管理措施。全国通用的跨境服务贸易负面清单总计 71 条，标志着我国首次在全国范围内确立了跨境服务贸易的负面清单管理模式，为行业准入设立了明确的基准门槛。而专为自贸试验区设计的跨境服务贸易负面清单则进一步精简至 68 条，聚焦于自然人职业资格放宽、专业服务深化、金融领域开放以及文化交流促进等多个关键领域，旨在通过更为灵活的开放策略，稳步推动跨境服务领域的全面开放与深度合作，展现了中国在促进国际贸易自由化、便利化方面的坚定决心与积极姿态。

河南应积极推进负面清单管理机制，将以往分散存在于各领域的准入规定与措施进行整合，通过"一张单"集中呈现。负面清单管理不仅能简化管理流程，还明确了清单之外的领域遵循境内外服务及服务提供者同等待遇的原则进行监管，成功实现服务贸易管理模式从正面清单承诺到负面清单管理的转型，极大地提升了跨境服务贸易管理的透明度与可预测性。

河南采取负面清单"非禁即入"的模式，不仅是对准入身份的认可，更有利于引进外资、落实国民待遇，打造国际化的营商环境。未来，需全面构建跨境服务贸易领域的市场准入负面清单管理体系，并配套实施灵活高效的动态调整机制。在此基础上，应加速完善与之紧密衔接的审批与监管流程，确保清单内所有事项均可实现便捷高效的在线办理，从而大幅提升行政效率与透明度。稳步拓宽市场准入效能的评估范畴，除了聚焦于显性的市场准入限制，还要深入排查并清除潜在的隐性壁垒，同时构建常态化排查与清理机制，为市场公平竞争奠定坚实基础。此外，深入贯彻实施准入前国民待遇加负面清单的管理模式，积极对标国际经贸规则的高标准，推动制度型开放深入发展，为跨境电商营造更加公平、开放、透明、可预期的市场环境。

（二）推行跨境电商零售进口负面清单制度

目前，跨境电商零售进口监管仍采用正面清单制度。国家相关部委根据跨境电商发展实际，结合消费者需求，明确了跨境电商零售进口商品的"正面清单"，涉及 1476 个税目商品，仅对跨境电商检验检疫实施负面清单制度。然而，消费品市场需求变化快，实行正面清单制度需频繁对《跨境电子商务零售进口商品清单》进行调整，迄今已公布了 2016 年、2018 年、2019 年、2022 年四版，既增加了相关政府部门的工作，也不利于跨境电商长期稳定经营决策，增加了企业的运营成本。此外，原材料进口多数属于 B2B 业务，单笔交易金额通常比较大，远超 B2C 跨境电商上限，不适合大规模通过跨境电商零售方式进口，无须通过正面清单进行监控。

尽管正面清单制度在跨境电商零售进口中发挥了重要作用，但也存在局限性和调整频繁的问题。因此，河南自贸区可尝试推行跨境电商零售进口负面清单制度。具体的推进措施包括以下几个方面。

一是建立全面的风险评估机制。在推行负面清单制度前，需要对各类进口商品进行全面的风险评估，明确哪些商品可能对国家安全、公共健康、环境保护等构成风险，基于风险评估结果，公布详细的负面清单，列明禁止或限制进口的商品类别。二是加强跨部门协作与信息共享。实施负面清单制度需要海关、税务、市场监管等多个部门的紧密协作，应建立跨部门信息共享平台，确保各部门能够实时获取和更新负面清单信息，以及跨境电商零售进口的监管数据。三是优化监管流程和技术手段。简化监管流程，减少不必要的审批环节，提高通关效率。利用大数据、人工智能等先进技术手段，提升对跨境电商零售进口的监管能力和水平。建立完善的追溯体系，确保进口商品可溯源，便于问题商品的召回和处理。建立企业反馈机制，及时收集和处理企业在实施负面清单制度过程中遇到的问题和困难，不断完善和优化制度设计。

三　增加政策的透明度

（一）及时发布并解读政策内容

为促进跨境电商的发展，河南各级政府出台了一系列扶持政策，但政策多具有开拓性和创新性，内容复杂且专业术语多。如近期郑州航空港经济综合实验区出台了 17 项跨境电商扶持政策，涵盖产业园区建设、固定资产投资、平台运营、仓库办公用房租金、海外仓、跨境电商标准制定、融资支持等方面。对跨境电商而言，需要从业人员具有敏锐的政治嗅觉和专业素养才能深刻理解政策内涵，而企业往往缺少此类人才。因此，需要政府及时公开发布并解读政策内容，以增加政策的透明度。

一是政策应及时通过正式渠道发布，确保公众能够第一时间获取最新政策信息。可以利用政府官方网站、新闻发布会、社交媒体等多种渠道广泛传播，减少信息传递的层级和时滞。二是政策发布后，根据"谁制定谁解读"的原则，相关部门应及时提供详细的政策解读，帮助企业理解政策的背景、目的和主要内容。可以组织开展针对政策内容的培训会或介绍会，让跨境电商企业更深入地了解政策的目标、适用范围、执行标准、操作流程等详细内容，确保企业能够准确理解政策意图和实施细节。

（二）着力加强政务诚信建设

健全政务守信践诺机制。政务守信是跨境电商发展的基石，对于跨境电商的发展至关重要。政府作为公共权力的代表，其行为直接影响市场环境和企业经营的信心。在跨境电商领域，政府守信践诺不仅关乎企业的经济利益，更关系整个行业的稳定与发展。河南在推进跨境电商发展的过程中，必须坚决纠正诸如"新官不理旧账"等政务失信行为，通过营造可靠、稳定的政务环境，吸引更多跨境电商企业入驻，促进该行业的持续发展。

河南应建立有效的制度机制，保障跨境电商账款支付。跨境电商交易中，账款的及时支付对企业资金链的稳定至关重要。河南应落实逾期未支付跨境电商账款强制披露制度，将拖欠信息列入政府信息主动公开，这不仅能提高政府工作的透明度，还能有效监督政府部门的支付行为，减少拖欠账款的情况发生。同时，通过开展拖欠跨境电商企业账款行为的集中治理，进一步规范市场秩序，保护企业的合法权益。

河南应严厉打击政务部门利用跨境电商进行不当牟利和虚假还款等违法违规行为，严厉打击利用指定机构债务凭证或贴现机制对中小企业施加压力以此谋求不正当利益的行为与采取隐蔽手段拖欠款项，包括虚假承诺还款、规避合同签署、发票开具缺失及验收流程省略等行为。这些行为不仅损害了中小企业的合法权益，扰乱了跨境电商市场的健康秩序，还严重损害了跨境电商的市场环境，必须严厉打击。河南应通过建立健全法律法规和监督机制，对这些不法行为进行查处和惩治。此外，不断探索建立政务诚信诉讼执行协调机制，推动政务诚信履约，为跨境电商的健康发展保驾护航。

第二节　强化政策集成创新

政策环境较大程度地影响着跨境电商的发展速度与规模。优化跨境电商发展的生态环境，需要政策的集成创新。近年来，河南在跨境电商的政策创新方面取得了一定的成效，未来，河南应不断完善跨境电商的税收政策，加大对跨境电商的信贷支持，规范对跨境电商的专项资金支持，完善知识产权保护政策等，通过政策集成创新，加速推动各类跨境电商主体成长壮大。

一　完善跨境电商的税收政策

随着互联网技术的飞速发展和全球化的深入推进，跨境电商已成为国际贸易的新动力。然而，跨境电商的税收政策仍存在诸多挑战。本节将从四个方面探讨如何完善跨境电商的税收政策。

（一）持续落实出口退运商品免征进口税收的政策

2023 年，财政部、海关总署与税务总局携手发布了《关于跨境电子商务出口退运商品税收政策的公告》，旨在降低跨境电商企业的出口退运成本，助力外贸新业态的良性、健康发展。

河南省要积极响应并将政策落实到位。自公告发布之日起一年内，针对在跨境电子商务海关监管代码（包括"1210""9610""9710""9810"）下申报出口的商品，若因滞销或退货原因，在出口后 6 个月内原状退运回国的（食品除外），享受免征进口关税、进口环节增值税及消费税的优惠待遇。同时，对于出口时已征收的出口关税，将予以退还；而增值税和消费税的处理，则参照国内销售货物退货的相关税收规定执行，已办理的出口退税需按照现行规定补缴。

充分利用税收优惠政策，为企业减轻负担，释放利润空间，助力企业实现成本降低与效率提升的双重目标。通过精准执行出口退运商品税收政策，降低跨境电商企业在出口商品退运过程中的成本，积极回应市场新需求，稳定出口预期，为跨境电商出口企业解除后顾之忧，提振出口信心，进一步增强跨境电商领域的发展活力与竞争力。

（二）积极推进企业所得税的优惠与返还政策

河南应积极推进企业所得税的优惠政策。一是扩大跨境电商的企业所得税核定征收政策的试点范围。河南已培育认定 36 个省级跨境电商示范园区，建议在目前河南已获批的 5 个国家级跨境电商综试区的基础上，将 36 个省级跨境电商示范园区纳入试点范围，对符合条件的跨境电商零售出口企业按照 4% 的所得税率试行核定征收企业所得税。二是支持符合条件的跨境电商相关企业申报高新技术企业，对已认定的高新技术企业，企业所得税由 25% 减按 15% 征收。三是对不符合上述条件的地区，为支持跨境电商与当地出口产业的发展，鼓励当地政府制定特定商品和地区的企业所得税优惠政策。

通过学习先进地区的经验，河南可在 5 个国家级跨境电商综试区内实行企业所得税返还政策。据调研，跨境电商企业所得税返还政策在跨境电商较成熟的地区已有执行，如杭州等地。河南应通过制定明确的标准和流程，对符合条件的企业实行企业所得税返还政策。此项举措有助于吸引优质跨境电商企业，帮助企业做大做强，培养链主企业，助力跨境电商综试区建设。

（三）扩大零售出口无票免税政策的适用范围

自 2018 年 10 月 1 日起，对跨境电商综合试验区内电商出口企业出口未取得有效进货凭证的货物，符合相关条件的，试行增值税和消费税免税政策。此项政策的适用范围仅限于经国务院批准的跨境电子商务综合试验区。

河南应扩大零售出口无票免税政策的适用范围。首先，从河南的 5 个国家级跨境电商综试区实施无票免税政策的经验来看，该政策对跨境电商发展的推动作用已经得到了验证。在此基础上，将这一政策推广到全省 36 个省级跨境电商示范园区，将为这些园区内的企业带来更大的政策红利，进而带动跨境电商的发展。其次，跨境电商示范园区作为河南电商发展的领头羊，园区内的企业大多具有较强的市场竞争力和创新能力。对这些企业实施无票免税政策，不仅能够减轻它们的税务负担，还能够鼓励它们进一步拓展海外市场，从而带动河南的出口贸易。最后，通过扩大无票免税政策的适用范围，河南可以吸引更多跨境电商企业入驻，进而形成产业集聚效应，提高跨境电商综合实力与行业竞争力。

二　扩大对跨境电商的信贷支持

（一）降低跨境电商的融资成本

跨境电商是基于互联网技术和国际贸易规则的新型商业模式，涉及多个国家和地区的货币、汇率、税收、物流、海关等，需要大量资金支持。2024 年初，央行下调金融机构存款准备金率 0.5 个百分点，释放长期资金约 1 万亿元，有利于降低跨境电商融资成本、增加市场需求和促进创新发展，为跨境电商提供更多资金和市场机会，促进其健康、稳定、可持续发展。

河南应充分利用政策红利，通过降低银行贷款的利息成本和外汇交易的汇率成本，不断降低跨境电商企业的融资成本。一方面，降准释放了长期流动性，增强了金融机构的信贷投放能力，降低了银行的资金成本，有利于银行向跨境电商等实体经济领域提供更多、更优惠的贷款，降低跨境电商的利息成本。据估计，此次降准使金融机构资金成本每年下降约 130 亿元，通过金融机构传导可促进社会综合融资成本降低。另一方面，降准也有利于稳定人民币汇率，缓解外汇市场的波动，降低跨境电商的汇率成本。由于跨境电商涉及多种货币的兑换，汇率的波动会影响跨境电商的收入和成本，增加跨境电商的经营风险。降准有利于保持人民币汇率的基本稳定，增强跨境电商的信心和预期，降低跨境电商的汇率损失。据估计，此次降准可使跨境电商的汇率成本每年降低约 20 亿元。

此外，河南可参考成都经验，对在河南完成备案且通过金融机构获得贷款融资的跨境电商企业给予扶持。目前成都的做法是按照不超过贷款实付利息的 50%给予扶持，单个企业贴息金额不超过 100 万元。河南可根据具体情况，研究制定具体的执行标准，有效扶持跨境电商企业。

（二）充分利用货币政策直达工具

2020 年，中国人民银行推出普惠小微企业贷款延期支持工具和信用贷款支持计划两项货币政策直达工具，对符合条件的中小微企业提供贷款延期还本付息支持，以满足包括外贸企业在内的小微企业的融资需求。这两项工具经过两次延期，到 2021 年底到期。直达工具到期以后，中国人民银行又以市场化的方式进行了接续转换。小微贷款延期支持工具已顺利转为小微贷款支持工具，原信用贷款支持计划融入支农支小再贷款体系，实现了更为集中的管理。截至 2022 年 4 月末，普惠小微贷款的余额实现了显著增长，同比增幅高达 23.4%，同时，这一政策惠及的小微经营主体数量也大幅增加，同比增长了 41.5%，体现了金融政策对小微企业发展的强劲支持。

河南应充分利用小微贷款支持工具缓解跨境电商企业的资金压力。跨境电商企业在运营过程中，会面临资金周转的难题。河南积极推广小微贷款支持工具，允许符合条件的跨境电商企业在特定时期内延期还本付息，从而有效缓解其短期偿债压力，保障企业的稳定运营。河南可通过支农支小再贷款，鼓励商业银行向跨境电商企业提供信用贷款，降低其融资门槛和成本。这将有助于跨境电商企业获得更多发展资金，进而推动其业务创新和市场拓展。

随着货币政策直达工具的到期和接续转换，河南应密切关注政策动态，及时调整本地金融支持策略。小微贷款延期支持工具转换为小微贷款支持工具后，河南可以引导本地跨境电商企业积极申请新的贷款支持，以确保其持续获得稳定的资金来源。

（三）提供"保赔融"数字一体化服务

2024 年，广东省商务厅发布了省级出口信用保险普惠平台政策，符合政策支持要求的企业可办理中信保广东分公司普惠平台保单。该保单具有"保赔融"的多重优点。一方面，政策性出口信用保单能够有效收回货款、减少损失、抵御海外市场风险等。另一方面，政策性保单旨在为外贸企业提供融资便利。企业可通过中信保普惠平台所持有的保单，在国际贸易"单一窗口"系统内直接向银行发起线上贷款申请。该贷款为纯信用性质，无须提供抵押物，并享有优惠利率（具体条款以银行最终审批结果为准）。

河南可以借鉴广东的经验，建立出口信用保险普惠平台。一方面，针对出口额在一定范围内的跨境电商企业提供政策性出口信用保险服务。外贸企业在成功投保后，若遇国外买方出现无力偿还债务、破产、拖欠货款、拒收货物等情况，或开证行遭遇破产、停业、被接管、拒付等状况，以及买方或开证行所在国家发生战争、动乱、货币兑换限制等不可抗力情形，企业有权向中信保河南分公司提出索赔申请。该普惠平台保单的有效期设定为一年，具体细则以保单条款为准。这一政策能够有效保障企业出口货款的安全，减少因国外买方违约、破产等导致的损失，同时增强企业在国际市场上的竞争力。另一方面，充分利用出口信用保险这一国家政策性外贸金融工具，充分发挥其在拓展融资渠道上的重要作用，助力企业积极争取海外订单、拓展国际市场。该工具能有效解决中小外贸企业面临的订单承接难题，特别是因资金不足或风险顾虑导致的企业"有单不敢接、有单无力接"的难题。

同时，河南在推动"保赔融"数字一体化服务时应注意以下三个方面。一是实现保单办理便捷化。采用线上办理方式，简化保单申请流程，降低企业操作成本，提高企业办理效率。二是对跨境电商进行融资支持。企业可凭普惠平台保单在国际贸易"单一窗口"向银行线上申请纯信用、无抵押、利率优惠的贷款，解决跨境电商企业融资难问题。三是加强数字化工具支持。通过提供"信步天下"App、小微资信红绿灯、信保学堂等数字化工具，为企业提供政策资讯、风险预警、国别行业分析、海外经贸知识等全方位支持服务，帮助企业更好地进行风险管理和市场开拓。

三　规范跨境电商的专项资金支持

跨境电商的发展离不开资金支持。经初步统计，多数企业依赖外部融资以维持运营，仅有少数企业能够仅凭初始资本及后续经营盈利实现规模扩大与实力增强。因而，企业界普遍呼吁各级政府能提供更加多样化的资金支持，以助力企业稳健发展。为满足企业需求，政府层面已出台了一系列针对跨境电商的扶持政策，如划拨专项资金等，以加速该行业的繁荣与发展。同时，各级政府也纷纷响应，制定并实施了一系列配套措施，如为特定试点城市提供专项财政支持，以推动其先行先试、积累经验。值得注意的是，即便是非试点地区，为吸引国内外优质企业入驻与投资，也纷纷亮出政策"组合拳"，其中包括了制定多样化的资金支持政策，旨在营造更加有利的营商环境，促进区域经济高质量发展。

跨境电商的资金支持来源主要有中央资金和地方自有资金两类。在利用中央资金支持跨境电商发展方面，商务部下发的《外经贸发展专项资金重点工作的通知》明确提出鼓励使用中央外贸发展资金支持跨境电商。按照商务部等部门的要求，地方政府也专门下发了关于使用外经贸专项资金的申报通知。以郑州为例，中央外贸发展资金是重要的资金来源，对使用中央外贸发展资金发展跨境电商综合试验区建设提出了明确方案，制定了具体的配套实施细则，支持当地跨境电商发展。在地方利用自有资金吸引跨境电商开展业务方面，如郑州对往返郑州运送跨境电商进口商品的航班给予每天每班次1万元的补贴，对通过河南保税物流中心通关的商品给予每件1元补贴，对入驻园区的企业给予前三年仓库租金优惠等，鼓励和吸引企业来郑州开展业务，设立区域业务中心。小红书、聚美优品在郑州的业务规模迅速攀升。

根据郑州的成功经验，河南应进一步规范对跨境电商的专项资金支持。一是制定详细的资金申请指南。明确资金支持的范围、申请条件、评审流程和资金拨付方式，确保资金使用透明、公正。二是加强政策宣传，让更多跨境电商企业了解并申请中央外贸发展资金与地方自有资金的支持政策；三是建立资金信息共享平台。通过该平台，促进资金申请与使用信息的共享，加强企业间的交流与合作。根据平台提供的信息，简化资金申请流程，减少行政干预，提高企业申请资金的便利性；对已获得资助的项目进行定期检查和绩效评估，确保资金使用的有效性，并根据评估结果调整资金支持策略；加强资金使用监管力度，确保资金真正用于跨境电商的发展，防止挪用和浪费。

四 完善知识产权保护政策

（一）制定知识产权保护规则

为进一步优化知识产权保护环境，促进跨境电商行业稳健前行，我国致力于构建并不断完善知识产权保护的政策体系框架。海关部门作为关键力量，已率先在跨境电商领域展开知识产权保护行动，促使中国知识产权保护意识不断提升，推动我国在专利授权、商标申请等方面的表现连续多年位居世界第一。但我国在知识产权领域面临的挑战也不容忽视，尤其是知识产权侵权问题依然严峻，中小跨境电商知识产权管理水平不高，企业知识产权治理水平不足。

河南应通过制定知识产权的保护规则，建立跨境电商知识产权保护体系，加强跨境电商知识产权保护力度。根据跨境电商知识产权的特性，不断完善相关制度与规则。如解决域名与商标侵权问题，保护商标原权利人的利益，特别是驰名商标和老字号，解决跨境电商知识产权许可超越国界的问题，以及网络商标使用权的问题等。

此外，河南应统一协调，指定专门的管理部门或者成立专门委员会来负责跨境电商知识产权保护方面的工作。目前，我国尚未设立专门负责跨境电商知识产权的监管部门，分管部门包括公安机关、知识产权局、海关、文化部门等，分管部门繁多，管理分散，不利于跨境电商知识产权的管理。因此，河南应建立完善的部门联动机制，提高监管效率。比如设立专门的跨境电商知识产权综合行政机构，制定跨境电商知识产权保护的行政程序，明确监管主体部门，规范侵权责任判定和纠纷处理等，积极探索建立跨境电商知识产权保护事前预警、事中监控、事后援助的跨境电商知识产权风险控制的全流程监管制度，尽快制定针对跨境电商标准框架的指导性文件，规范海关跨境电商监管和服务。

（二）落实知识产权信用制度

河南省应协同相关部门及跨境电商平台，共同构建知识产权信用体系。建议由河南省发展和改革委员会、中国人民银行分支机构、知识产权局、海关等单位，联合阿里巴巴国际站、亚马逊、eBay 等主要跨境电商平台，共同推进知识产权信用制度的建立。通过信息公开，提升侵权行为的成本，以此遏制知识产权侵权行为。

对于在知识产权领域存在严重失信行为的主体，将采取一系列惩戒措施。企业层面的失信可能影响其在银行信贷、政策资金支持等方面的资格；个人层面的失信则可能限制其在乘坐交通工具、购置不动产、报考公务员等活动中的权益。国家知识产权局将取消失信主体的专利申请优先审查权，并取消其享受专利申请费用减免的资格，同时在全国范围内通过信用信息共享平台公开其失信信息。此外，倡导跨境电商平台与行业协会加强自律监管，建立知识产权自律规范和信用机制，以完善跨境电商知识产权保护体系。

（三）建立海外维权援助机制

河南应积极采用信息技术等手段，建立境外知识产权维权信息平台。通过了解其他企业在海外维权过程中的经验和教训，为自己的海外业务提供有益的参考。同时，当遇到具体问题时，河南跨境电商企业也可以在平台上寻求帮助和建议，充分利用广大电商从业者的资源，集思广益，共同应对海外维权的挑战。

河南应通过政府宣传、专业培训、案例分析等方式，加强跨境电商知识产权保护意识的培养和引导，使其认识到海外维权的重要性，了解境外知识产权维权信息平台和具体的维权渠道与方法，增强跨境电商的维权意识与信心。

完善海外维权援助机制，包括但不限于完善国际展会防侵权体系、设立知识产权服务站以及拓展各国海关合作等。这些措施将为河南企业在海外遇到知识产权问题时提供及时有效的援助，降低他们的维权成本，提高他们的维权效率。通过这些措施，构建更加完善的海外维权援助体系，为河南企业在全球市场的竞争中提供有力支持。此外，还应完善国际展会防侵权体系，设立知识产权服务站，拓展各国海关合作等，使海外维权援助机制更加完善，成为一项行之有效的制度。

第三节　优化开放创新生态

开放创新生态为跨境电商企业提供了丰富的资源和机会，近年来，河南在跨境电商园区建设、市场主体规模扩大、合作渠道创新等方面取得了显著成就，但仍然存在不足。未来，河南应不断激发市场主体的创造力与创新精神、促进跨境电商的创新成果转化和应用，并积极拓宽跨境电商的国际视野，提升合作思维，逐步完善河南的开放创新生态体系，营造更好的跨境电商发展环境。

一　激发市场主体的创造力与创新精神

河南应积极筹划设立跨境电商创新基金，专门用于扶持具有创新性和良好市场前景的跨境电商项目，吸引创新型企业入驻，提高跨境电商创新动力。跨境电商创新基金由政府和企业共同出资，不仅为跨境电商领域的创新项目提供资金支持，更能推动技术研发进程。政企共建的资金模式确保了资金充足和灵活使用，有助于河南跨境电商在技术、营销、市场与产品上进行大胆尝试和创新，为行业的快速发展注入强劲的动力。

河南可建立跨境电商创新服务中心，鼓励企业在产品设计、市场推广销售渠道搭建等方面开拓创新，并提供全方位服务。在跨境电商创新服务中心引入专家资源库，为创新项目提供技术咨询和指导；定期组织创新项目交流和分享活动，营造浓厚的创新氛围，促进项目间的合作与共赢。

河南可联合行业企业、高校院所、金融机构等单位共建跨境电商工程研究中心。通过对跨境电商传统业态与新兴业态、贸易发展与技术创新等领域的深入研究，着力解决跨境电商载体平台建设、市场主体培育、业态模式融合、贸易便利化提升和发展环境优化等方面的重点难点问题，助力建设更高层次、更高水平的智慧供应链体系，抓紧研究攻关跨境电商存货管理和海外供应链建设等问题，助力河南对外贸易实现智慧化改造与数字化转型。

河南应建立健全新业态、新模式容错机制，为创新提供试错空间，鼓励企业多举措开展创新实践。以 5 个国家级跨境电商综试区为抓手，以 36 个省级跨境电商示范园区为试点，鼓励企业在技术、营销、市场与产品等多个环节不断探索新模式。一是鼓励企业投入更多资源进行技术研发与应用，尤其是大数据分析、人工智能等前沿技术的应用，以提升市场竞争力。跨境电商平台通过与科技公司深度合作，引入人工智能、大数据等先进技术，对用户需求进行更精准的预测，从而实现了个性化推荐、智能客服等创新服务，极大地提升了用户体验和购物便利性。二是鼓励企业创新营销模式。利用社交媒体、短视频等新媒体平台，开展多样化的营销活动，增强品牌影响力和市场竞争力。三是鼓励企业积极开拓新兴市场。通过市场多元化来分散风险，同时发掘更多商业机会。通过开拓东南亚、非洲、拉美等新兴市场，降低依赖单一市场带来的市场风险。通过深入调研新兴市场的消费习惯、文化特点及市场需求，河南的跨境电商企业可以精准定位产品，满足当地消费者的需求，从而实现业务的快速增长。四是激励企业不断进行产品创新。在跨境电商领域，产品创新是保持竞争力的关键。河南的跨境电商企业应密切关注全球市场的消费趋势，尤其是消费者需求的变化。例如，随着健康意识的提升，消费者对有机、健康、环保等类型的产品需求增加。河南企业应充分利用当地的农业资源，开发有机食品、绿色食品等。通过引入智能科技，对传统的农产品进行深加工和精细化处理，增加产品的附加值，从而满足消费者的多样化需求。

二 促进跨境电商的创新成果转化和应用

近年来，河南不遗余力地推进空中、陆上、网上、海上丝绸之路建设，将交通区位优势转化为跨境电商发展的供应链优势。随着"买全球卖全球"战略目标的推进，河南的跨境电商正朝着更加开放和更具创新力的方向发展，促进跨境电商创新成果的转化与应用对优化开放创新生态体系具有重要意义。

建立河南跨境电商创新成果转化服务平台。通过成立专门的创新成果转化服务机构，提供市场分析、项目评估、法律咨询等一站式专业化服务。通过搭建线上线下相结合的跨境电商市场对接平台，帮助创新项目寻找合作伙伴和投资者；利用每年定期举行的全球跨境电子商务大会进行创新项目演示和投融资对接，促进项目与资本的深度融合。

河南应设立专门的跨境电商创新成果转化审批通道。通过减少审批环节，简化行政审批流程，缩短创新产品从研发到上市的时间，提高审批效率。可采用电子化审批系统，实现在线提交、在线审核、在线反馈，缩短审批时间。此外，要设立审批时限，确保创新项目在规定时间内批复，从而加速产品上市进程。

河南可提供租金补贴与税收优惠政策鼓励创新成果转化。鼓励创新项目在跨境电商产业园区或创新服务中心内落户，并为其提供租金补贴；对成功转化的创新项目给予一定期限的税收减免，降低其运营成本；设立创新成果转化专项奖励基金，对市场表现突出的项目给予额外奖励，持续评估并优化相关政策，确保创新成果转化项目获得充分的支持。

河南要有计划、有步骤地推动一批创新成果转化。鼓励发展具有河南特色的跨境电商独立平台，如豫卖跨境联盟等，建设跨境电商 B2C ERP 系统和跨境电商 B2B ERP 系统，实现业务全流程管理的数字化、智能化，提升管理效率和管理水平；自主研发跨境电商 BI 系统，实现对经营数据、客户画像、研判预测等的精准分析，为科学化、精细化决策提供支撑；构建跨境电商智慧供应链，以进一步提升 AI、区块链、云计算和大数据应用水平，推动企业数字化、智能化水平的不断提升。

三 积极拓宽跨境电商的国际视野、提升合作思维

开放创新生态具有全球性的特征，因此跨境电商企业必须具备国际视野，以应对不同国家和地区的文化差异、消费习惯以及法律法规等挑战。在这样的生态中，跨境电商企业需要与来自世界各地的合作伙伴进行交流与合作，共同探索新的市场机会和商业模式，以提升国际竞争力。

河南应积极织密跨境电商的国际合作网。第一，河南要积极寻求与国内外知名跨境电商平台的战略合作。通过与这些平台共享资源、互通有无，河南的跨境电商企业可以迅速融入全球电商生态链，借助大平台的全球流量和品牌影响力，提升自身产品的曝光度和销售量。第二，河南要积极与国内外优秀的物流公司建立紧密的合作关系，优化物流配送网络，提高跨境贸易的物流效率，降低运输成本，从而为消费者提供更快速、更便捷的购物体验。第三，河南要充分发挥"组织+"的合作优势。通过构建创新联合体、产业技术研发联盟等合作机制，将跨境电商产业链上中下游的各个

环节紧密相连，形成强大的合作网络，联合电商平台、物流公司、支付机构等多方力量，共同研发新技术、探索新模式，提高跨境电商的运营效率和用户体验。

河南要组建跨境电商的国际交流平台。一方面，加强与全球跨境电商协会等组织的联系。借助定期在郑州举办的全球跨境电子商务大会，邀请国内外电商领域的专家学者、企业家等共同探讨河南跨境电商的发展策略，打造具有地方特色的跨境电商交流平台，将中原文化特色融入跨境电商产品，打造独具特色的文化品牌，提升河南产品的国际竞争力。另一方面，要加深与国际科研机构的合作。鼓励河南的科研院所、重点实验室等参与国际科技合作交流活动，推动跨境电商链主企业开展多种形式的对外科技合作，提升河南跨境电商全球竞争力，为河南的跨境电商发展注入新的活力。

河南要努力扩大国际跨境电商的朋友圈。要积极与更多国家建立具有创新意义的跨境电商战略伙伴关系，共同打造互利共赢的跨境电商开放创新生态体系。要特别关注与"一带一路"沿线国家的合作。借助共建"一带一路"倡议的政策优势，加强与这些地区的经贸往来，加强国际间的交流与合作，开拓更广阔的市场空间，推动河南跨境电商行业的持续创新与快速发展。此项举措有助于提升河南在全球跨境电商领域的地位，为跨境电商与企业带来更多商机，进而推动全球跨境电商的繁荣与发展。

第四节　净化网络消费环境

截至目前，中国尚未出台针对跨境电商消费者权益保护的专门规定，相关法律法规尚不完善，对跨境电商消费者权益保护的规定尚不具体，不利于中国跨境电商的健康发展。河南在净化网络消费环境方面，应营造诚信的网络消费环境，更新监管理念、防范网络交易风险，保障售后服务、提升消费信心。

一　营造诚信的跨境电商网络消费环境

（一）建立诚信数据库与失信黑名单系统

建立河南跨境电商诚信数据库和失信黑名单。通过记录与分析跨境电商企业、平台企业、物流企业及其他综合服务企业基础数据，实现对电商企业信息的"诚信评价、动态监管、部门共享、有序公开"。建立跨境电商诚信数据库与失信黑名单可以有效遏制欺诈、虚假宣传等不法行为，维护市场秩序，保障消费者权益，从而推动跨境电商网络消费环境的净化与健康发展。

河南应设立五方共建的第三方诚信评价机构。由跨境电商行业协会、平台、企业、专家学者与政府五方共建的第三方诚信评价机构，能够综合各方的专业知识和实践经验，结合河南的实际情况，对跨境电商的诚信经营活动进行客观、公正的评价。由于其独立地位，第三方诚信评价机构能够避免受到政府或企业内部因素的影响，从而提供更加客观、公正的评价结果，将有助于提升河南跨境电商行业的整体诚信水平，推动行业的持续健康发展。

（二）推进企业与消费者双向信用评级工作

河南应协助第三方诚信评价机构，根据河南的实际情况，通过设置合理的评价指标与权重，科学划分信用评分等级，制定升降级准则，建立诚信评价系统、动态监管的诚信数据库。若跨境电商主体存在失信行为，将在其信用档案中留下负面记录。如果企业多次出现失信记录，将进入诚信数据库的失信黑名单，影响其后续的市场经营活动。对跨境电商企业实施信用评级，有利于优化消费者选择产品的过程，减少其时间与精力的投入，同时促进市场环境的净化与高效运作。对于诚信经营的商家予以积极扶持，帮助企业获取更多的流量，吸引更多消费者，简化通关流程与税务申报流程。对于存在刷单等不诚信行为的商家采取严格措施，如商品下架、关闭店铺等，以维护市场公平竞争，保护消费者权益，营造健康透明的跨境电商环境。

此外，河南应鼓励跨境电商平台积极推进消费者的信用评级工作。跨境电商平台应积极收集并整理消费者的交易数据、评价信息等相关数据，并与其他金融机构、政府部门等建立数据共享机制，以实现信息的互联互通和有效整合。河南应加大对消费者信用评级体系的宣传力度，提高消费者对信用评级重要性的认识，并加强对消费者的信用教育，引导消费者树立正确的信用观念。

（三）构建网络诚信的信息共享机制

河南跨境电商诚信数据库和失信黑名单应在企业、消费者与电商平台间实现信息共享，提高企业失信行为的成本，减少企业的失信行为，净化网络消费环境。据了解，目前阿里巴巴国际站的黑名单与其他电商平台之间尚未实现信息共享，导致在一个平台被列入黑名单后，没有在其他平台被列入黑名单，使失信企业有空子可钻。失信黑名单的信息共享可以对失信企业进行曝光和惩戒，进一步规范跨境电商企业的行为，增强企业的诚信意识，有助于消费者更加明智地选择合作的跨境电商企业，避免高风险的市场行为，降低交易风险。政府和相关机构也可以利用这些数据进行更加精准和有效的监管，帮助行业形成诚信经营的文化氛围，提升企业的道德水准和社会责任意识，保护消费者权益，营造良好的消费环境，维护市场秩序。

二　更新监管理念，防范网络交易风险

大数据环境下的跨境电商涉及区域较大，贸易形式和交易对象复杂，语言不通，文化差别显著，法律制度不同，加之网络平台本身存在较强的虚拟性，增加了交易的风险。根据网经社电子商务研究中心发布的《2022年度中国跨境电商投诉数据与典型案例报告》，跨境电商的主要交易风险体现在商品质量、虚假宣传、货物送达时间超过保质期等方面，此外跨境支付也面临涉及机构多、手续烦琐等问题，存在交易风险。河南应不断更新监管理念，对跨境电商交易中的乱象展开集中整治，防范网络交易风险。

（一）制定地方性跨境电商法规

为了防范网络交易风险，河南省应在遵循国家法律法规的基础上，尽早完善相关法律法规体系，制定并完善地方性跨境电商法规，从政策层面进一步规范企业的交易行为，防范网络交易风险。2021年国家相继颁布了《跨境电子商务　出口商品信息描述规范》（GB/T 41128—2021）等标准，促进了跨境电商企业诚信经营。河南应制定符合河南实际情况的地方性法规，更好地满足本地跨境电商发展的需求。

河南省在制定地方性跨境电商法规时，应深入研究国家相关法律法规

和标准，确保地方性法规与国家法律法规保持高度一致，避免出现冲突和矛盾。河南省应充分调研本地跨境电商企业的实际情况和需求，了解他们在运营过程中遇到的问题和困难，为制定符合实际的地方性法规提供依据。河南省可以借鉴其他省市或国家的先进跨境电商法规和管理经验，结合本地实际情况进行有针对性的创新和优化。地方性跨境电商法规应涵盖跨境电商的各个方面，包括但不限于商品信息描述、交易行为规范、消费者权益保护、数据安全管理等，以确保法规的全面性和实用性。

（二）动态跟踪跨境网络交易热点

河南应建立有效的监测机制，动态跟踪跨境网络交易热点问题，要求相关部门利用大数据、人工智能等技术手段，对跨境网络交易数据进行深入分析，及时发现潜在的风险和问题，如在圣诞节、元旦等重要时间节点向互联网平台推送合规提示并进行实时动态跟踪，要求平台加强跨境交易监管，规范商家的交易行为，防止虚假宣传、价格欺诈等不法行为的发生；也可以提前向跨境消费者发布消费警示，提醒他们注意防范跨境网络交易风险。

（三）联合开展跨境网络消费整治专项行动

除了向互联网平台推送合规提示，河南应联合跨境电商头部平台共同开展网络消费整治专项行动。一方面，督促跨境电商管理部门加大监管与执法力度。对于发现的违法违规行为，要及时查处，并依法追究相关责任人的法律责任。同时，也要加强与公安、工商等部门的协作，形成合力，共同打击跨境网络交易中的不法行为。另一方面，要求跨境电商头部平台组织专项自查行动，进行跨境消费全流程专项治理与体系建设，严厉打击"刷单炒信"黑灰产业链，对不良商家形成有力震慑，有效净化跨境网络交易环境。

三 保障售后服务，提升消费信心

（一）充分利用海外仓，逐步推行七天无理由退货

河南跨境电商企业应充分利用海外仓，根据产品回收价值与退货率，

逐步推行七天无理由退货。目前，跨境商品的退货服务方式主要有三种，无退货服务、提供退货服务且退回货物运回国内以及提供退货服务并就地促销。

河南应通过完善海外仓综合售后服务体系，高质量、高效率地提供退货服务，设置便捷、畅通的消费者信息反馈渠道，形成问题处理快速响应机制，逐步推行七天无理由退货。第一步，对于退货率和回收价值都较小的产品，应选择退回货物就地促销的退货服务模式，充分利用海外仓，优先尝试实行七天无理由退货；第二步，对于回收价值较大且退货率较低的产品，应借助海外仓，有步骤地实行七天无理由退货；第三步，对于退货率较高或者不适合无理由退货的商品，应当以显著的方式进行标注，提示消费者在购买时仔细确认。有条件、有步骤地利用海外仓逐步实行七天无理由退货，不断提升海外仓在当地的知名度，从而提升河南跨境电商企业的口碑和竞争力，提升海外消费者的消费信心。

（二）依托双向信用评级机制，营造先用后付的消费场景

首先，对商家与消费者进行双向筛选与评估。对使用"先用后付"服务的商家与消费者同时进行严格的信用评估，确保其具备良好的商业信誉和履约能力。一方面，对商家销售的商品进行质量检查，确保商品符合相关标准和规定，避免消费者因商品质量问题产生纠纷。另一方面，与国内外知名的支付平台合作，如 PayPal、Western Union、Alipay 等，利用这些平台的信用评分系统，为符合条件的消费者提供"先用后付"服务。

其次，加强消费者教育与引导。通过跨境电商平台宣传、社交媒体等渠道，向境外消费者普及"先用后付"服务的优势、使用方式和注意事项，引导境外消费者理性、安全地消费。同时，提供详细的操作指引，帮助消费者了解如何申请"先用后付"服务、如何体验商品、如何完成支付等。

最后，河南应搭建系统，提供技术支持。将"先用后付"服务与跨境电商平台系统进行对接，确保订单信息、支付信息等能够实时同步。建立完善的风险控制机制，包括信用评分、风险预警、异常交易监测等，确保"先用后付"服务的稳健运行。积极与境外的信用机构进行对接，建立对跨境电商和境外消费者的监管机制，对违规行为进行及时处理和惩罚，维护市场秩序和公平竞争。设立境外消费者反馈渠道，及时收集和处理消费者

的意见和建议，优化服务流程和提升服务质量。

建议优先对具有河南特色的产业和优质产品推广并适配"先用后付"服务，提升河南特色产品的知名度和美誉度。此外，建议在"一带一路"沿线国家率先尝试推广，提升境外消费者的消费信心。

（三）保证商品质量，探索仅退款服务海外应用条件

近期，多家电商平台相继推出支持仅退款服务的条款。当消费者在平台上购买到存在严重质量问题或与描述不符的商品时，经平台评估确认后，可为消费者提供仅退款服务，无须退回商品。即消费者向平台提出仅退款申请后，若商家在规定时限（48 小时）内未做出响应，系统将自动视为商家同意退款，随即启动退款程序。该条款旨在提升电商平台商品的整体质量，同时对那些以次充好的商家形成有效遏制，有助于维护消费者权益，保障市场交易的公平与诚信。截至 2024 年 1 月，仅退款服务已成为国内电商行业的标配。

河南跨境电商企业需要严格把控商品质量，确保出口到海外的商品符合相关标准和消费者期望。通过与国内外权威的检测机构合作，河南跨境电商企业制定了一套完善的质量检测流程。例如，对每批次出口商品进行抽检，确保商品符合相关标准和消费者期望；与供应商建立长期稳定的合作关系，对供应商的生产过程进行定期审核，确保原材料和生产过程的合规性。同时，建立供应链追溯体系，确保在商品出现问题时能够迅速定位并解决问题；定期为员工提供质量意识培训，提高员工对质量重要性的认识，使其在生产、检测、运输等各个环节都严格遵循质量标准。

在此基础上，河南应从法规、售后服务、退款政策等多个方面探索仅退款服务的实现路径。一是充分了解境外目标市场法律法规。在推出仅退款服务前，对目标市场的法律法规进行深入研究，确保政策符合当地规定。二是完善售后服务体系。组建快速响应的售后服务团队，对消费者的投诉和退换货请求进行及时处理。同时，为消费者提供详细的退换货指南和流程，降低退换货的难度和门槛。三是制定灵活的退款机制。根据目标市场的消费习惯和竞争态势，制定灵活的退款政策。例如，可以设置具体的退款期限和条件，对符合条件的消费者提供全额或部分退款服务。同时，可以探索与境外支付机构的合作方式，为消费者提供便捷的退款方式。

第五节　营造人才发展环境

跨境电商产业发展需要高端管理人才，跨境电商平台建设需要开发运营人才，传统外贸企业转型升级需要电商营销人才。近年来，河南在跨境电商人才引育方面取得了显著的成绩，但仍面临着高层次人才缺乏、人才结构不合理、人才流失严重等问题。未来，河南省应从跨境电商人才引进与培养两个方面优化人才发展环境，为跨境电商的发展打下坚实的人才基础。

一　跨境电商人才的引进措施

（一）政府搭建人才引进平台

1. 加大政策支持

河南应通过税收优惠、家属优待、审批简化等措施，吸引高层次跨境电商人才。通过税收政策吸引高层次跨境电子商务人才。对于来河南创业或就业的高水平跨境电商人才，实施一定期限内的减税或免税政策，以降低创业和就业成本，吸引更多优秀人才流入河南。同时，对于已在河南扎根的跨境电商企业，应根据其业绩和贡献给予相应的税收减免，鼓励企业持续发展和创新。为高水平跨境电商人才的家属及子女提供就业就学优惠政策。这一措施不仅能够解决人才的后顾之忧，还能够增强人才的归属感和忠诚度，进而更加专注于跨境电商领域的发展。优化跨境电商企业和相关职业培训机构的审批流程，推出绿色通道。通过简化审批手续、缩短审批时间等方式，降低企业和机构的运营成本，提高运营效率。这将有助于推动跨境电商行业的快速发展，吸引更多企业和机构入驻河南。

2. 加大资金投入

政府在引进跨境电商人才方面应加大资金投入力度。一是设立专门的跨境电商人才引进基金，给予高水平跨境电商人才专项补贴，为符合条件的跨境电商人才提供创业扶持、科研资金等支持。二是提供职业能力提升补贴，支持河南跨境电商人员外出培训。政府应给予河南本地跨境电商人员外出培训补贴或提供公费外出培训的机会，使他们有机会接触更先进的行业理念和技术。三是为开展跨境电商人才培养的高校及社会培训机构提供资金补贴。增加跨境电商人才培训场次，由政府出资高薪聘请跨境电商专家来河南举办专题培训讲座，对于在社会培训机构考取跨境电商相关证书的在豫从业人员给予职业能力提升补贴。

3. 搭建一流平台

河南需要多措并举，搭建一流的人才引进平台。一是建立跨境电商专业人才数据库，建立包含跨境电商专业人才信息的数据库，方便企业寻找合适的人才。二是搭建线上线下相结合的跨境电商人才招聘平台。开发线上招聘平台，提供职位发布、简历投递、在线面试等，方便河南企业和外地跨境电商人才进行交流，定期举办行业交流会和招聘会，促进人才与河南企业的深入交流。三是以金源孵化器、易跨境电商学院等13个平台为依托，充分利用政府的奖励资金，搭建河南省跨境电商人才培训暨企业孵化平台，为全省跨境电商和产业带融合发展提供人才支撑。

（二）企业优化人才引进体系

1. 拓宽人才来源渠道

河南的跨境电商企业应当从以下几个方面拓宽人才来源渠道。一是重视内部人才的培养。通过建立健全的员工职业发展规划、传帮带机制、定期的集中培训、外出培训以及网络在线教育等多层次的培养体系，确保人才成长与企业成长的双赢。二是积极引进外部专业人才。河南的跨境电商企业还应积极利用外部资源，通过委托第三方人力资源服务机构或猎头公司，招聘、猎取专业高端人才和专业紧缺人才。这些人才能够为企业带来新的思路和方法，推动企业快速发展。三是深化校企合作模式，签订"订单班"合作协议，建立大学生创新创业实践基地、实习就业基地，共建跨境电商产业学院，培养跨境电商管理培训生，抢占人才引进先机，为跨境电商发展扩充人才资源。

2. 完善企业的人力资源管理体系

一是河南的跨境电商企业应构建清晰的人才晋升通道。企业需明确不同岗位的任职资格、等级标准，并设立明确的晋升通道，让员工明确自己的职业发展方向和晋升路径。二是河南跨境电商企业应完善人才评价、流动、培养与配置的配套机制。企业不仅应建立科学的培训体系，还应建立

多元的评价体系，以全面评估员工的综合能力和潜力。通过培训晋升制度
的完善，为员工规划职业生涯，提供多元化的成长机会。三是河南跨境电
商企业应加强绩效管理和薪酬体系建设。通过建立具有竞争性的薪酬体系，
确保对外具有竞争力，对内体现公平性。通过设立明确的绩效目标，结合
奖惩机制，激发员工的工作积极性和创造力。四是河南跨境电商企业应注重
企业文化建设。良好的企业文化可以增强员工的归属感和凝聚力，提高员工
的满意度和忠诚度。企业可以通过举办各类文化活动、建立员工关怀机制等
方式，营造积极向上的工作氛围，让员工在工作中感受到温暖和关怀。

（三）行业完善人才引进标准

河南应以政府为依托，以阿里巴巴国际站、亚马逊、eBay、全球速卖
通、沃尔玛等跨境电商平台为主体，制定科学有效的人才评价体系，全面
评估跨境电商人才，为用人单位提供人才引进标准与薪资参考。同时，建
立全省跨境电商人才信息共享机制，实行"企业评价+政府奖励"机制，协
助企业建立人才梯队与人才市场体系，完善人才激励保障机制，将收益与
绩效挂钩，以激发人才的积极性、主动性、创造性。

二 跨境电商人才培养的模式

（一）营造"跨境电商行业+龙头企业"的产教融合生态圈

河南应培育并认定一批产教融合型企业，积极赋能职业教育产教融合
高质量发展。首先，河南应积极培育产教融合型企业，鼓励这些企业深度
参与职业教育，共同制定人才培养方案。通过紧密对接企业的实际需求和
市场趋势，使职业教育更加贴近实际，提高人才培养的针对性和实用性。
企业也可以借助职业教育平台，选拔和培养符合自身发展需要的人才，形
成人才共育的良好局面。其次，河南应推动"校行企"三方联动机制的建
设。通过搭建校企合作平台，加强学校、行业和企业之间的沟通与协作，
共同制定人才培养标准和课程体系，实现教育资源与产业资源的有机结合。
在此过程中，河南的地方跨境电商龙头企业应发挥引领作用，掌握产教融
合主导权，通过自身的技术、资金和人才优势，推动整个行业的转型升级。
最后，河南应注重跨境电商人才的精准培养。通过共建共管产业学院、教

学实训基地等方式，加强学校与企业的紧密合作，实现校企双方在专业规划、教材研发、课程设置、教学环节、实习实训等方面的深度融合。

（二）构建"跨境电商行业+特色产业带"的人才培养体系

河南的人才培养应立足特色产业的实际发展需求，与产业带深度融合。这意味着高校需要与企业建立长效合作关系，了解产业发展的最新动态，把握企业的实际需求。同时，高校应将特色产品融入教学素材与教学环节，使学生在学习过程中能够接触真实的产品和市场，提升学习的实用性和针对性。

河南的人才培养应构建联动创新发展机制，实现产业链、教育链、创新链的有效衔接。通过实践式教学，将学生输送到企业实训基地，让他们亲身体验跨境电商企业的全链路运营，包括销售、物流、报关、支付、出口退税等环节。这样的教学模式不仅可以帮助学生将所学知识与实践相结合，还能让他们更好地了解产业运作的实际情况，为未来的职业发展打下坚实的基础。

河南的高校还应围绕特色产业发展，以特色产业带的发展需求为导向，优化学科专业设置。这意味着高校需要根据产业发展的最新趋势和企业的实际需求，调整和完善学科专业结构，确保所培养的人才能够满足产业发展的需要。高校还应加强校企双师型教师队伍建设，通过引进企业导师和选派教师到企业挂职锻炼等方式，提高教师队伍的实践能力和综合素质。

河南应积极探索跨境电商专业建设水平提升和区域经济发展路径。通过与企业的深度合作和资源共享，共同研发新技术、新产品和新模式，推动产业的转型升级和创新发展。高校还应积极服务地方社会经济发展，为区域经济的繁荣稳定做出贡献。

（三）打造"跨境电商专业+国际化视野"的教学实践平台

河南作为中国中部地区的重要省份，其人才战略不仅要着眼于国内，更要放眼世界，通过培养具有国际视野的竞争力的人才，促进地方经济与世界经济的深度融合。跨境电商作为新型贸易模式，对人才提出了更高的要求，不仅要掌握专业知识，还要具备跨文化交流和国际市场运作的能力。因此，培养这类人才对于推动跨境电商的高质量发展至关重要。

河南积极响应"一带一路"倡议，强化人才队伍建设，推动本地区经济发展，为"一带一路"沿线国家提供服务型人才，促进区域经济的共同繁荣。通过政府引导，学校、行业和企业的共同参与，构建国际化育人平台。通过提供国际化的教育环境，促进教育资源的共享和优化配置，通过中外课程资源的共享，使学生接触更多元化的知识和文化，同时，定期举办国际学术交流活动，如高峰论坛、高校竞赛等，提升教师队伍的国际化水平与国际视野，提高教学质量，促进教育理念和方法的创新，使教育更加适应国际化需求。

（四）　实现跨境电商综试区"人才+产业"的发展同频共振

河南应充分利用 5 个国家级跨境电商综试区、36 个省级跨境电商示范园区的优势，打造跨境电商发展新高地，积极探索"人才+产业"人才培育模式。

一是率先在综试区创建跨境电商学院，在电商专业设置跨境电商方向，进行全日制本科人才培养。实施跨院联合培养的创新人才培养模式改革，同时面向在校生开展专业方向培养、分模块培养，开设创业班，面向社会开展跨境电商培训，力争培养创业型人才与运营型人才，以及社会跨境电商人才。二是实现校企资源的有效对接。高校通过与企业合作，共同举办跨境电商技能竞赛、创业大赛等活动，通过实战演练和案例分析等方式，提升学生的实践能力和团队协作能力。高校可以与企业共建创业孵化基地，为学生提供创业指导、资金支持和市场对接等服务，帮助学生将创业项目落地生根，实现创业梦想。建立常态化校地合作机制。高校与地方政府、企业之间应建立长期稳定的合作关系，共同制定人才培养方案、开发课程资源、建设实训基地等，共同推动形成产教深度融合、互利共赢的良好格局。

第六节　强化跨境合作交流

河南省在跨境电商领域取得了显著成就，跨境电商交易额显著增长，政府加大政策扶持力度，推动了制度创新和基础设施建设，同时积极培育跨境电商发展生态圈。然而，河南跨境电商在国际交流与合作方面仍面临着新的挑战。展望未来，河南应依托开放平台大力发展海外仓，积极参与跨境电商国际规则的制定，促进电子签名、电子身份等国际互认，进一步强化跨境合作交流，优化跨境电商发展生态，促进跨境电商的高质量发展。

一 依托开放平台大力发展海外仓

近年来，跨境电商与海外仓等新型外贸基础设施与服务协同联动，发展速度快、增长潜力大、带动作用强。截至目前，河南已在全球47个国家建设或运营216个海外仓，通过打通跨境电商进出口贸易的"最后一公里"，推动外贸企业和跨境电商平台共同发展。海外仓起到连接国内外供应链的重要作用，可以储存商品，还可以进行商品包装、检验、分拣、发货等操作，不仅为出口企业减少运输时间和成本、简化清关流程、增强客户服务体验、提高退换货效率，还帮助企业更有效地管理供应链风险，通过批量运输商品到海外仓库，降低了单件商品的运输成本，并提高了供应链的稳定性。

河南应支持跨境电商平台积极"走出去"，加快布局海外仓。在因地制宜做好规划布局的同时，河南应通过提供财税优惠与补贴、提供更加便捷的融资渠道和金融服务等方面的政策支持，推动跨境电商平台积极"走出去"。

河南应支持跨境电商平台多模式布局海外仓，除与当地合作伙伴共建海外仓，还要探索海外仓自建、租用、共享等本土化新模式。跨境电商平台多模式布局海外仓能够提供更灵活的物流解决方案，满足不同市场和消费者的需求。这种策略可以降低对单一物流渠道的依赖，提高供应链的稳定性和抗风险能力。例如，在需求预测准确的情况下，自建海外仓可以提供更直接的库存控制和成本管理；而在新兴市场或需求不稳定的情况下，租用或共享海外仓则可以降低初始投资和运营风险。

河南应鼓励跨境电商平台联合外贸企业、物流企业等，探索创新海外仓运营模式，提高海外仓的物流资源、供应链资源整合能力，以及在终端营销推广方面的能力。在物流资源整合方面，海外仓企业需具备高效、可靠的仓配一体化能力，以满足消费者的预期，提升消费者购物体验。在供应链资源整合方面，海外仓企业需积极加强与行业头部商家、国际知名品牌的战略合作，构建高质量的供应链根基。在提高终端营销推广能力方面，海外仓企业可利用数字化手段，了解目标市场，定位目标客户群体和客户需求，向其提供个性化的产品推荐、定制化的服务和开展针对性的营销活动，增加用户黏性，提高转化率。

河南应鼓励跨境电商平台开放合作，加强海外仓数字化基础设施建设。通过引入智能化仓储设施满足精细化的分拣要求，利用仓库管理系统，快速准确地检索到商品，具备产品的入库管理和精细分拣能力以及库存管理能力，可有效提升仓配效率、显著降低人工成本及出错率。同时，为更好地满足消费者个性化需求，细分领域的专业化仓储需求不断涌现，如小家电仓、家具仓、汽配仓、工具仓等。海外仓应及时升级仓内配套设施和相关增值服务，满足日益多样化的消费者需求，增强河南跨境电商的出海竞争力。

二 积极参与跨境电商国际规则的制定

目前我国电子商务规模已位居全球第一，具有制定全球电子商务规则的良好基础。由于我国现阶段以产品贸易为主，应以跨境电商为切入点，推动制定全球跨境电商规则、法律与标准。河南跨境电商进出口额从 2015 年的不到 400 亿元，发展到 2023 年的 2371.2 亿元，年均增长 25.5% 以上，规模和应用水平处于全国前列。河南应正视在"买全球卖全球"目标下遇到的困难与障碍，积极通过多边谈判机制，解决跨境电商发展中的难题，为我国参与国际跨境电商规则制定贡献"河南方案"。

（一）CPTPP 和 USMCA 关于跨境电商的具体主张

代表跨境电商国际规则最高水平的是 CPTPP 和 USMCA，在国民待遇、跨境数据流动、个人信息保护、数据存储和知识产权保护等方面提出了具体的主张和要求，这些规则不仅体现了跨境电商领域的最高水平，也为全球电商环境的规范化和标准化提供了重要参考。

1. 国民待遇的平等化

CPTPP 和 USMCA 在国民待遇方面的规定体现了平等化的趋势。CPTPP 对非歧视性原则的例外主要限定在广播领域，而 USMCA 则取消了这一例外，要求缔约方对广播服务产品及服务提供者给予国民待遇。这一变化体现了对服务提供者一视同仁的原则，有助于促进跨境电商市场的公平竞争。

2. 跨境数据流动的自由化

在跨境数据流动方面，USMCA 在 CPTPP 的基础上进一步提升了相关条款的执行力,推动了跨境数据的自由流动。这对于跨境电商企业而言,意味着数据流通更加顺畅,能够更有效地进行市场分析和消费者行为预测,从而提升运营效率。

3. 个人信息保护的规范化

CPTPP 和 USMCA 都强调了对个人信息保护的重要性,但 USMCA 在个人信息保护方面更加具体和明确。USMCA 不仅要求缔约方参照国际原则和准则构建保护个人信息的法律框架,还提出了具体的个人信息保护原则,如收集限制、数据质量、目的范围等。这些规定有助于保护消费者的隐私权,增强消费者对跨境电商的信任。

4. 数据存储的灵活性

在数据存储方面,CPTPP 虽然对缔约方在领土内使用计算设施进行了限制,但设置了国内监管和合法公共政策目标的例外。而 USMCA 并未对此做出具体规定。这反映了 CPTPP 数据存储规则的灵活性,允许各国根据自身的监管和政策需求来制定相应的规定。

5. 知识产权保护的全面化

CPTPP 和 USMCA 在知识产权保护方面都做出了明确规定,禁止以转移或获得软件源代码作为市场准入条件,并强调了源代码非强制本地化的原则。USMCA 还进一步明确了加密保护的概念,禁止将获取加密密钥作为市场开放的先决条件。这些规定有助于保护创新者的知识产权,鼓励技术创新和研发投入,推动跨境电商领域的可持续发展。

(二)对标国际规则,河南参与跨境电商国际规则制定的主要思路

第一,河南应通过充分的调研与科学研究,明确河南在全球跨境电商发展中的主要问题与障碍,并积极参与世界贸易组织等框架下与跨境电商有关的议题。通过积极参与讨论和谈判,加强与其他国家和地区的经贸合作,拓展跨境电商市场,提升河南跨境电商的国际竞争力,推动全球跨境电商规则的制定和完善。通过多边谈判机制,争取更多利益和资源,促进各国之间的互信和合作,为河南跨境电商的发展营造良好的国际环境,解决跨境电商发展中的难题。

第二,河南应积极参与相关的跨境电商峰会或论坛,与周边贸易往来较多的国家,特别是"一带一路"沿线国家就跨境电商有关的议题进行沟

通与谈判。通过发挥河南在"一带一路"建设中的重要作用，推动形成更加公平、透明、合理的跨境电商国际规则体系，推动跨境电商规则的制定和实施，消除跨境电商壁垒，促进贸易自由化，为全球跨境电商的发展贡献智慧和力量。

第三，河南应积极参与跨境电商知识产权新规则的制定并提供"河南方案"。河南应联合本地的电商企业、行业协会以及政府部门，与"一带一路"沿线国家共同研究并制定跨境电商知识产权的保护和维权机制。同时，设立跨境电商知识产权研究中心，针对跨境电商中涉及的知识产权问题进行深入研究，并为规则制定提供理论支持，确保河南的跨境电商企业在全球范围内享有同等的保护。

第四，河南应不断完善跨境电商个人隐私保护、跨境电商信用体系建设与网络消费者安全保障等方面的机制，以强化河南参与跨境电商国际规则制定的话语权。制定个人隐私和数据保护机制，建立第三方隐私保护认证机构与隐私执法机构，对河南跨境电商企业隐私保护水平进行全面认证。此外，还需要加强对跨境电商企业隐私保护的宣传和培训，让其意识到隐私保护对其业务发展的重要性。河南应进一步完善跨境电商信用体系，建立信用信息共享平台，实现信用信息的互联互通。同时，加强对跨境电商企业的信用监管，对失信行为进行严厉打击，确保消费者在选择跨境电商平台时有可靠的参考。此外，河南应鼓励跨境电商企业加强自律，提高自身的信用水平。河南应加强与金融机构的合作，推动跨境支付方式创新。通过引入新技术、新应用，为消费者提供更加便捷、安全的支付服务。同时，建立跨境支付风险防控机制，加强对跨境支付风险的监测和预警，确保跨境支付的安全稳定，提升消费者的支付体验，为河南的跨境电商企业创造更加良好的经营环境。

河南作为"一带一路"倡议的重要节点省份，应积极参与跨境电商领域的国际交流与合作，推动跨境电商规则的制定和实施，消除壁垒，促进贸易自由化。这将有助于河南充分利用自身优势，推动跨境电商的快速发展，为全球经济一体化和国际贸易增长做出更大的贡献。

三 促进电子签名、电子身份等国际互认

《中华人民共和国网络安全法》与《中华人民共和国电子商务法》已从

立法上保障了跨境电子签名、电子身份互认的法律效力。电子身份国际互认是指通过技术手段生成的电子身份在不同国家或地区之间依法实现互相确认。电子签名国际互认是指依照法律的规定，我国与不同国家、地区之间的电子签名可以互认。电子签名与电子身份等国际互认对促进跨境电商发展具有重要的战略意义。

河南应在现有的《中华人民共和国电子签名法》基础上，进一步探索、完善电子签名和电子身份国际互认的法律框架，明确电子签名、电子身份在跨境贸易中的法律效力，为国际互认提供法律基础。河南可以与主要贸易伙伴国家和地区通过双边或多边协议，推动电子签名和电子身份互认工作，降低跨境贸易中的法律风险。河南应积极参与电子签名和电子身份国际互认标准的制定和修订工作，推动国际标准的本地化实施，为河南的跨境电商企业提供有力的政策支持。

河南需要加强技术基础设施建设，确保本地系统与国际平台的互操作性。河南应鼓励和支持企业、高校、科研机构加强电子签名和电子身份认证技术的研发和创新，推广和应用先进的电子签名技术，如区块链技术，提高电子签名的安全性和可靠性。河南可通过建立统一的电子身份认证平台，整合现有的各类身份认证资源，提供统一的身份认证服务，为跨境电商提供便捷的电子身份认证支持。此外，建立全面的信任框架对于保护交易安全至关重要。河南可通过与国际认证机构合作，为本地企业提供国际认可的电子签名和电子身份验证服务，增强海外买家和合作伙伴的信任。

河南在跨境电商领域的发展需要以国际视野，加强与世界各国在电子签名和电子身份领域的交流与合作。河南可依托5个国家级跨境电商综试区与36个省级跨境电商示范园区两级平台，加强与国际先进国家和地区的合作与交流，通过参与国际电子商务论坛、展会和研讨会，引进先进的电子签名、电子身份认证技术和管理经验。此外，河南的国家级跨境电商综试区和省级跨境电商示范园区可作为电子签名和电子身份国际互认的试点区域。在这些区域内，可以先行先试，探索电子签名和电子身份在实际跨境交易中的应用，总结经验，形成可复制可推广的经验，提升河南的国际竞争力，为全国乃至全球的跨境电商发展提供宝贵经验。

参考文献

［1］中共中央党史和文献研究院．习近平关于中国特色大国外交论述摘编［M］．北京：中央文献出版社，2020.

［2］习近平谈治国理政（第三卷）［M］．北京：外文出版社，2020.

［3］习近平关于全面深化改革论述摘编［M］．北京：中央文献出版社，2014.

［4］共同构建人类命运共同体［J］．求知，2021（01）：4-8.

［5］共创亚洲和世界的美好未来——在博鳌亚洲论坛2013年年会上的主旨演讲［N］．人民日报，2013-04-08.

［6］马克思恩格斯全集（第36卷）［M］．北京：人民出版社，2015.

［7］马克思恩格斯文集（第一卷）［M］．北京：人民出版社，2009.

［8］马克思恩格斯文集（第二卷）［M］．北京：人民出版社，2009.

［9］列宁全集（第42卷）［M］．第2版．北京：人民出版社，1987.

［10］列宁选集（第四卷）［M］．北京：人民出版社，2012.

［11］毛泽东文集（第六卷）［M］．北京：人民出版社，1999.

［12］毛泽东文集（第八卷）［M］．北京：人民出版社，1999.

［13］毛泽东选集（第二卷）［M］．北京：人民出版社，1991.

［14］毛泽东选集（第四卷）［M］．北京：人民出版社，1991.

［15］邓小平文选（第三卷）［M］．北京：人民出版社，1993.

［16］邓小平文选（第二卷）［M］．北京：人民出版社，1994.

［17］江泽民文选（第二卷）［M］．北京：人民出版社，2006.

［18］王子凌．习近平关于对外开放的重要论述研究［D］．安徽大学，2021.

［19］《习近平谈"一带一路"（2023年版）》主要篇目介绍［N］．人民日报（海外版），2023-12-25（2）.

[20] 高举邓小平理论伟大旗帜，把建设有中国特色社会主义事业全面推向二十一世纪——在中国共产党第十五次全国代表大会上的报告（1997年9月12日）[J]. 求是，1997（18）：2-23.

[21] 高举中国特色社会主义伟大旗帜为夺取全面建设小康社会新胜利而奋斗 [N]. 人民日报，2007-10-25（1）.

[22] 赵崤含，张夏恒，潘勇. 跨境电商促进"双循环"的作用机制与发展路径 [J]. 中国流通经济，2022，36（03）：93-104.

[23] 孙军. 制度型开放畅通双循环新发展格局的基本思路与推进策略 [J]. 学术论坛，2024，47（03）：89-99.

[24] 刘畅. 全球经济复苏仍面临持续挑战 [N]. 经济日报，2023-07-27（4）.

[25] 黄鹏，陈靓. 数字经济全球化下的世界经济运行机制与规则构建：基于要素流动理论的视角 [J]. 世界经济研究，2021（3）：3-13.

[26] 李正图，朱秋. 数字经济全球化：历史必然性、显著特征及战略选择 [J]. 兰州大学学报（社会科学版），2024，52（2）：25-39.

[27] 陈曦. 积极融入国际经贸合作新格局 [J]. 中国金融，2023（16）：24-25.

[28] 洛阳市地方史志编纂委员会办公室. 洛阳—丝绸之路的起点 [M]，郑州：中州古籍出版社，1992.

[29] 金梦迪，段雨晨，李彬. 扩大内需与加快构建新发展格局研究 [J]. 政治经济学评论，2024，15（3）：145-158.

[30] 张大卫，苗晋琦，喻新安. 中国跨境电商发展报告（2022）：以制度型开发打通跨境电商发展堵点 [M]. 北京：社会科学文献出版社，2022：323.

[31] 夏先清，杨子佩. 河南许昌依托跨境电商"卖全球" [N]. 经济日报，2024-1-14（3）.

[32] 李贺军，千志科，武守辉. 加快建设具有河南特色的现代化产业体系研究 [J]. 海峡科技与产业，2024，37（3）：10-14.

[33] 侯红昌. 推动河南省服务型制造新模式发展的路径 [J]. 华东科技，2022（11）：97-99.

[34] 孟杨. 数字经济背景下跨境电商的发展趋势研究 [J]. 商业观察，

2024, 10 (15): 113-116.

[35] 张占仓. 河南: 如何建设内陆开放高地 [J]. 开放导报, 2020 (5): 22-27.

[36] 夏元燕. 跨境电商赋能河南省开放型经济高质量发展的路径选择 [J]. 时代经贸, 2024, 21 (3): 164-166.

[37] 韦大宇. 我国跨境电商综合试验区产业集群发展研究 [J]. 对外经贸, 2018 (6): 71-74.

[38] 喻新安, 胡大白, 杨雪梅. 河南创新创业发展报告 (2022): 双创赋能河南经济复苏回暖 [M]. 北京: 社会科学文献出版社, 2022.

[39] 王玲杰, 宋峰. 河南流通发展报告 (2024): 恢复和扩大消费 [M]. 北京: 社会科学文献出版社, 2023.

[40] 吴珍彩. 中小企业选择跨境电商平台选择研究 [J]. 经济理论与实践, 2019 (1): 153-156.

[41] 侯振兴, 马煜婕. "双循环" 视角下跨境电商平台发展策略分析 [J]. 湖北经济学院学报 (人文社会科学版), 2024, 21 (2): 47-49.

[42] 王晓红, 夏友仁, 梅冠群, 等, 基于全链路跨境电商的数字化新外贸研究——以阿里巴巴国际站为例 [J]. 全球化, 2021 (3): 35-54.

[43] 孟涛, 王春娟, 范鹏辉. 数字经济视域下跨境电商高质量发展对策研究 [J]. 国际贸易, 2022 (10): 60-67.

[44] 韩笑. 吉林省农村电商与跨境电商整合策略研究 [J]. 产业与科技论坛, 2020, 19 (13): 18-19.

[45] 王筱敏. 跨境电商平台商业模式创新研究——以速卖通为例 [D]. 杭州: 浙江工业大学, 2016.

[46] 曹春花. 区块链技术对我国跨境电商平台体系构建的影响 [J]. 佳木斯职业学院学报, 2023 (11): 67-69.

[47] 王强. 试论跨境电商线上综合服务平台构建与应用 [J]. 江西通信科技, 2020 (1): 21-24.

[48] 贾松涛, 杨晓娟. 基于区块链技术的跨境电商新模式 [J]. 现代商业, 2021 (3): 30-32.

[49] 申君歌, 李瑾. 河南省跨境电商物流体系构建研究 [J]. 合作经济与科技, 2018 (23): 92-93.

［50］李晓沛. 河南跨境电商的创新发展［J］. 区域经济评论, 2018 (2): 97-110.

［51］轩慧慧. 河南省跨境电商和跨境物流协同发展模式构建及对策研究［J］. 洛阳师范学院学报, 2020, 39 (2): 63-68.

［52］常广庶, 刘少卿. 大数据背景下跨境电商信用管理体系建设研究［J］. 征信, 2024, 42 (4): 50-56.

［53］闫彩霞. 发达经济体跨境电商信用体系建设及启示——以美日英国家为例［J］. 对外经贸实务, 2022 (10): 32-36.

［54］李小君, 杨汉昌. 多元化运营模式下跨境电商物流服务体系构建研究［J］. 中国商论, 2024 (7): 33-36.

［55］彭静. 我国跨境电商物流模式存在的问题与对策［J］. 中国储运, 2022 (7): 197-198.

［56］陈果. 全球化背景下跨境电商物流模式分析及优化［J］. 物流科技, 2022, 45 (10): 16-20.

［57］陈欢欢, 管晓永. 跨境电商支付信用风险形成机制［J］. 科技导报, 2024, 39 (4): 65-73.

［58］陈正容, 高凤翔. 后疫情时代不确定性因素下建立跨境电商物流信息共享平台的探究［J］. 中国储运, 2021 (3): 185-186.

［59］覃聪. 互联网金融对跨境电商的影响研究［J］. 商场现代化, 2019 (15): 35-36.

［60］沈硕思, 罗利平. 面向跨境电商贸易新业态的金融科技应用展望［J］. 现代营销, 2022 (21): 128-130.

［61］曹杰. 对外贸易投资促进跨境电子商务发展问题研究［J］. 商业经济研究, 2021 (3): 156-158.

［62］谢泗薪, 尹冰洁. 中美贸易摩擦下跨境电商物流联盟风险预判与战略突围［J］. 中国流通经济, 2019, 33 (2): 73-82.

［63］李瀚曦. 杭州跨境电子商务贸易发展路径研究［J］. 农村经济与科技, 2016, 27 (18): 130, 132.

［64］李政. "一带一路"背景下广东省跨境电商发展研究［J］. 中国市场, 2023 (21): 181-184.

［65］任玲. 产业转型视角下物流产业链与跨境电商的融合发展［J］.

商业经济研究，2016（20）：87-89.

［66］杨浩．"一带一路"倡议下宿迁跨境电商与物流产业链融合发展研究［J］．大庆师范学院学报，2018，38（1）：41-45.

［67］云芳，曾小敏，廖雪明，等．新发展格局视域下跨境电商与传统产业融合发展研究［J］．时代经贸，2023，20（7）：99-103.

［68］张鹏刚，张夏恒．山东省跨境电商发展现状、问题及对策［J］．对外经贸实务，2022（3）：73-77.

［69］张夏恒，肖林．RCEP对跨境农产品电商出口的影响及其对策研究［J］．价格月刊，2023（1）：68-75.

［70］郑洁．跨境电商视角下山西农村产业融合发展路径优化研究［J］．商业经济，2023（5）：137-139.

［71］陈旭华，刘彩霞．跨境电商出口贸易中的知识产权问题与防范策略研究［J］．商业经济研究，2022（15）：150-154.

［72］董秀菊．高等教育国际化与跨境电商人才培养的协同推进——评《国际贸易投资与人才培养》［J］．教育理论与实践，2023，43（21）：2.

［73］郭海玲．跨境电商平台信息服务协同模式构建研究［J］．贵州社会科学，2021，379（7）：139-147.

［74］黄文婧，陈昉，王亦卓．浅谈商业银行在跨境支付领域的发展机遇——基于第三方跨境支付机构的对比分析［J］．新金融，2023（11）：41-46.

［75］蒋伟．外贸新业态视角下跨境电商业态融合创新发展的路径研究［J］．对外经贸实务，2022（12）：62-66.

［76］商务部国际贸易经济合作研究院．"跨境电商+产业带"高质量发展报告［R/OL］．（2024-4）［2024-7-26］．https：//www.caitec.org.cn/upfiles/file/2024/4/20240506141906279.pdf.

［77］宋卿清，穆荣平．创新创业：政策分析框架与案例研究［J］．科研管理，2022，43（11）：83-92.

［78］于兆勤，张育广，刘琼辉，等．创新创业训练与孵化基地建设探索与实践［J］．实验室研究与探索，2019，38（5）：238-240，248.

［79］袁海涛，谢佳鑫．珠海横琴的澳门青年创新创业现状及发展对策［J］．科技管理研究，2022，42（24）：9-16.

[80] 张方波.金融支持跨境电商发展研究：进展、挑战与推进 [J].征信，2022，40（9）：63-70.

[81] 张莉，刘文燕.金融服务跨境电商新趋势 [J].中国金融，2022（18）：45-47.

[82] 张晓东.跨境电商品牌国际化研究述评 [J].西南金融，2021（10）：3-19.

[83] 张大卫，吕村，喻新安.中国跨境电商发展报告（2024）：跨境电商全球供应链重构重塑 [M].北京：社会科学文献出版社，2024.

[84] 周勋.中国跨境电商政策的影响效应研究 [D].北京：对外经济贸易大学，2020.

[85] 陆黎梅.跨境电商知识产权保护问题研究 [J].中国经贸导刊（中），2019（29）：22-24.

[86] 袁赞.让网络消费环境更安全更放心 [N].中国市场监管报，2023-3-18（A1）.

[87] 曲欣悦.仅退款渐成电商标配，商家遭遇"薅羊毛"怎么办？[N].工人日报，2024-1-25（4）.

[88] 李银地，姜玉璞.跨境电商人才引进及培养机制研究——以河南省商丘市为例 [J].投资与创业，2021，32（7）：150-153.

[89] 白舒婕.外贸新动能"跨"出新步伐 [N].国际商报，2024-5-31（1）.

[90] 唐涛，梁勇.中国跨境出口电商发展报告（2021）[M].上海：上海社会科学院出版社，2021.

[91] 刘禹.我国跨境电商发展的新思考 [J].中国流通经济，2017，31（7）：39-45.

[92] 何虎生.必须坚持系统观念 [N].光明日报，2023-04-28（11）.

后　记

党的二十大报告明确提出，新时代新征程中国共产党的中心任务是"团结带领全国各族人民全面建成社会主义现代化强国、实现第二个百年奋斗目标，以中国式现代化全面推进中华民族伟大复兴"。为充分发挥理论先行、理论引领、理论破难、理论聚力的重要作用，充分展示河南贯彻落实习近平新时代中国特色社会主义思想的辉煌成就与宝贵经验，经河南省委领导同志批准，河南省社会科学院创研编写了"中国式现代化的河南实践系列丛书"。

本书是系列丛书之一，系统介绍了河南积极贯彻落实习近平总书记"买全球卖全球"的指示精神、推动河南跨境电商发展的成功探索，揭示了河南推动跨境电商发展的辉煌成就、宝贵经验与未来发展方向。撰写这本书的初衷就是通过记述习近平总书记对河南发展跨境电商的殷切期望及河南推动跨境电商发展的不懈努力，充分总结河南贯彻落实习近平新时代中国特色社会主义思想的探索与实践，充分彰显习近平新时代中国特色社会主义思想的理论精髓，充分展示习近平新时代中国特色社会主义思想的内涵魅力，充分证明习近平新时代中国特色社会主义思想的正确方向。

河南省社会科学院党委书记、院长王承哲，党委副书记李同新高度重视本书的编撰工作，王玲杰副院长全程指导本书的撰写工作，在总体框架设计、撰写、统稿、修改、定稿等各环节提出了建设性的意见和建议，郭杰副院长对本书的编撰也给予了充分的指导。本书由河南省社会科学院改革开放与国际经济研究所集体创研，郜永军、马子占、唐晓旺担任主编。参与本书撰稿的同志（以章为序）有申政永（第一章）、常青（第二章、第三章）、王彦利（第四章）、张健（第五章）、唐晓旺（第六章）、齐爽（第七章、第八章）、安晓明（第九章）、李甜（第十章）、张茜（第十一章）。

在本书付梓之际，谨向所有为本书编撰出版做出贡献的同志表示衷心的感谢。由于水平所限，书中难免有差错和不妥之处，恳请读者批评指正。

编者

2024 年 9 月

图书在版编目（CIP）数据

"买全球卖全球"跨境电商发展的河南实践／郜永
军，马子占，唐晓旺主编. -- 北京：社会科学文献出版
社，2024.12. --（中国式现代化的河南实践系列丛书）.
ISBN 978-7-5228-4230-1

Ⅰ.F724.6

中国国家版本馆 CIP 数据核字第 202490QZ14 号

· 中国式现代化的河南实践系列丛书 ·

"买全球卖全球"跨境电商发展的河南实践

主　　编／郜永军　马子占　唐晓旺

出 版 人／冀祥德
组稿编辑／任文武
责任编辑／方　丽
责任印制／王京美

出　　版／社会科学文献出版社·生态文明分社（010）59367143
　　　　　地址：北京市北三环中路甲 29 号院华龙大厦　邮编：100029
　　　　　网址：www.ssap.com.cn
发　　行／社会科学文献出版社（010）59367028
印　　装／三河市龙林印务有限公司

规　　格／开　本：787mm×1092mm　1/16
　　　　　印　张：19.25　字　数：313 千字
版　　次／2024 年 12 月第 1 版　2024 年 12 月第 1 次印刷
书　　号／ISBN 978-7-5228-4230-1
定　　价／88.00 元

读者服务电话：4008918866